中华学人丛书

晚清民国的国学研究

◎ 桑　兵　著

北京师范大学出版集团
BEIJING NORMAL UNIVERSITY PUBLISHING GROUP
北京师范大学出版社

自　叙

抗日战争中的 1942 年，陈寅恪为杨树达的《积微居小学金石论丛续稿》作序，写下了一段意味深长的肺腑之言：

> 先生少日即已肄业于时务学堂，后复游学外国，共同时辈流，颇有遭际世变，以功名显著者，独先生讲授于南北诸学校，寂寞勤苦，逾三十年，不少间辍。持短笔，照孤灯，先后著书高数尺，传诵于海内外学术之林，始终未尝一藉时会毫末之助，自致于立言不朽之域。与彼假手功名，因得表见者，肥瘠荣悴，固不相同，而孰难孰易，孰得孰失，天下后世当有能辨之者。呜呼！自剖判以来，生民之祸乱，至今日而极矣。物极必反，自然之理也。一旦忽易阴森惨酷之世界，而为晴朗和平之宙合，天而不欲遂丧斯文也，则国家必将尊礼先生，以为国老儒宗，使弘宣我华夏民族之文化于京师太学。其时纵有如梦之青山，宁复容先生高隐耶？然而白发者，国老之象征，浮名者，亦儒宗所应具，斯诚可嘉之兆也，又何叹哉？又何叹哉？①

明眼人不难看出，这其实也是陈寅恪的夫子自道，借表彰杨树达而感叹时遇，寄望将来。作者本来悲观情绪较重，于战乱之中有这样的美好憧憬，是以"天而不欲遂丧斯文也"为信念。国家但有安宁之日，理当奉此辈为国老儒宗，供于京师太学，以弘扬华夏文化。这不仅是对学术文化前景的期望，也是对国运兴盛的祝愿。

战乱给中国造成巨大灾难，学术渐上轨道的趋势被打断，出现停

---

① 　陈寅恪：《金明馆丛稿二编》，230 页，上海，上海古籍出版社，1980。

滞甚至倒退。不过，战后的恢复与发展也并未完全如陈寅恪所寄望，国老儒宗依然不得其位。个中原因不能仅仅归咎于战乱。与杨、陈"同时辈流"，大都"假手功名，因得表见"，其肥瘠荣悴，显然不同，难易得失，也极易分辨。然而正因为此，社会人心，风气不正，则趋炎附势，避难就易，适为凡人之天性，而非民族之理性。1920 年 7 月，北京大学毕业而栖身政界的金毓黻在日记中写道：

> 今人多喜作政客，鲜为学者。其故在为政客者，一旦斧柯得假，则高下在心，用舍由我，权位以此而崇，功名由之以盛，加以宫室之美，妻妾之奉，穷乏得我，在己既足自豪，人亦从旁艳羡，此为政客者所以日多也。至若为学者，其性恬淡，其志清明，其行苦卓，非有确立不拔之操，遁世无闷之想，即令有志力学，或夺于外诱，或止于中慑，必致中道而画，尽堕前功。呜呼！学者之所以默相证慰者，没世不可知之名耳。设并此而无之，人更无愿为学者矣。……古人有恒言曰，古人著书，大抵忧愤之所为作也，诚哉是言。吾国学者，千古一辙，至今日犹然。章太炎氏之学，精约独至，前无古人，考其成功，乃在流离颠沛之时，迫而后出，亦缘忧愤。及至近三五年，处境渐亨，著述之业，转见衰歇，间有言论，乃近政客。章氏如此，余子可知。新会梁氏，近年亦鲜少宏著，是知学者事业，非由饥趋势迫，必难终业。旁征西土则异是，彼邦学者，位居政客职官之上，国家尊崇特至，社会宾敬极恭，无吾国学者之苦卓，而有一世之乐，百世之名，胸襟淡泊，志趣高尚之士，孰不乐为此，西土学者所以日多也。①

世风与学风互为表里，世风不良，则学风难纯，反之亦然。诚如金毓黻所说，学者求一"没世不可知之名"，本来无可厚非。但何为学者应有之名，似乎在见仁见智之列，而且既有得名之心，以及有名与否与实际利益密切相关，则势必以学问为手段而非目的，得名之道难免求诸学问以外而呈"多元化"趋势。民国政治黑暗，纯粹以政客之

---

① 金毓黻著，《金毓黻文集》编辑整理组校点：《静晤室日记》第 1 册，80 页，沈阳，辽沈书社，1993。

功名，难以显著于学界乃至社会。影响民国学术界至为广泛深远者，主要是由传媒鼓动、播布思想的政论。钱穆后来总结民国以来学术与时代脱节的情形，认为"此数十年来，国内思想潮流乃及一切实务推进，其事乃操纵于报章与杂志期刊、大学讲堂以及研究院，作高深学术探讨者，皆不能有领导思想之力量，并亦无此抱负"。① 而通过传媒鼓动社会者，多数仍是大学及研究机关的学人。文以载道之下，学者往往兼作文人，近代则思想导师与学界闻人相辅相成，以为成名捷径。向新文化运动别树一帜的"学衡"派，不满于新文化派故意鼓动大众，批评当时学者专营"术"而忽视"学"。柳诒徵认为：

> 学者产生地有二种，实验室、图书馆一也，官厅、会场、报纸、专电、火车、汽车二也，前者有学而无术，后者有术而无学，潮流所趋，视线所集，则惟后者为归。故在今日号称不为官吏，不为政客，不为武人，不为商贾，自居于最高最纯洁之地位之学者，其实乃一种变相之官吏，特殊之政客，无枪炮之武人，无资本之商贾，而绝非真正之学者。官厅所见此等学者也，会场所闻此等学者也，报纸所载此等学者也，专电所登此等学者也，终日奔驰于火车汽车而不息此等学者也，主持教育主持学术为学界之讬辣斯此等学者也。此等学者愈多，教育愈坏，学术愈晦，中国愈乱，乱而学者之术愈进步。②

不求学而但求术，也就是借助时会，假手功名之谓了。柳氏呼吁学者"舍术而求学"，但如果社会乃至学术界均以成名与否判断学人的学术地位，则由"术"成名易，以"学"成就难，一般人明知名实不符，也会反治学之道而行之，舍学而求术。而由术得名者，必以术固其位，长此以往，循环反复，本末倒置，反而成为学术界的天经地义。这样的偏见不仅左右当时学人的从学之道，也影响后世学人的回顾目光。判断近代学术史上派分的主流与否，多少依据从众的声势，而非实际

① 钱穆：《〈新亚学报〉发刊词》，《新亚学报》第 1 期，1955 年 8 月。
② 柳诒徵：《学者之术》，《学衡》第 33 期，1924 年 9 月。另参见刘伯明：《学者之精神》，《学衡》第 1 期，1922 年 1 月。

的贡献。换一角度看，主流或许刚好是误入歧途，偏离了治学的轨道。

早在 1904 年，王国维就断言欲中国学术发达，"必视学术为目的而不视为手段而后可"。① 以学术为目的，不仅包含不以学术为论政的手段，也包含不以政论为成学的工具，也就是陈寅恪所说不借时会之助，而自致于立言不朽之域。学界乃至社会以此类学人为国老儒宗加以尊礼，方能显示中国的学术文化真正走上正轨。可惜近代政治腐恶，社会动荡，学人不得不承担领导思想，指引社会的重任，其与政治不能绝缘，就有不获已之缘故。此为国家之不幸，非仅学人之不幸。②不过，历史上的黑暗时代，学术往往反激而成盛局，其中学人遵循学术本来轨则，为内在要因。而不借时会，实为必由之路。

"不藉他力"而能"实至名归"，虽是治学的正途本分，做到并且不逾矩却极难。因此近代学人之"享大名者名虽偶同，而所以名者则大有径庭，其间相去盖不可以道里计也"。所谓"时势造英雄"和"渊源有自"③，均须凭借外力。这也是社会时政影响于学术的变相。既然学人的成名之道并不由于学术本身，则判断其在学术史上的位置也不应依据其地位或名声。要想了解近代学术的历史，除了阅读学者思想的记录即其学术著作外，不能忽略学者作为社会历史人物、由其行为活动刻录下来的多种史实。在具体而综合地考察各种流派和人物的相互关系的基础上，这些学派和学人的历史地位自然随着时序流程而适得其所，学术发展的轨则也就由对其成败得失的心领神会得以凸显。

由术得名，必须因应时势，则学者不能沉潜于学问，随波逐流，以趋时骤然成名者往往也容易过时。而学人对于自己学术目前的失势较可能的失传更为关心，博得时名常常与失去清誉结伴而至。钱穆曾对弟子批评："近人求学多想走捷径，成大名。结果名是成了，学问却

---

① 王国维：《论近年之学术界》，《王国维遗书》第三册，524 页，上海，上海书店出版社，1996。

② 参见陈寅恪：《读吴其昌撰〈梁启超传〉书后》，《寒柳堂集》，148 页，上海，上海古籍出版社，1980。

③ 约 1932 年 1 月 25 日孙楷第来函，陈智超编注：《陈垣来往书信集》，409 页，上海，上海古籍出版社，1990。

谈不上。""中国学术界实在差劲，学者无大野心，也无大成就，总是几年便换一批，学问老是过时！"① 又说："为学标准贵高，所谓取法乎上仅得乎中。若先以卑陋自足，则难有远到之望。标准之高低，若多读书自见。所患即以时代群趋为是，不能上窥古人，则终为所囿。从来学者之患无不在是，诚有志者所当时以警惕也。"② 等而下之者不必论，就连钱穆相当推许的梁启超，同时人也指其"虽自知其短，而改之不勇；又以正义之见，不敌其名利之念。晚年讲学，尤好揣摩风气，儒墨汉宋，佛老科玄，时时改易。前之以识见文字转移一代风气者，卒乃行文之末，亦随人为转移"。有鉴于此，"益叹先哲学必立本之义为不可易也"。③

"学必立本"即先识大体，必先对所治学问的"知识有宽博成系统之认识，然后可以进而为窄而深之研讨"，有本不依或无本可据，则难免偏离正轨，极易流于"以钻隙觅间寻罅缝找漏洞代求知识"④。而这种"为局部的研究"的"走偏锋"，正是光宣以后正统考据学复兴的大势所趋，其动机和目的在于千方百计超越前人。民国以来的以科学方法整理国故和要科学的东方学之正统在中国，不仅欲突过古人，还要赶超域外。而在西学的冲击之下，中体动摇，作为中学纲领的经学解体，取而代之以史学为中轴的国学又继而分崩离析，中学已是无本可据。至于西学方面，也是急功近利，各取所需，不求本源，形成有本不依。学术的既有途辙已失，而新的规矩待立，失范现象比比皆是。

1924 年 8 月 15 日，章太炎在《华国月刊》第 1 卷第 12 期撰文批评学界时流"废其坦途，不以序进，以失高明光大之道"，"所谓无源之水，得盛雨为横潦，其不可恃甚明"。结果以史学为主的文科"学弊"有五："一曰尚文辞而忽事实"，"二曰因疏陋而疑伪造"，"三曰详远古而略近代"，"四曰审边塞而遗内治"，"五曰重文学而轻政事"。此

① 严耕望：《钱穆宾四先生与我》，65～66 页，台北，商务印书馆，1994。
② 致唐端正书，《钱宾四先生全集》第 53 册，456～457 页，台北，联经出版事业公司，1998。
③ 缪凤林：《悼梁卓如先生》，《史学杂志》第 1 卷第 1 期，1929 年 3 月。
④ 钱穆：《〈新亚学报〉发刊词》，《新亚学报》第 1 期，1955 年 8 月。

意一个月前他在南京教育改进社年会上以"劝治史学并论史学利弊"为题做过演讲，旨在批评中国教育界忽略史学，因而不能保存国性，发扬志趣，使志趣与智识并进。两文相较，五弊的大要一致，但顺序略有差别，阐释也不尽相同，后者依次为取文舍事，详上古而略近代，详于域外而略于内政，详于文化而略于政治，因古籍之疏漏而疑为伪造①。将两文参阅，方可了解章太炎的真意。所说各节，确为民国学术偏向的大端，其影响至今依然根深蒂固。

"取文舍事"指归有光、方苞等文辞派评点《史记》《汉书》，以事实就文章，忽视史书的实录本质，易为文章而捏造事实，旨在进一步肃清桐城派的影响。

"详上古而略近代"，乃史学通病，每每于唐虞三代，加以考据，六朝以后渐简，唐宋以还，则考证无不从略。"歌颂三代，本属科举流毒，二十四史自可束诸高阁。然人事变动［?］，法制流传，有非泥古不化所能明其究竟者。"所以"司马温公作通鉴，于两汉以前，多根正史，晋后则旁采他籍，唐则采诸新旧唐书者只什五六，其余则皆依年月日以考证之，并附考异，以备稽核。诚以近代典籍流传既富，治史学既有所依据，而其为用有自不同。盖时代愈近者，与今世国民性愈接近，则其激发吾人志趣，亦愈易也"②。周以前历史，"世次疏阔，年月较略，或不可以质言"，而学者"好其多异说者，而恶其少异说者，是所谓好画鬼魅，恶图犬马也"③。这与陈寅恪不敢观三代两汉之书的见识大抵相通。后者亦认为"上古去今太远，无文字记载，有之亦仅三言两语，语焉不详，无从印证。加之地下考古发掘不多，遽难据以定案。画人画鬼，见仁见智，曰朱曰墨，言人人殊，证据不足，孰能定之?"④ 所以后来章太炎批评"今之讲史学者，喜考古史，有二

---

① 章太炎：《劝治史学并论史学利弊》，《新闻报》1924 年 7 月 20 日，转引自《北京大学日刊》第 1526 号，1924 年 9 月 24 日。

② 章太炎：《劝治史学并论史学利弊》，《新闻报》1924 年 7 月 20 日，转引自《北京大学日刊》第 1526 号，1924 年 9 月 24 日。

③ 章太炎：《救学弊论》，《华国月刊》第 1 卷第 12 期，1924 年 8 月 15 日。

④ 王钟翰：《陈寅恪先生杂忆》，《纪念陈寅恪教授国际学术讨论会文集》，52 页，广州，中山大学出版社，1989。

十四史而不看，专在细致之处吹毛求疵"①。这也就是陈寅恪所说：
"往昔经学盛时，为其学者，可不读唐以后书，以求速效。"民国时则
"竞言古史，察其持论，间有类乎清季夸诞经学家之所为者"②。至于
治近代史事，则正史之外，广泛"旁采他籍"，考证存异，适为不二
法门。

"详于域外而略于内政"，为晚清外患日迫之下边疆史地之学兴起
的流风余韵，民国以后，受西方汉学及东方学发达的影响，边疆史地
乃至中西交通史再掀热潮。本来中国学者熟悉本部而疏于四裔，取长
补短，理所应当，而且中国从来并非孤立发展，通四裔亦为深入了解
本部的势所必然。但凡事矫枉过正即失之偏颇，"其流弊则将内政要
点，处处从略"，相比之下，"内政为立国根本"，外交的重要性尚在其
次。历史究竟以民族主义还是世界主义为旨，众说纷纭，"详于域外而
略于内政"，毕竟有轻重本末倒置之嫌。

"详于文化而略于政治"，章太炎称此病为受日本影响的结果，日
本人治东方史学，因为没有国民性关系，目的与国人治国史不同，往
往"举一二文人以代表一代文物"。"近人治史学，好谈文化，文化为
政治之母，固为一班人所共认，然文乃经纬天地之文，初非吟风弄月
玩物丧志之文。"此外他还认为中国历史上各种宗教对于政治发生影响
小，不占重要位置，"泛论宗教，无关政治，自可从略"。"夫文章与风
俗相系，固也。然寻其根株，是皆政事隆汗所致，……彼重文而轻政
者，所谓不揣其本，求之于末已。"

"因古籍之疏漏而疑为伪造"，仅为部分学者所独有，与上述四项
为史学通病不同。这显然指疑古辨伪如胡适及"古史辨"的顾颉刚等
人而言。章太炎承认"古事致疑，本为学者态度，然若以一二疏漏而
遽认为伪造，欲学者群束书不观，则未免太过耳"。记忆前事，多为大
体，难免疏漏歧异，而且古史多曲笔讳饰，属故意为之。

比较今日学术，歧途成正轨，偏锋为大道，横溢斜出已是理所当

---

① 章太炎：《历史之重要》，《制言半月刊》第 55 期。
② 《陈垣〈元西域人华化考〉序》，《陈寅恪史学论文选集》，505～506 页，
上海，上海古籍出版社，1992。

然，不温故而欲知新的妄言变作登云的天梯，成名的捷径，甚至普度的慈航了。研究学者的历史，当然是想由其学行显其学识，自己时常揣摩之外，亦可供有心人观赏参考。学问之事，既要相互观摩，师友夹辅，亦贵能孤往，① 既然不以时代群趋为是，就应由沉潜而千虑一得，以待来者。1957年钱穆认为张君劢等人欲发表中国文化宣言之事"无甚意义"，"学术研究，贵在沉潜缜密，又贵相互间各有专精。数十年来学风颓败已极，今日极而思反，正贵主持风气者导一正路。此决不在文字口说上向一般群众耸视听而兴波澜，又恐更引起门户壁垒耳"②。在"但开风气不为师"被曲解为胡思乱想、危言耸听以至众从的遁词的情形下，学术更应遵轨道而重师法。

对于后学者而言，选择轨道与师法并非易事，了解近代学术史事无疑具有参考作用。治学本应眼见为实，切忌道听途说，近代学人以术造势，由势得名，结果耳学反而重于目验，无论前贤或时流，正邪高下，都是听说而来。今人论近代学术，常就主流一线的声势着眼，则胡适的科学方法影响最大，傅斯年的史料学成就最高。其实，深入一层看，第一流的学人大都在胡适的十字真言笼罩之外，并且对其方法的科学性不以为然，而被划进史料学派的不少学人，与傅斯年的主张在若即若离之间。即使号称沐浴胡适科学方法的曙光进入学术殿堂的新进，究竟是顺势抑或得道，还要另当别论。1940年代称赞胡适的方法"已经造成了二十多年来的学术新局面，奠定了今日学术界的新基础"的王重民，在1930年代对胡适的得名还颇有微辞，所以他虽然说胡适最善讲方法，其实是"一切的方法都供他使用，而经他使用过，解说过的方法，便都变成了学术界公用的方法"③。照此看来，胡适的功劳主要还在推广，而且由胡适推而广之的方法究竟与包括王重民本人在内的后进在学术上升堂入室有何关系，尚不清楚。胡适本人的学术成果得到学术界公认者不多，如果其学术方法反而影响最大，除非

① 参见《钱宾四先生全集》第53册，377、409页。

② 《致徐复观书》，《钱宾四先生全集》第53册，365页。

③ 《论治学方法》，国立北平图书馆《图书季刊》编辑部：《图书季刊》新5卷第1期，1944年3月。

后来者趋炎附势或等而下之，并不足以显示胡适的高明。胡适自己并无金针，却喜欢教人绣鸳鸯，后继者取法乎中，则难免一片涂鸦了。

本书得以完成，得到众多师友的帮助。本系的胡守为、蔡鸿生、姜伯勤诸位先生不仅提供过若干资料，更有耳提面命的学问，其片言只语的点拨在后学者听来不仅茅塞顿开，而且有如黄钟大吕。小环境的学术风气不辍，与此大有关系。台北政治大学历史系的博士生陈以爱女士寄赠了一些重要的港台版新书旧籍，极具帮助。其以硕士学位论文为基础修订出版的大著《中国现代学术研究机构的兴起——以北京大学研究所国学门为中心的探讨（1922—1927）》（台北政治大学历史学系1999年版），无论就规范性与深度而言，水准当在多数博士论文之上，甚至超过优秀博士论文。所讨论的问题与拙著关系密切，原为计划写作的一部分，虽然对相关人、事的理解间有不同，基本史实及分析大体已定，进而讨论其他问题，更易深入而且确实。中国社会科学院历史研究所的顾朝女士、台湾"中研院"史语所的王汎森教授、日本京都大学的狭间直树教授、冈村秀典教授和神户大学的石川祯浩教授以及本系的程美宝博士，提供过若干种关键性的已刊未刊资料或未曾寓目的中日文新著，使得史料成活一片，问题迎刃而解。韩国瑞南财团和延世大学白永瑞教授、香港中文大学中国文化研究所陈方正所长，提供了前往汉城和香港访问研究的宝贵机会，获得大量图书资料。赴台湾开会期间，"中研院"近代史所的陈存恭教授帮助查找相关书刊。由于上述机缘，得以克服条件的局限。

书中各章独立成篇，且写作时间持续数年，似无体系，其实确有一以贯之的轴线和旨意，只是不愿照顾面面俱到的系统，尝试"讲宋学，做汉学"的两全之法，将大体和条理置于兴之所至的一得之见背后，留待有心人玩赏体味。研究进程中，曾向多位师友请益或讨论，并吸收了他们的不少研究成果，使得眼界开阔，弥补了思维上的当局者迷。一些章节作为论文发表后，直接间接得到若干意见，在通盘考虑之下对原文有所修订，或删改，或增补。个别地方仍旧，并非固执己见，而是觉得原意实有转折，大体可通，且较近真，一旦改变，反而前后相违。各文独立发表时少量重合的部分也有所调整，不再一一说明。对于各位赐教者则一并致以诚挚的谢意。

本书得以付梓，还要特别感谢上海古籍出版社的张晓敏先生，倒不是因为什么市场经济之下坚持出版不赚钱的学术著作之类本来理所应当的缘故，而是从应允到交稿，几乎拖了一年，其间关于书名及出版方式，又屡有变化，社方始终容忍谅解，令人感动和歉疚。今年公私事多，固然大忙，但一再延期，忙尚在其次。史料愈近愈繁，很难做到竭泽而渔，而个人精力、见识、阅历有限，读书不免偏弊。未经过目即妄下论断，必然失之望文生义甚至凿空逞臆。更有甚者，读书多而见识广，才能通方知类，目的高远，否则高谈阔论，不过前贤唾余。一旦公之于众，便成批判对象，无可遁形。因此每当交稿期限迫近，总感到惴惴不安。现在虽然告一段落，仍望方家不吝赐教，以俾改正修订。

2000 年 10 月于广州

目 录

第一章　晚清民国的国学研究与西学

近代国学研究，从 1902 年梁启超谋创《国学报》始，到 1950 年代初无锡国学专修学校、齐鲁大学国学研究所以及北京大学《国学季刊》合并或停刊止，历经半个世纪。其中流派纷呈，观念不一，但总体上看，乃是数百年间中西文化的交流融合，特别是晚清西学东渐之风的鼓荡，最终导致中国文化在学术层面上融入近代世界体系。"西学"这一东亚人特有的模糊概念，作为对外来新的思想和学术的笼统观照，不仅刺激了国学研究的兴起，更制约着其发展趋向。

一、西人东来

国学一词，古已有之，但是指国家一级的学校。近代意义的国学，其概念在清末与 20 世纪二三十年代曾几度引起争论，终因界定含糊，分歧太大，无法统一。一种有代表性的意见是：相对于新学指旧学，相对于西学指中学。引申而言，即中国传统学术。不过，近代国学并非传统学术的简单延续，而是中国学术在近代西学影响下由传统向现代转型的过渡形态。要理解这一点，从定义出发徒劳无功，唯一的要诀是沈曾植所谓以俱舍宗解俱舍学之法，即从学术史的变化发展找出国学的时空位置，进而把握其内涵。

目前所知最早使用国学一词者有三。其一，1902 年秋，梁启超在日本谋创《国学报》，曾和黄遵宪函商，希望由他俩人加上马鸣分任其事。黄遵宪则建议撰写《国学史》。①

其二，1902年吴汝纶赴日本考察教育，曾经担任《时务报》东文翻译、出版过号称世界上最早的《支那文学史》的古城贞吉明确劝其"勿废经史百家之学，欧西诸学堂必以国学为中坚"。② 在稍后答复京师大学堂同仁委托调查事项的函件中，吴汝纶明确表示：

> 柳溪兄所示二条：日本与吾国，国势、政体、民情皆有异同，比较之法，不可不讲。日本汉学，近已渐废，吾国不可自废国学。华学与西学有不能并在一学者，今开办之始，不能遽臻妥叶。日本现行学制，太氏西国公学，而尤以德国为依归。鄙心所疑者在中学，科目太多，时刻太少，程度太浅，余则似无可议③。

其三，据说1900年王均卿、沈知方、刘师培、宋雪琴等人在上海创立国学扶轮社。后一事时间上尚有可疑，因为国学扶轮社的出版活动，可查证的多在1905年以后。④ 倒是出版《三十三年落花梦》的国学社，至少1903年已经成立。

尽管仍难据以断定近代意义的"国学"一词出现的最早时间，但似可做如下判断：1. 较普遍使用近代意义的"国学"，是20世纪初的事。2. 其语义的转变，直接受明治维新后日本学术趋向变化的影响。

西学东来与中学西传，由来已久，相互影响颇大。⑤ 尤其是鸦片战争以来，西学凭借武力全面东侵，迫使中国人由师夷长技而中体西

---

① 丁文江、赵丰田编：《梁启超年谱长编》，292页，上海，上海人民出版社，1983。

② 《桐城吴先生（汝纶）日记》壬寅六月三十日（1902年8月3日），沈云龙主编：《近代中国史料丛刊》第37辑之367，796页，台北，文海出版社，1969年影印。

③ 《答大学堂执事诸君饯别时条陈应查事宜》光绪壬寅九月十一日，施培毅、徐寿凯校点：《吴汝纶全集》第3册，443页，合肥，黄山书社，2002。

④ 朱联保编撰：《近现代上海出版业印象记》，277页，上海，学林出版社，1993。

⑤ 关于西学东来的影响，历来有所争议。就学术论，胡适与陈垣对于西学究竟有无直接影响乾嘉汉学，意见截然相反。胡断然否认。但近人研究的结论较倾向于陈垣的判断。

用。朝廷和士大夫对西学先进性的承认导致中国固有文化权威的动摇，这种情况在八国联军之后演变成真正的危机。一方面，"自义和团动乱以来，包括政府官员、知识界、绅士以及商人阶级在内的人士，几乎普遍地确认，向西方学习是十分必要的，反对西式教育的人几乎不见了"。① 另一方面，中学日益成为旧学的代名词，被视为无用之物。这一变化从中国传统典籍的身价浮沉中表现得尤具象征性。有人说：

> 吾曩以壬寅走京师，当丧乱之后，士夫若梦初醒，汲汲谈新学倡学堂，窃喜墨守之习之由是而化也。入琉璃厂书肆，向者古籍菁英之所萃，则散亡零落，大非旧观，闻悉为联军搜刮去，日本人取之尤多。而我国人漠然无恤焉，以为是陈年故纸，今而后固不适于用者也，心又悲之。迨乙巳返里，幽忧索居，南中开通早士，多习于舍己从人之便利，日为卤莽浮剽之词，填塞耳目，欲求一国初以前之书于市肆，几几不可得。比来海上风会所至，乃益灿然。②

这种"数年之间，扶东则倒西"的剧变，在令知识人哀叹旧学式微的同时，也激发了他们强烈的种族危机意识。

在清末民初国学倡导者的言论中，顾炎武的"亡国"与"亡天下"之辨被经常提及。或者可以说，天下意识是这些人倡行国学的重要动因。顾氏《日知录·正始》说："有亡国有亡天下，亡国与亡天下悉辨？曰：易姓改号，谓之亡国。仁义充塞，而至于率兽食人，人将相食，谓之亡天下。"这种自先秦传衍下来的观念，本是士人对诸侯割据的一种文化超越，显示出作为文化集合体的中国，文化存亡乃是民族兴衰的首要因素。与此相应，至少在知识人的自觉中，文化担负者的社会责任，较权力执掌者更为重大。"盖以易朔者，一家之事。至于礼俗政教，澌灭俱尽，而天下亡矣。夫礼俗政教固皆自学出者也，必学

---

① 徐雪筠等译编：《上海近代社会经济发展概况（1882—1931）——〈海关十年报告〉译编》，164 页，上海，上海社会科学院出版社，1985。

② 《张南斌辑印佚丛自序》，《国学萃编》第 6、7 期，宣统元年（1909）春三月。

亡而后礼俗政教乃与俱亡。"①

近代国学倡导者的传统天下意识与近代世界眼光交相作用，他们说："试观波尔尼国文湮灭，而洼肖为墟；婆罗门旧典式微，而恒都他属。是则学亡之国，其国必亡，欲谋保国，必先保学。昔西欧肇迹，兆于古学复兴之年，日本振兴，基于国粹保存之论，前辙非遥，彰彰可睹，且非惟强国为然也。"② "是故国有学则虽亡而复兴，国无学则一亡而永亡。何者，国有学则国亡而学不亡，学不亡则国犹可再造；国无学则国亡而学亡，学亡则国之亡遂终古矣。此吾国所以屡亡于外族而数次光复，印度、埃及一亡于英而永以不振者，一仅亡其国，一则并其学而亡之也。"③ 神州正朔所在，文化托命之身，既标明天下重于国家的政治见解，又道出"天下兴亡，匹夫有责"的社会涵义。所以当时人屡有"国可亡，天下不可亡"之语。中国数千年历经分合治乱而一脉相传，"天下"即文化的作用不可谓不大。这种与世界观念相协调的天下意识，成为近代民族竞存的重要支柱。

除沿用古训，近代知识人又注入新的语义。19 世纪以来，对中国士人心中的"天下"冲击最大者莫过于泰西思想学术。其势头到 20 世纪初出现三种新趋向：其一，清政府已公开表态取法欧美。其二，一些列强开始在其势力范围内推行非中国化教育。其三，中国的知识人，特别是青年士子中，欧化倾向日益泛滥。这大大激发了一些人的天下意识。有的从学术与土地人种、风俗政教的关系立论，指出："无学不可以国也，用他人之学以为己学，亦不可以国也"，对于吾国人士慕泰西学术之美，"乃相与联袂以欢迎之，思欲移植其学于中国，而奉之以为国学"的状况表示不满，既反对"奴隶于吾往日同洲外族之学"，也反对"奴隶于今日异洲外族之学"。④ 尽管国学倡行者的态度倾向不

---

① 潘博：《国粹学报叙》，《国粹学报》第 1 年第 1 期，1905 年 2 月 23 日。

② 《拟设国粹学堂启》，《国粹学报》第 3 年第 1 期，1907 年 3 月 4 日。

③ 许守微：《论国粹无阻于欧化》，《国粹学报》第 1 年第 7 期，1905 年 8 月 20 日。

④ 邓实：《鸡鸣风雨楼独立书》，《政艺通报》第二年第 23 号，1904 年 1 月 2 日。

一，欧化风行无疑是激生其强烈反应的社会根源。

对文化入侵的反应不止一途，兴国学以抗西学欧化，还有学术因素的直接刺激。在欧洲，汉学研究经过几个世纪的积累，从 19 世纪起，进入学院化发展阶段，法、英、荷兰等国相继设立了专门的汉学讲座、汉学系或研究院，德国则于 1887 年在柏林大学设立东方语言研究所，1912 年正式设立汉学讲座。① 不过，由于中国学者缺乏与国际学术界交流的能力和条件，除传教士带来的偶然信息外，欧洲汉学研究对中国的影响并不明显。直接起刺激作用的，是从 19 世纪 90 年代起日益为举世关注的中国西北考古活动（欧洲视为中亚远东考古的一部分）。这个由拿破仑入侵埃及带动起来的世界性考古大发现时代，在持续了一个世纪后重心逐渐移向中亚远东，30 年间，俄国的克莱门兹（D. Klementz）、科兹洛夫（P. K. Kozloff）、奥登堡（S. Ol'denburg）、英国的斯坦因（A. Stein，匈牙利人）、德国的格鲁威德尔（A. Grunwedel）、勒柯克（A. von Le Coq）、法国的伯希和（P. Pelliot）、瑞典的斯文赫定（Seven Hedin）、美国的华尔讷（L. Warner）、安得思（R. C. Andreus）等众多人士，均多次来华进行考古探险发掘，促使国际东方学会成立了国际中亚远东探险协会。所发现包括敦煌文书、西域简牍在内的一大批文献器物和遗址，令世界惊叹，同时也震动了国人。② 后者了解到，欧洲学者把印度学与中国学视为 20 世纪将影响全球学界的两大古学。③ 上述信息，成为国学倡行者反复引证的事实，以固有文化的国际价值反衬其本土的危境。20 年代后国学研究兴盛，除了输入新知以整理国故外，显然也与欧洲因第一次世界大战惨烈而转向东方文化寻求寄托有关。

国学一词的近代意义，转借自日本。据小学馆《日本国语大辞

---

① 张国刚：《德国的汉学研究》，30～35 页，北京，中华书局，1994。

② 《近年西北考古的成绩》，《贺昌群史学论著选》，102～118 页，北京，中国社会科学出版社，1985；［法］雅克·布洛斯（Jacque Brosse）著，李东日译：《从西方发现中国到国际汉学的缘起》，《国际汉学》编委会编：《国际汉学》第 1 期，北京，商务印书馆，1995。

③ 邓实：《古学复兴论》，《国粹学报》第 1 年第 9 期，1905 年 10 月 18 日。

典》，国学本为江户时代兴起的一门学问，主要是对日本的古代典籍进行文献学式的研究，以探明其固有文化，又称和学、皇学或古学。荷田春满、贺茂真渊、本居宣长、平田笃胤等号称国学四大家。明治维新后，日本政府推行欧化政策，导致社会出现主张彻底洋化的偏激倾向。1888 年，三宅雪岭、志贺重昂等人成立政教社，鼓吹国粹思潮，以求扭转偏向。世纪交替，恰值国粹主义与欧化主义在日本两军对垒之际，这无疑会引起大批东渡求学或游历的中国官绅士子的关注。①同时，日本的中国学在继承传统汉学成就的基础上，学习引进欧洲近代学术的观念方法，取得长足发展，形成"支那学"与东洋学两大分支，并得到欧洲汉学界的承认与重视。

与对欧洲汉学的隔漠不同，中日两国学者间一直保持密切交往。尤其在汉学界，彼此声气牵动。据 1893 年赴日的黄庆澄记：

> 查东人最好古，往往有隋唐以前书中土已佚者，彼国犹珍存之。自西学盛行，此风一变，昔所存者，弃若弁髦。曩闻粤商人，间有购取以归，而获重利者。前星使黎莼斋观察莅任，竭力搜罗，刻《古佚丛书》一部。其时，署中杨君（守敬）亦嗜学好古，编处采买，得古书甚夥。近我京都琉璃厂书贾，复叠次搜贩。于是，市中古书，为之一空。间有一二出售者，亦必昂其价值，视为奇货，而士大夫所藏者尤为珍秘云。

黄庆澄此行代孙诒让访求古书，有多部即因价昂未能购取。② 这种情形到 20 世纪初发生掠转，大批日本人来中国搜购古代文献，清末有人记道：

> 近岁新学甫有萌芽，旧学已渐陵替，有青黄不接之叹。日本藏书家岁至吾国京师及吴中都会，捆载旧本经史子集与金石书画之属，不惜重赀购归藏贮，以致国朝人诗文集凡在乾嘉以前稍稍

① 参见郑师渠：《晚清国粹派——文化思想研究》第 1 章，北京，北京师范大学出版社，1993。

② 《东游日记》，罗森等：《早期日本游记五种》，251 页，长沙，湖南人民出版社，1983。

有名，今无刻本，靡不昂贵，故收书甚为不易，施愚山诗文全集、鲒绮亭内外集均须三四十金，视十年前盖三倍矣。①

古器物亦然。据说"商界之竞以贩买中国古美术品为事，始于日俄战争告毕及日本入高丽之时，彼等之访觅骨董，能于陵墓之所藏，独具只眼，较诸本国之内地人情形更为熟悉，华美而兼贵重之唐宋两代陶器，多有自陵墓中发现者"。②

旧学而外，后起的新学术也迅速跟进。1902—1914 年间，大谷光瑞及其弟子桔瑞超等，先后三次组织中亚探险队，到中国西北考察，搜得大批文献文物，还有多人到中国东北等地考古发掘，流散到民间的敦煌卷子及各类图书也大量为日本人收购。这使得日本的中国研究很快跃进到与欧洲汉学并驾齐驱的地位，令中国学者感到极大的压力。日本朝野想方设法收购中国古代文献器物之事在各种国学刊物上被一再披露。1907 年，江南著名的陆氏丽宋楼藏书为日本岩寄氏收购，《国粹学报》第 44 期译载岛田彦桢所撰《丽宋楼藏书源流考并购获本末》，董康于跋识中特意点醒：

> 频年日本书估，辇重金来都下，踵项相望，海内藏书家与丽宋楼埒者，如铁琴铜剑楼，如海渊阁，如八千卷楼，如艺风楼，如长白某氏某氏等，安知不为丽宋楼之续。前车可鉴，思之兹惧，用特印行丽宋楼源流考，以告有保存国粹之责者。

学术资源的优势与学术发展适成正比，使日本学者在中国研究领域领先一筹，直到 20 年代中期，桑原骘藏评介陈垣著述时，仍认为中国史学与国际学术规范距离太远。③ 而陈垣则问胡适："汉学正统此时

① 孙雄（同康）：《〈道咸同光四朝诗史一斑录三编〉自序》，《国学萃编》第 5 期，宣统元年（1909）闰二月。
② 《外交部译发马克密君保存中国古物办法之函件》，《国学杂志》第 5 期，1915 年 10 月。
③ ［日］桑原骘藏著，陈彬和译：《读陈垣氏之〈西域人华化考〉》，《北京大学研究所国学门周刊》第 6 期，1925 年 11 月 18 日。

在西京呢？还在巴黎？"两人只能相对叹息。① 这样强烈的反差，激励中国学者努力奋进。厦门大学国学院发掘计划书称：

> 二十年来，欧美考古学者以我国有最古之文明与悠久之历史，群来东方实地考查，其研究结果之公表于世而有裨益于东方史学为世界所周知者，如沙畹、伯希和诸氏，其最著者也。近数年中，欧美日本大学教授及博物院代表来华调查古迹者日益多，此其故可深长思矣。

该院致力于考古发掘研究，正是要使中国的考古学"于世界学术界中占一位置"。② 各国学研究机构建立后，均强烈反对欧美、日本的学术侵略与文化掠夺行为，或坚决阻止，或要求联合进行探险发掘，以便监督，防止国宝外流。

二、科学与学科

在维护中国之所以为中国的学术神经之时，近代国学的倡导、研究者并非一味固守旧轨。梁启超讲得很清楚：

> 近顷悲观者流，见新学小生之吐弃国学，惧国学之从此而消灭，吾不此之惧也。但使外学之输入者果昌，则其间接之影响，必使吾国学别添活气，吾敢断言也。但今日欲使外学之真精神普及于祖国，则当转输之任者，必邃于国学，然后能收其效。以严氏与其他留学欧美之学童相比较，其明效大验矣。此吾所以汲汲欲以国学为我青年劝也。③

黄遵宪不赞成办《国学报》，是认为中国病在尊大固蔽，须先大开门户，容纳新学，"俟新学盛行，以中国固有之学，互相比较，互相竞

---

① 《胡适日记》（手稿本）1931 年 9 月 14 日，台北，远流出版事业有限股份公司，1990。
② 《厦大周刊》第 158 期，1926 年 10 月 9 日。
③ 《论中国学术思想变迁之大势》，《新民丛报》第 22 号，1902 年 12 月 14 日。

争，而旧学之真精神乃愈出，真道理乃益明，届时而发挥之，彼新学者或弃或取，或招或拒，或调和或并行，固在我不在人也"。主张"略迟数年再为之"。①

国粹派谈到国粹与欧化的关系时，也刻意强调："夫欧化者，固吾人所祷祠以求者也。然返观吾国，则西法之入中国将三十年，而卒莫收其效，且更敝焉。毋亦其层累曲折之故，有所未莹者乎。""一言以蔽之，国粹也者，助欧化而愈彰，非敌欧化以自防。"②"是故本我国之所有而适宜焉者国粹也，取外国之宜于我国而足以行焉者亦国粹也。"③《国粹学报》在略例中特别规定："本报于泰西学术，其有新理特识足以证明中学者，皆从阐发。阅者因此可通西国各种科学。"

此态度后来为大多数国学倡导者、研究者不同程度地信奉。激进如胡适，在《国学季刊》发刊词中声言：

> 我们现在治国学，必须要打破闭关孤立的态度，要存比较研究的虚心。第一，方法上，西洋学者研究古学的方法早已影响日本的学术界了，而我们还在冥行索图的时期。我们此时正应该虚心采用他们的科学的方法，补救我们没有条理系统的习惯。第二，材料上，欧美日本学术界有无数的成绩可以供我们的参考、比较，可以给我们开无数新法门，可以给我们添无数借鉴的镜子。学术的大仇敌是孤陋寡闻，孤陋寡闻的唯一良药是博采参考比较的材料。

已经倾向守成者如廖平，也不绝对排斥西学，时有比附之意，以显其心中有西学的影子在。其弟子李俊卿说："时当海禁初开，欧美学术之移入中土者，疏浅且薄，不足以副先生之采获。先生虽乐资之为说，而终不能于先生之学有所俾。使先生之生晚二十年，获时代之助予，将更精实绝伦也。"④ 更多的人虽不一定明确表态，实际研究中很

---

① 丁文江、赵丰田编：《梁启超年谱长编》，292～293 页。

② 许守微：《论国粹无阻于欧化》，《国粹学报》第 1 年第 7 期，1905 年 8 月 20 日。

③ 顺德黄纯熙撰：《国粹保存主义》，《政艺通报》第 21 期，1905 年 7 月 17 日。

④ 蒙文通：《廖季平先生传》，廖幼平编：《廖季平年谱》，106 页，成都，巴蜀书社，1985。

少不取法借鉴西学者。

国学倡导者的出发点最初不在研究而在保存，以养成国民的爱国心，所以强调抱残守缺，政治或文化关怀明显高于学术追求。此后，西学的精密系统日益影响国人的学术旨趣。较早设立的国学保存会每月开讲习会，商量旧学，相互切磋，并请刘师培担任正讲师。该会还准备开设国粹学堂，因经费不足而罢。但所拟定的学科预算，清楚显示出近代国学的内涵与旧学大相径庭。其学制为三年，科目包括经学、文字学、伦理学、心性学、哲学、宗教学、政法学、实业学、社会学、史学、典制学、考古学、地舆学、历数学、博物学、文章学、音乐、图画、书法、翻译、武事等①，至少形式上与旧学分科截然不同，采用了西学的分类法。

此外，国学倡导者大都从事新式文教事业，从私人书院式传习转向凭借近代大众传媒向社会广泛宣传。而对这一舶来品版面的模仿，很容易引起固有学术表述形式的改变。从传统札记变为近代学术的标志——论文，据说以《国粹学报》为最早。② 该报从第五年起，政论性社说明显减少，而以学术著作为替代。第六年更取消社说，代以纯学术的通论。

国学保存会对后来的国学研究影响极大，或者说，它显示了近代国学研究共同路向的基调。从清末到民初，有章太炎开办于东京的国学讲习会、国学振兴社，章氏弟子马裕藻等人发起的北京、杭州国学会，谢无量、廖平、刘师培、宋育仁等人执掌的成都国学馆（后改名国学学校、国学专门学校），罗振玉、王国维的《国学丛刊》（1911 年北京、1914 年日本），唐文治的无锡国学专修馆，吴仲、沈宗畸等人的《国学萃编》（1908 年北京），陈尔锡、吕学沅等人的国学扶危社及《国学》杂志（1914 年东京、北京），倪羲抱等人的国学昌明社与《国学杂志》（1915 年上海），南社姚光等人的《国学丛选》等。一些青年显然为此所吸引，也呼吁"振兴国学"③，决心编撰《国学志》（如顾

---

① 《国粹学报》第 3 年第 1 期，1907 年 3 月 4 日。

② 《一个对比》，《贺昌群史学论著选》，534 页。

③ 闻一多：《论振兴国学》，《清华周刊》第 77 期，1916 年 5 月 17 日。

颉刚）。统治者方面，鼓吹中体西用的张之洞等亦主张保存国粹，倡设各省存古学堂及古学院，还有人奏请设立国学专门学堂。①

这一时期的国学，无论派分如何，从主张、章程、科目看，抱残守缺的一面更为凸显，但也吸收西学。东京国学讲习会宣称："真新学者，未有不能与国学相契合者也。"② 王国维更直接反对言学者有新旧中西之争，"正告天下曰：学无新旧也，无中西也"，指争论者为不学或不知学之徒。他认为："世界学问，不出科学、史学、文学，故中国之学，西国类皆有之，西国之学，我国亦类皆有之，所异者广狭疏密耳。""中国今日实无学之患，而非中学西学偏重之患。……中西二学盛则俱盛，衰则俱衰，风气既开，互相推动。且居今日之世，讲今日之学，未有西学不兴而中学能兴者，亦未有中学不兴而西学能兴者。……虑二者之不能并立者，真不知世间有学问事者矣。"③ 官方倡导，虽被斥为"挟其左右学界之力，欲阻吾民图新之先机，以是为束缚豪杰之具辞"④，而且张之洞确有重守成轻研究之意⑤，但以国学为专门，本身就是对西学影响的回应。

20 世纪 20—30 年代前半，是国学研究的鼎盛期。由于在新文化运动中暴得大名的胡适等人提倡整理国故，使得国学研究成为时尚。国学教育和研究机构竞相设立，不仅青年后学踊跃投考，还引起社会的广泛关注；专门杂志和出版社纷纷出台，一些报刊则特辟国学专栏，以论文、专著、教科书和丛书的形式发表了大量国学论著；既有的国学倡导者仍继续鼓吹，一批少壮新进之士又加入行列；标明国学的学术性结社明显增多；响应者除集中于京沪外，还扩展到西北、东北、

---

① 赵炳麟：《谏院奏事录·请立国学专门疏》，《赵柏岩集》卷一，30～31页；沈云龙编：《近代中国史料丛刊》第 31 辑之 303，955～957 页，台北，文海出版社，1969。

② 《国学讲习会序》，《民报》第 7 号，1905 年 11 月 26 日。

③ 《〈国学丛刊〉序》《观堂集林·别集》卷四，《王国维遗书》第三册，202～206 页。

④ 许之衡：《读〈国粹学报〉感言》，《政艺通报》第 21 期，1905 年 7 月 17 日。

⑤ 章太炎《自述学术次第》谓：戊戌"张尝言：'国学渊微，三百年发明已备，后生但当蒙业，不须更事高深'"。

闽粤及香港等地。

由五四新文化鼓动起来的国学热潮，一开始就与从欧美输入的科学主义联袂而至。毛子水发表于《新潮》杂志第 1 卷第 5 号（1919 年 5 月）的"国故与科学的精神"，直言国故学是现在科学的一种，"必须具有'科学的精神'的人，才可以去研究国故"，"科学的精神"是研究国故学的根本。虽然清代汉学家的方法也有科学的精神蕴含其中，但那是不自觉的，"最容易有弊"。要将不自觉转变为自觉，应当取法近三百年发展起来的现代科学精神，即欧西文明。① 也就是胡适在《新思潮的意义》一文中所说："研究问题，输入学理，整理国故，再造文明。"②

然而，在欧化热浪中，胡适的这一点理性仍被斥为"钻到烂纸堆里去白费劲儿"。为了免于误导青年的罪责，胡适后来表示"深深忏悔关于研究国故的话"，声称自己不存卫道的态度，也不想从中寻求天经地义来安身立命③，而是要"捉妖"和"打鬼"，"化黑暗为光明，化神奇为臭腐，化玄妙为平常，化神圣为凡庸"，"要人明白这些东西原来'也不过如此'"！以国故学者判断旧文化无用的结论，"使少年人一心一意地去寻求新知识和新道德"④，并宣称国学是条"死路"。这样，整理国故实际上成为"介绍欧化"的前驱。受此影响，在世界潮流面前有落伍之感的部分南社社员组成新南社，"愿一弃从前纤靡之习"，一面"整理国学"，一面"引纳新潮"。⑤

对于胡适等人的科学，章门弟子的《国故月刊》固然不满，南京东南大学的"学衡"派也不以为然。这个以归国留学生为核心、主张

---

① 毛子水：《"驳〈新潮〉'国故和科学的精神'篇"订误》，《新潮》第 2 卷第 1 号，1919 年 10 月。引文中部分意思出自该文所附胡适函。

② 《新青年》第 7 卷第 1 号，1919 年 12 月。

③ 《研究所国学门第四次恳亲会纪事》，《北京大学研究所国学门月刊》第 1 卷第 1 号。

④ 《整理国故与打鬼——给浩徐先生的信》，《胡适文存》第 3 集，211～217 页，上海，亚东图书馆，1930。

⑤ 《新南社发起宣言》，《新南社组织大纲》，上海《民国日报》，1923 年 5 月 5 日。

昌明国粹、融化新知的同人杂志，与胡适等人争论的焦点其实是输入西学的正统和研究学术的纯正。其简章规定，于国学则主以切实之工夫为精确之研究，"于西学则主博极群书，深窥底奥，然后明白辨析，审慎取择，应使吾国学子，潜心研究，兼收并览，不至道听途说，呼号标榜，陷于一偏而昧于大体也"。① 隐指胡适派的伪西学或伪学术。两派的是非曲直暂且不论，由此升温的国学热，在教育和研究领域引起连锁反应。

自 1922 年北京大学成立文科研究所国学门之后，清华、厦门、燕京、齐鲁，乃至有心与北京大学新文化派立异的东南大学等校相继组建国学研究所或国学院，辅仁、厦门、东北、西北、大夏、中国、齐鲁、国民、正风等大专院校成立或改建了国学系或国学专修科，昆明、长沙等地则开办国学专修馆或国学专修学校。在 1928 年召开的全国教育会议上，甘肃教育厅提出《融合并发扬中华民族文化案》，要求从融合五族文化入手，巩固共和。其八项办法中的两条：一是大学院设立国学研究所，以整理国故；一是全国各大学均设国学专科。②

20 世纪 20 年代末，虽然厦门大学国学院、清华大学研究院国学科相继解体，北京大学研究所国学门改组为国学馆之后也渐趋消沉，尤其是中研院历史语言研究所的成立，傅斯年公开表示反对国故的观念，力争东方学的正统在中国，使得笼统的整理国故出现分流。同时，20 世纪 20 年代后期坚持新文化方向而认为整理国故与新文化背道而驰的一批人不断提出质疑和批评，本来"主张在新文学运动的热潮里，应有整理国故的一种举动"③ 的郑振铎，也转而质疑国学的苏生是否"文艺复兴"，呼吁"打倒所谓'国学家'"，"且慢谈所谓'国学'"，而以全盘输入西方科学和文化以建设新的中国为生路。④ 加上整理国故

① 《学衡》第 1 期，1922 年 1 月。

② "中华民国大学院"编：《全国教育会议报告》，182～184 页；沈云龙编：《近代中国史料丛刊续编》第 43 辑之 429，183 页，台北，文海出版社，1977 年影印。

③ 《新文学之建设与国故之新研究》，张若英编：《中国新文学运动史资料》，207 页，1934 年版，香港，中文大学近代史料出版组 1973 年影印。

④ 《且慢谈所谓"国学"》，《小说月报》第 20 卷第 1 号，1929 年 1 月。

又与尊孔读经的复古思潮纠缠在一起，失去了初期一哄而起的热闹，不少从众的青年弃之而去。不过，燕京大学、齐鲁大学的国学研究所或新设或续办，南方的几家国学会仍在积极活动，一贯坚持保守固有文化的无锡国学专修馆等教育机构还呈向上趋势，各大学兴建或改建国学系及各地创办国学专修学校的则随惯性移动，后来才逐渐废弃"国学"的标签，改回中国文学系之类本名。

胡适的整理国故虽然背后有欧洲汉学的影子，与傅斯年的主张相通，毕竟不排斥国学的概念。直到 1928 年北京大学酝酿改革，胡适仍坚持五年前与葛利普、李四光等人拟定的"北京大学大学院规程草案"，欲将北大改作研究院，分为自然科学院、社会科学院、国学院和文学院（或外国文学院）等四个分院。① 北大的《国学季刊》时断时续，还在出版。这面在整理国故运动中最早竖起的国学大旗不倒，就依然不乏响应者。

学术上最能体现国学与西学关系的，当属国学研究所和国学院的组织。其建制按照近代西学分类设科，其研究方法与课程遵循国际学术范式。北大国学门分设文字学、文学、哲学、史学、考古学等五个研究室，并相继创立歌谣研究会、风俗调查会、整理档案会、古迹古物调查会（后改名考古学会）、方言调查会，以贯彻其学术宗旨。清华研究院国学科融合中国书院与英国大学制，分中国语言、历史、文学、音乐、东方语言，另设考古学陈列室。② 燕京大学国学研究所确定的国学范围是，历史、文学、哲学、文字学、考古学、宗教、美术。③东南大学国学院计划分科学、典籍、诗文三部，从学说、图谱、器物三方面，运用各种相关学科的方法，研究中国的民族、语言文字、思想学术、文学、诗词曲剧、美术、天文数学、法制、经济学、交通及

---

① 《胡适日记》（手稿本）1929 年 2 月 4 日。
② 《研究院纪事》，《国学论丛》第 1 卷第 1 号。
③ 《燕京大学国学研究所征求名著稿本通告》，《燕京学报》第 4 期，1928年 12 月。

国际交通、农商工业、哲学、教育、宗教风俗等历史现状。① 齐鲁大学国学研究所分中国哲学、史地、文学、社会经济四科。②

厦门大学国学院筹备之际，该校文理商教各科主任均参与其事，结果所订章程囊括一切，分历史古物、博物（指动植矿物）、社会调查、医药、天算、地学、美术、哲学、文学、经济、法政、教育、神教、闽南文化等 14 组。后招聘到北京大学研究所国学门的几位骨干，组织上基本继承北大风格，设语言文字学、史学及考古学、哲学、文学、美术音乐等 5 组，并组织风俗调查会。③ 这些设置，均突破了传统学术七略、四部等分类，体现了近代西学的精神。

形式改变，是内容变化的表现。国学虽是中国固有学术的代名词，机构却是现代教育组织的一部分。各国学院校系所的课程均增添西学，即使传统科目，也依据现代学术规范重新编排。厦门大学国学系要求选修普通发音学、比较语言学、修辞学、英国文学史、西洋美术史、人类学、美学概论、印度和泰西哲学。齐鲁大学国学系增设了逻辑学、文学史、文字学、修辞学等课程。中国大学国学系在吴承仕的带领下，改革课程，增设了唯物辩证法、政治经济学、西洋文学史、新俄文学选读及由新学者讲授的中国历史哲学课。就连无锡国学专科学校，其学生所开列的最低限度国学书目也有常识一类，包括史地学、哲学、论理学、政治学、社会学、经济学、自然科学、教育学、心理学、数学和英、日文。④ 北大《国学季刊》编辑略例规定：

> 本季刊虽以"国学"为范围，但与国学相关之各种科学，如东方古语言学、比较语言学、印度宗教及哲学，亦与以相当之地位。

该刊虽文言与白话兼收，但一律横排，并用新式标点，开一代新

① 《东南大学国学院整理国学计划书》，《国学丛刊》第 1 卷第 4 期，1923 年 12 月。

② 《国学研究所业已成立》，《齐大月刊》第 1 卷第 1 期，1930 年 10 月 10 日。

③ 《厦门大学国学研究院组织大纲》，《厦大周刊》第 134 期，1926 年 1 月 2 日；《国学研究院章程》，《厦大周刊》第 160 期，1926 年 10 月 23 日。

④ 陶存煦遗稿：《天放楼文存》下册，637～639 页，影印稿本。

风。与北大新文化派多有争执的南高学派，所办《史地学报》开始也是横排，其内容的西学色彩更加浓重。

研究机构的课程设置与指导学生更接近国际学术规范。被胡适称为可以代表"'整理'是用无成见的态度，精密的科学方法，去寻求那已往的文化变迁沿革的条理线索"之精神的北大国学门，有林玉堂开设的"中国比较发音学"和"标音原则"班，讲解以国际音标注国语及方言的方法，考定中国重要方言的音声。其方言调查会宣言书特意指明中西治学方法不同，"今日方言调查范围，非仅区区训诂学中之一事，而实为与音韵学、殖民史、印度支那语言学等不可分离的一种研究"。① 而风俗调查会将风俗调查视为"研究历史学、社会学、心理学、行为论、以及法律、政治、经济等科学上不可少的材料"②，并批评一般人对这门学问的轻蔑。③ 古迹古物调查会认识到考古学范围广，发展会员时特别提出："应网罗地质学、人类学、金石学、文字学、美术史、宗教史、文明史、土俗、动物、化学各项专门人材协力合作。"④

清华研究院目的有二：一是对西方文化宜有精深之研究，二是对中国固有文化之各方面须有通彻之了解。⑤ 考试科目除经史、诸子、文学、小学外，还有世界史、统计学、人类学、西洋哲学、中国哲学、普通语音学、心理学、声学、数学，以及东西交通史、东方语言学、西人之东方学和多种外国文，普通演讲和指导科目则有历史研究法、中国文化史、东西交通史、普通语言学、方音学、现代方言学、人文

① 《北京大学日刊》第 1421 号，1924 年 3 月 17 日。

② 《国学门纪事·致本校同学启事》，《国学季刊》第 1 卷第 3 号，1923 年 7 月；《北大风俗调查会征集各地关于旧历新年风俗物品之说明》，《北京大学研究所国学门月刊》第 1 卷第 5 号。

③ 顾颉刚：《一九二六年始刊词》，《北京大学研究所国学门周刊》第 2 卷第 13 期，1926 年 1 月。

④ 《国学门纪事·附古迹古物调查会草章》，《国学季刊》第 1 卷第 3 号，1923 年 7 月。

⑤ 吴宓：《清华开办研究院之旨趣及经过》《研究院章程》，《清华周刊》第 351、360 期。

学、考古学、人体测验等。厦大国学院成立时，主任沈兼士认为："现时欲研究古学，必得地质学、人类学、考古学、古生物学等等，作为参考，始有真确之可言。"① 该院师生的选题均偏重上述领域。

对于中国固有学术，国学研究者在继承乾嘉朴学实事求是精神的基础上，吸收欧美现代学术的方法，扩展视野，建立规范，创造出"新国学"或"适应新潮的国学"。当时尚在留学的刘复说：

> 我们只须一看北京大学研究所国学门中所做的工，就可以断定此后的中国国学界，必定能另辟一新天地，即使是一时还不能希望得到多大的成绩，总至少能开出许许多多古人所梦想不到的好法门。我们研究文学，决然不再做古人的应声虫；研究文字，决然不再向四目苍圣前去跪倒；研究语言，决然不再在古人的非科学的圈子里去瞎摸乱撞；研究歌谣民俗，决然不再说五行志里的鬼话；研究历史或考古，决然不再去替已死的帝王做起居注，更决然不至于因此而迷信帝王而拖大辫而闹复辟！总而言之，我们"新国学"的目的，乃是要依据了事实，就中国全民族各方面加以精详的观察与推断，而找出个五千年来文明进化的总端与分绪来。②

甚至对乾嘉汉学，胡适等新进学人也予以批评。日本学者注意到：

> 支那学者多不解科学的方法，犹清代学者之考证学，实事求是，其表面以精巧的旗帜为标榜，然其内容非学术的之点不少，资材之评判，亦不充分，论理亦不彻底，不知比较研究之价值。今日观之，乃知从来支那学者之研究方法，缺陷甚多，具有新思想之支那少壮学者亦承认此缺陷（观《国学季刊》第一卷第一号之发刊宣言）。③

---

① 《国学研究院成立大会纪盛》，《厦大周刊》第 159 期，1926 年 10 月 16 日。

② 《〈敦煌掇琐叙目〉叙》，《北京大学研究所国学门周刊》第 3 期，1925 年 10 月 28 日。

③ ［日］桑原骘藏著、陈彬和译：《读陈垣氏之〈西域人华化考〉》，《北京大学研究所国学门周刊》第 6 期，1925 年 11 月 18 日。

胡适曾经感叹道：

> 三百年的古韵学抵不得一个外国学者运用活方言的实验，几千年的古史传说禁不起两三个学者的批评指摘。然而河南发现了一地的龟甲兽骨，便可以把古代殷商民族的历史建立在实物的基础之上。一个瑞典学者安特生（J. G. Anderson）发见了几处新石器，便可以把中国史前文化拉长几千年，一个法国教士桑德华（Pere Licent）发见了一些旧石器，便又可以把中国史前文化拉长几千年。北京地质调查所的学者在北京附近的周口店发见了一个人齿，经了一个解剖学专家步达生（Davidson Black）的考定，认为远古的原人，这又可以把中国史前文化拉长几万年。向来学者认为纸上的学问，如今都要跳在故纸堆外去研究了。①

这时胡适受到一些同道对其鼓吹整理国故的批评，对中国固有学术的否定多少有自我辩解的意味，而所说欧洲学术对国学研究的冲击，则大体不错。与欧美日本的考古学、语言学、比较宗教学等方面的研究发达的情形相对应，国学研究取得长足进步的领域，几乎都与这些学科相关联。

1923 年胡朴安在总结国学发展趋势时指出：

> 顷岁以来，隐忧之士，鉴于国学之衰落，以为国学将绝也，而不知国学已动复兴之机。一种学术，必有他种学术与之接触，始能发生新学术之径途。因欧洲哲学之影响，研究诸子学者日多；因欧洲言语学之影响，研究六书学者日多；因欧洲美术学者之影响，研究群经古史学者日多。不过草莽初群，而□径未分，孚甲已萌，而灿烂未现。苟努力不已，则民国之学术，必能迈前世而上之。②

被陈寅恪称为中国近代学术界最重要之产物的王国维的治学领域

---

① 《治学的方法与材料》，《胡适文存》第 3 集，211～217 页。
② 《民国十二年国学之趋势》，上海《民国日报》1923 年 10 月 10 日《国学周刊》国庆日增刊。

与方法，地下实物与纸上遗文互相释证，异族故书与吾国旧籍互相补正，外来观念与固有材料互相参证，即体现了中西学融合汇通的时趋。

三、国际汉学的影子

国学研究所受西学的影响，还体现于倡导研究者的教育背景。许多著名的国学大家，都有过留学经历或学习、传播过西学。梁启超在近代输入西学方面（包括从日本转手引进），范围之广，影响之大，无人企及。罗振玉则与欧洲、日本的一流汉学家保持广泛而密切的联系。国粹派领袖骨干如章太炎、邓实、刘师培等人也曾是传播西学的健将。① 最具象征意义的是国学保存会的支柱邓实与黄节，一面借《政艺通报》系统输入西学，一面以《国粹学报》提倡国学。为了吸收域外之学以治中国固有之学，他们或自己努力学习外文，或鼓励子弟学习外语，其中一些人能够基本掌握运用几门外文，如梁启超学过英、日、法文，章太炎学过日文、梵文，程度虽然不能与留学出身者相比，对于思想鼓动却有极大帮助。至于国内外新式学堂毕业者，多会一门以上的外文，有的还精通多种外语。

1920 年代以后，国学研究者继续保持趋新态势。北大国学门委员会成员大都有留学日本或欧美的经历，风俗调查会由张竞生发起并任主席，方言会由林玉堂任主席，《国学季刊》编委会由胡适任主任。而没有洋学位者则感到很大的压力。据说刘复留欧即为胡适激将。清华研究院的导师和讲师中，四位有留学经历，梁启超则长期生活于国外。至少在该校学生看来，王、梁是国学名宿，而赵、陈、李则是"西学精通之士"。② 陈寅恪在该院所讲全是欧洲汉学的正宗，后因几乎无人能懂，不得不改成较易理解的课程。厦门大学国学院成员基本来自北大，继任主任张星烺也曾留学美、德。齐鲁大学国学研究所中，周干庭、胡立初、李云林留学日本，余浩、慈丙如、张锡嘏、胡道远毕业

---

① 详见郑师渠：《晚清国粹派》第 3 章。
② 《研究院现状》，《清华周刊》第 408 期。

于美国，舒舍予曾任教于英国。① 燕京大学国学所中，许地山留学英美，谢婉莹留学美国，后又加入张星烺，刘廷芳、黄子通、马鉴等也毕业于异域。即使未曾留学者，也大都是国内新式学堂毕业，学术上积极求新。如北大的顾颉刚、容庚、容肇祖、魏建功、常惠、董作宾等。

与此相对，一些当时人认为守旧的学者，则未予其事或被排斥在外。北京大学的桐城派已完全失势，黄节、陈汉章、叶瀚等只是偶尔参加各学会的活动，有时还故意唱些反调。在国学门第四次恳亲会上，即将赴欧的胡适宣称钻故纸堆治国学是条死路，而生路为一切科学。叶瀚即说："行年将六十有五岁，从事考古，时已不及。适之先生希望犹大；我但愿在死路上多做点收集工夫，而让后人好开生路，将材料供给参考。因现在死路上材料供给过少，所以在北大授课，讲义毫无精采。"②

北大的以新划线引起外界人士的不满，指"北大党派意见太深，秉事诸人气量狭小，其文科中绝对不许有异己者。而其所持之新文化主义，不外白话文及男女同校而已。当其主义初创时，如屠敬山等史学专家皆以不赞同白话文而被摈外间，有知其内容者皆深不以其事为然"。③ 厦门大学也有类似情形。当时任教于该校的陈衍，是著名的国学大家，并主办《国学专刊》，先后入社者达50余人，却未参与国学院的筹组和学术活动，并在国学院正式成立前辞职返里，其高足叶长青此时反被金陵大学聘走，可见校方并未考虑在即将兴办的国学院使用这批学者。

近代国学研究阵营中，还有一批欧美和日本汉学家的活动及作用引人注目。北大国学门研究规则规定：可随时聘请国内外学者为专门演讲；研究生有必要时，可聘请国内外专门学者指导研究；并可聘请

---

① 《新职员之介绍》，《齐大月刊》第1卷第1期，1930年10月10日；陶飞亚、吴梓明著：《基督教大学与国学研究》所引齐大档案1934年报告书，202～204页，福州，福建教育出版社，1998。

② 《北京大学研究所国学门月刊》第1卷第1号。

③ 1926年4月25日张星烺来函，陈智超编注：《陈垣来往书信集》，209页。

外籍学者为导师和通信员。该所曾先后聘请俄国的钢和泰（A. von Stael-Holstein）、伊凤阁（A. I. Ivanov）为导师，法国的伯希和、脑尔特（There′se P. Arnould），日本的今西龙、泽村专太郎、田边尚雄，丹麦的吴克德（K. Wulff）、德国的卫礼贤（Richard Wilhelm）等为通信员。齐鲁大学国学所聘请加拿大学者明义士（James Mellon Menzies）教授甲骨文和商代文化。厦门大学国学院有瑞士籍学者戴密微（Paul Demieville）参与其事，任筹备总委员会委员。① 清华研究院聘请钢和泰为名誉通信指导员。他们或以学术专长引进国际最新研究成果，推动东方学的发展，增加国际社会对东方文化的兴趣与关注，或利用社会联系和学术地位促进中国学术界与世界同行的交往。其中伯希和于敦煌学，钢和泰、戴密微于言语学、佛学，伊凤阁于西夏学，田边尚雄于中国乐律，均给中国学术界很大影响和帮助。

西方汉学研究很大程度上受来华传教士的兴趣与活动的影响，而这种兴趣与活动一直持续，不少人长期在中国研究古代文献典籍，调查地方方言和习俗。第一次世界大战后，西方中心和基督教文明优越的观念遭受重创，对东方文明的兴趣与爱好增强。而中国本土在教育领域掀起了非基督教运动，教会与非教会大学的欧化教育受到猛烈冲击，清华学校学生因此感到很大的社会压力。该校增设国学研究院，目的之一，就是为了改变形象，此举收效明显。教会学校本来也重视中国传统文化的教育，只是方式过于老套。面对形势，由燕京大学校长司徒雷登（John Leighton Stuart）发起中国化改革，加强国学研究，利用霍尔基金在燕大和齐鲁大学建立国学研究所。厦门大学创办国学院，则由于陈嘉庚、林文庆等华侨对中国文化的依恋。林受聘时询问本校宗旨，"究竟注重国学抑或专重西学"。陈答称两者不可偏废，"而尤以整顿国学为最重要"。②

这一时期的国学研究机构与个人，十分注重了解欧美、日本等国关于中国研究的学术动态，积极加强与国际学术同行及组织的联系交往。北大国学门通过通信员伯希和向亚洲学会介绍本所情况，交换刊

---

① 《厦大周刊》第 132 期，1925 年 12 月 19 日。
② 《国学研究院成立大会纪盛》，《厦大周刊》第 159 期，1926 年 10 月 16 日。

物，并委托其代表国学门出席在开罗召开的万国地理学会。这次会议被视为学术中心由欧洲向全世界扩展的起点。① 该学门还希望了解苏俄学术界的情况，请赴苏俄考察或开会的李四光、陈惺农演讲苏俄东方学术情形，得知"俄国学术上的特色许多不与西欧相同，在人类学和考古学的方面，他们的材料实在不少，我们很有可以合作的地方"，于是着手联系。② 此外，该学门曾与日方协商在北京用庚子赔款联合组建文科研究所，派马衡等赴朝鲜参观汉乐浪郡汉墓发掘，与欧美专家几次组织联合考查团。清华研究院筹备之际即准备与由卫礼贤主持的德国"中国学社"建立合作关系③，王国维、陈寅恪等导师与欧美汉学名家如伯希和等时有交往，讲师李济则与美国的毕士博（Carl Whiting Bishop）合作到山西等地考古，后者预订有七八年的长期计划。

20 世纪 30 年代后，随着北大、清华、厦大、燕京等校的有关教育科研机构相继改名或解体，国学研究渐趋消沉，南方的几个国学会在章太炎等老辈去世后失去重心，也陆续停止活动。只有齐鲁大学国学研究所、无锡国学专科学校等少数机构长期坚持。抗日战争期间，日伪曾在北平组织过国学书院，发行《国学丛刊》，表面鼓吹"挽救而振起"国学，实际目的在于粉饰太平。④ 但盛极一时的国学研究在中国近代学术发展史上已留下深刻印记。尽管该名词从字面上很难把握概念的外延内涵，曹聚仁、何炳松、郑振铎等人曾公开质疑，傅斯年在筹建中研院历史语言研究所时，特意声明：该所之设置，"非取抱残守缺，发挥其所谓国学，实愿以手足之力，取得日新月异之材料，借自然科学付与之工具而从事之，以期新知识之获得。材料不限国别，

---

① 伯希和：《在开罗万国地理学会演说》，《北京大学研究所国学门周刊》第 3 期，1925 年 10 月 28 日。

② 《本学门同人欢迎李陈二教授茶会纪事》，《北京大学研究所国学门周刊》第 12 期，1925 年 12 月 30 日；《李仲揆教授在本学门茶话会演说》，《北京大学研究所国学门周刊》第 2 卷第 13 期，1926 年 1 月 6 日。

③ 张国刚：《德国的汉学研究》，43 页。

④ 参见《国学丛刊》1—15 册，1941 年 3 月至 1945 年 5 月。

方术不择地域；既以追前贤成学之盛，亦以分异国造诣之隆"。① 实际上，近代国学研究既非抱残守缺的旧学，亦非畛域自囿的中学。以傅斯年之语形容近代国学研究的宗旨实效，就主流而言并不过分。国学研究，就是一方面使传统学术向新时代生长，一方面让近代西学扎根于神州沃土。

经过近代国学研究，中国学术的形式与内容出现重大而明显的变化。形式上，以经学为主导的传统学术格局最终解体，受此制约的各学科分支按照现代西学分类相继独立，并建立了一些新的分支。传统学术的变格自清代已经开始，乾嘉汉学首重音韵训诂考据，语言文字乃至金石之学专门化程度日高。中国史学本来极为发达，晚清以降，列强威逼，边疆危机加剧，西北边疆史地之学因而兴盛，带动整个史学自宋代巅峰以来再向新的高度迈进，并与欧洲关注东方特别是中亚的趋向暗合。但清代学术不能从根本上打破经学垄断的局面，各种专门之学只是解经的工具。所谓"本朝学术，实以经学为最盛，而其余诸学，皆由经学而出。……是故经学者，本朝一代学术之宗主，而训诂、声音、金石、校勘、子史、地理、天文、算学，皆经学之支流余裔也"。②

这种瓶颈状态在国学运动中终于被突破。清末国粹学派提倡诸子学，打破独尊儒术的偏见；民初破今古文之分，跳出家法，研究学术；到了 20 世纪 20 年代，经学最终被完全化解，整个学术按照现代西学规范重新分类，语言学、文字学、音韵学、方言学、考古学（含博物学）、社会学、人类学（含民俗学）、历史学（含历史地理）、宗教学、哲学等一整套体系逐渐形成。一些国学研究者在其中起了举足轻重的作用。清华研究院诸导师，梁启超是各种新学术的倡导人，王国维是近代人文新学术的代表，赵元任、李济分别是中国现代语言学和考古学之父。北大国学门的方言、考古、歌谣、风俗等学会，均有开一代新风的作用。

---

① 王汎森、杜正胜：《傅斯年文物资料选辑》，62～63 页，傅斯年先生百龄纪念筹备会 1995 年印行。

② 邓实：《国学通论》，《国粹学报》第 1 年第 3 期，1905 年 4 月。

内容上，在欧美日本汉学发展趋势的影响下，近代国学研究造成学术风格与重心的三方面转变，其一，发现资料由专注于文献转向趋重实物和实地发掘调查。各国学研究机构都极其重视考古、方言、民俗学。在收集和研究实物方面，虽然古代已有金石之学，但近代西学特别重视实物所在的环境因素，使得对于实物的研究更加科学化，并得以解释有关的社会历史和文化。因而国学研究机构对于实物的采集，也由收购进而调查再进而发掘。其二，由专注于上层精英正统下移到民间地方社会。19 世纪中叶以来，欧洲文化研究兴起，与传统的人文学科相比，研究的层面和时段逐渐下移。受此影响，国学研究者改变传统的大小观念，积极开展歌谣、风俗、方言的调查。厦门大学、齐鲁大学的国学院所，根据自身条件和学术需要，分别展开对闽南、山东地方民间社会的研究。其三，各学科的互动与整合实际上已经开始。就每个研究者而言，要求系统地掌握传统学术与现代西学的多种工具及相关学科的知识方法；就学科而言，要求多学科的专家合作研究有关课题。前者以陈寅恪为代表，后者以考古、民俗学为代表。

毋庸讳言，国学阵营中也有抱残守缺与舍己从人、或"国粹"与"国渣"两派。同时，时代的变化，年龄的增长，也会使一些人趋于稳健甚至保守。晚清国粹派的有些人，到了民国时期确有拉车向后之嫌。他们对于王国维的文字及古史研究和陈寅恪国文考试对对子亦予以抨击嘲讽。然而，学术虽然不止一途，但又有一定的规范与公道。在近代西学影响下发生，又建立起广泛的对外联系和开阔的国际眼界，近代国学研究的成败得失也要相应纳入世界范围来权衡。由此看来，两派争论虽多，学术上均无大建树。即便提倡科学方法和疑古，思想鼓动作用远远大于学问的进步。对此胡适自己也承认是"提倡有心，实行无力"。① 原因之一，当在提倡者对自己所倡行的西学不甚了然。刘复留欧，目标从文学与语言学兼治退到语言学，再退到语音学，最后龟缩于实验语音学，就是明证。

而在学术上真有大贡献并得到国内外一流学者承认的，只是少数

---

① 《胡适日记》（手稿本）1930 年 12 月 6 日。

主张学不分中西新旧的大师。1933 年 4 月 15 日，被胡适奉为"西洋治中国学泰斗，成绩最大，影响最广"的伯希和离开北京时，对前来送行的陈垣、胡适等人说："中国近代之世界学者，惟王国维及陈先生两人。"① 此话在负有大名的胡适当面听来该是别有一番滋味在心头。其实，伯氏绝非有意贬低中国学者，相反，早在 1926 年，他就将"与中国学者的接近"，视为治中国学必须具备的三方面预备之一。② 各方面的评价相加，可谓国际汉学大师对中国国学研究成就与局限的完整考评。此后，尽管胡适下大功夫于《水经注》公案，但代表国学研究后续并跃而上之的，是将乾嘉信而有征式考据推进到以实证虚的"同情式考据"（罗志田教授语）的陈寅恪，由此在王国维跨越中西新旧学之上，进一步沟通人本与科学主义，使得中国文史研究不仅在国际汉学界占有一席之地，而且在整个世界人文科学中跃居高峰。对其意义的完整认识，将是下一世纪的重要命题。

国学一词毕竟是对转型中学术笼统模糊的概括，确有成就的学者很少抽象地讨论这一概念，甚至反对教授《国学概论》之类的课程（如陈垣）。随着转型过程的完成，国学按现代学科分支被分解，失去了与西学、新学的笼统对应。周予同在论经学与经学史的关系时说："五四运动以后，经学退出了历史舞台，但经学史的研究却急待开展。"③ 借以说明国学与国学研究史的关系，不无妥帖之处。

① 1933 年 4 月 27 日尹炎武来函，陈智超编注：《陈垣来往书信集》，96 页。

② 《胡适日记》（手稿本）1926 年 10 月 26 日。

③ 《中国经学史的研究任务》，朱维铮编：《周予同经学史论著选集》，660 页，上海，上海人民出版社，1983。

第二章　近代中国学术的地缘与流派

　　读 1933 年 12 月陈寅恪阅岑仲勉论著后复陈垣函，中有"此君想是粤人，中国将来恐只有南学，江淮已无足言，更不论黄河流域矣"[①]一节，百思不得其解。以为仅仅推崇陈垣，则不免以偏概全之嫌，似与近代学术本相不合，终不能释然。陈寅恪赋诗说话作文，往往九曲回肠，周折复杂，且好仿比兴法，将"为时而著"、"为事而发"[②] 的本意隐于其中。若照字面直释，容易误会曲解。如审查冯友兰《中国哲学史》报告，通行解释与作者原意相去甚远。非以彼之道还诸彼身，即解今典以通语境的了解同情，不能达"虽不中亦不远"的境地。偶读杨树达《积微翁回忆录》关于北京学术界内情的记述，忽有所悟，知此议论实与近代中国学术的地域流派变迁关系甚大，继而证以中外学人的记载和其他相关资料，彼此贯通，于是事实之本相显现，而作者之寓意可通。

一、粤人与南学

　　陈寅恪评语中关键概念有四，即粤人、南学、江淮与黄河流域。中外学者多已指出，随着社会经济发展的阶段性区域变化，中国的文化学术重心，有自北而南转移的趋势。日本京都学派主帅之一的内藤

---

　　① 　陈智超编注：《陈垣来往书信集》，377 页。

　　② 　《与元九书》，顾学颉校注：《白居易集》第 3 册，962 页，北京，中华书局，1988。王国维、陈垣、陈寅恪均有不议论臧否人物之誉，实则王在罗振玉面前无人不加褒贬，陈垣亦偶有一二影射之语。近代学者，罕用西式的公开学术批评，评论人物的学行，往往在二三知己之间，且多隐喻。

虎次郎所谓文化中心流动说，认为明以后文化中心在江浙一带，海通以还，将移到广东。① 此说表面似与陈寅恪语相印证，尤其在思想方面，但就学术而言，个中大有曲折。

清代学术，朝廷虽坚持理学正宗，学者则独重朴学，且奉考据为正统，其余皆附庸。但以地域论，朴学重心在于江淮，其他各省，或仍宗理学心学，如江西、河南，"能为汉学者少"②，或文风不盛，难以言学术。所以梁启超有"一代学术几为江浙皖三省所独占"③ 的评语。据注重清学的吉川幸次郎估计，依出生地而言，清朝学者十之八九产于苏、浙、皖三省，其他各省如直隶、山东、湖南、福建、广东、贵州等合计，比例也极低。④ 阮元督粤，创学海堂，引朴学入粤，主张折中统一汉宋，对广东文化发展，影响极大。道咸以降，粤学骤盛。清末民初，广东藏书蔚然成风，即其流风余韵。今人苏精编《近代藏书三十家》（《传记文学》丛刊之72，台北，传记文学出版社，1983），所录江苏11人，浙江8人，福建2人（其中郑振铎生于浙江），湖北、湖南、江西、四川、安徽各1人，而广东有4人，位居第三。不过，就学术贡献而言，学海堂的成就尚不足观。梁启超虽然说清中叶后"江浙衰而粤转盛"，但粤人治学足以"名家者无一焉"。⑤ 如"东塾弟子遍粤中，各得其一体，无甚杰出者"。⑥ 民初修《清史》，广泛征求各省入儒林、文苑人选，广东人承认"敝省著述自远不及大江南北"，所举"乡评极确，列入儒林而无愧"的"笃行朴学之士"，不过5人，另附算学1人，加上附传及入文宛者，总共提出8人，其中宋学家3

---

①　[日] 内藤虎次郎：《新支那论》，61页，东京，博文堂，1924。

②　顾廷龙校阅：《艺风堂友朋书札》上，361页，上海，上海古籍出版社，1980。

③　梁启超：《近代学风之地理的分布》，《饮冰室专集》第9册，3页，台北，中华书局，1972。

④　《清代三省の学术》，《吉川幸次郎全集》第16卷，3页，东京，筑摩书房，1974。

⑤　梁启超：《论中国学术思想变迁之大势》，《饮冰室文集》上"学术"，79页，上海，广智书局，1908。此时梁启超对陈澧评价甚低，后有所变化。

⑥　梁启超：《近代学风之地理的分布》，《饮冰室专集》第9册，33页。

人，兼采汉宋家 1 人，算学邹伯奇还在可收可不收之列。①

《清史稿》的编撰，取舍不当，疏失较多。就实际情形言，晚清岭南影响较大的学者有二，一为陈澧，一为朱次琦，均主汉宋不分或汉宋兼采。两人门下，各分两支，"东塾弟子分为二派，一派是陈庆笙、梁节庵辈，一派是廖泽群、陶春海辈，廖、陶颇不以陈、梁为然"。②但论影响势力，陈、梁无疑大于廖、陶。尤其是梁鼎芬，为张之洞"最深倚重"，与李文田、沈曾植等"皆同时讲学契友"③，相继被聘为惠州丰湖、肇庆端溪、广州广雅、武汉两湖、南京钟山等书院山长，在湖北时还赞襄学务，几乎等于其幕府中沟通士林的总管。光绪朝后期张之洞权倾一时，历任两广、湖广、两江等要地总督，并入值军机，又好结交名士，幕下网罗各种人才，颇有阮元再世之象。张之洞私淑陈东塾④，他的鼓吹加上梁鼎芬的作用，可谓张大学海堂影响的重要后天因素。东塾弟子不仅遍及粤中，其学风还远被京师。直到 20 世纪 20 年代，在华设专门研究室调查中国社会情况的日本学者今关寿麿，于所撰关于学术界状况的书中，认为北方旧学势力最大的还是张之洞余风的陈澧一派。⑤

至于朱九江一脉，虽然没有官威做后台的显赫，对于中国近代思想学术界的影响却比东塾门下有过之而无不及。其弟子有名于时者，一是康有为，作为维新派的精神领袖和政治统帅，是一个历史时期中国思想界的标志。不过，康在学术上走了经今文学的路子，渊源不来自乃师。而今文学在近代思想界的贡献或影响虽然极大，学术上的疑古辨伪，却是语多妖妄怪诞，得不到公认。民初马良、章炳麟、梁启超等仿法兰西研究院发起函夏考文苑，议论人选名单时，"说近妖妄者

① 谭宗浚来函三，顾廷龙校阅：《艺风堂友朋书札》上，73～74 页。

② 汪宗衍来函，陈智超编注：《陈垣来往书信集》，460 页。陈庆笙，名树镛，曾从学于朱次琦。

③ 《清人陈毅氏より那珂通世氏にあてたる书状》，《史学杂志》第 11 编第 8 号，1900 年 8 月。

④ 《郎园学行记》，《斯文》第 9 编第 10 号，1927 年 10 月。张之洞曾因叶德辉诋毁陈澧而与之相持不合。

⑤ ［日］今关寿麿：《近代支那の学芸》，24 页，东京，民友社，1931。

不列，故简去夏穗卿、廖季平、康长素，于壬秋亦不取其经说"。① 一贯尊师重教的梁启超也公然放弃师说。

其二为简朝亮，他虽恪守师训，却颇得真传，"艰苦笃实，卓然人师，注《论语》《尚书》，折衷汉宋精粹"。② 1933 年他与柯劭忞相继辞世，学界有"一月之间，顿失南北两大儒"③ 之说。尤其是再传弟子邓实、黄节，后来在上海主办《政艺通报》和《国粹学报》，与江浙学人结合，一面输入西学，一面复兴古学，对中国近代思想与学术均有重大影响。邓实晚年颇颓废，黄节则长期任教于北京大学国文系。其一生学问志业，由简启发，"学简斋（袁枚）为当今第一手"，"而诗歌、书法皆冠绝时流"。④

陈、朱二门，均以岭南为根据，另外京畿也有粤人以学术名于时者。道咸以后，边疆史地之学兴盛，及至同光，擅长此学者有顺德李文田等。李历任苏浙川等省主考，做过顺天学政，官至礼部右侍郎，"直南斋最久"，弟子门生众多。光绪初元，他与号称京师士林"龙门"的工部尚书军机潘祖荫和士林之"厨"国子监祭酒盛昱以及文廷式等人最为莫逆⑤，"学问渊博，自经史、词章、天文、舆地、兵法及宋儒义理之学，以至占、筮、医、相、青鸟之术，金石、碑帖、书籍、版本之源流，皆得其要"。⑥ "精于碑版之学，覃研乙部，而于辽金元史尤治孰，典章舆地，考索精详"，且"耄而好学，奖掖后进"⑦，在京师学界举足轻重。清末番禺人沈宗畸等在北京办《国学萃编》，成就虽

---

① 方豪：《马相伯先生筹设函夏考文苑始末》，《方豪六十自定稿》，2002 页，台北，学生书局，1969。

② 梁启超：《近代学风之地理的分布》，《饮冰室专集》第 9 集，33 页。

③ 《悼柯劭忞简朝亮先生》，《燕京学报》第 14 期，1933 年 12 月。

④ 尹炎武来函之 39，陈智超编注：《陈垣来往书信集》，105 页；吴宓：《黄节先生学述》，天津《大公报》，1935 年 1 月 27～29 日。

⑤ 《意园怀旧录——内藤虎次郎氏盛伯羲祭酒盛伯羲遗事译文》，《吉川幸次郎全集》第 16 卷，623～630 页。文廷式与陈寅恪家同籍兼世交。

⑥ 冼玉清：《广东之鉴藏家》，广东省文史馆、佛山大学佛山文史研究室编：《冼玉清文集》，20～21 页，广州，中山大学出版社，1995。

⑦ 叶昌炽：《藏书纪事诗》卷七，《中国目录学名著》第 1 集第 6 册，台北，世界书局，1965。

不高，也形成一活跃小团体。

入于民国，广东人赴京求学者为数不少，北京大学的广东同学会，颇具声色。"综海内二十二省，合文理法工四分科，共五百余人，而广东居全国六分之一，凡八十有六人"，不仅一时敢"称全国最"，而且被认为"自有大学以来，从四方至，执业肄习其间者，惟广东人最多，亦最勤学"。① 同时一批有志于学术者仰慕北京人文重心，北上问学，加上在政界、财界颇具影响的叶恭绰以及好诗词鉴赏的粤籍世家谭祖任（谭莹之孙）等人的支持和参与，20世纪二三十年代，相继聚集京师的广东学人形成气候，不仅理工医法商等西式学科人材辈出，中国文史之学亦不乏名家，如新学梁启超，史学陈垣、张荫麟、陈受颐，诗学黄节，古文字学容庚、商承祚，版本目录学伦明，思想史容肇祖，以及崭露头角的后进罗香林等，以致内部再又分别。1933年陈垣致函容肇祖，赞以"粤中后起之秀，以东莞为盛"，容复函则说："新会之学，白沙之于理学，任公之于新学，先生之于朴学，皆足领袖群伦，为时宗仰者。然白沙之学近拘，任公之学近浅，未若先生朴学沈实精密之不可移易也。"② 他们在北京时与陈寅恪多有交往，所以陈推测岑仲勉为粤人，便视为南学将兴的又一例证。尽管他真正引为同调的还是陈垣。

清代南学，本有二义，一为国子监在学肄业者之机构③，一为地域上的南方之学术。江淮既是全国学术之渊薮，又是南学之代表。所谓"南通北不通"，大抵是江淮人士学术自负的表现。岭南学术，渊源于江淮，后因其人来粤为官任教经商，寄籍者众，与之关系亦多。虽然有人说"陈东塾学出仪真而精纯过之"④，江淮学术正宗的看法未必尽然。唐文治受业于黄以周门下，请教汉宋兼采之儒当以何者为最，

① 《北京大学分科广东同学会序》《北京大学分科广东同学录序》，陈德溥编：《陈黻宸集》上册，649、650页，北京，中华书局，1995。

② 陈智超编注：《陈垣来往书信集》，270~271页。

③ 清国子监南学建于雍正九年（1731），本为由内班分出学额，后只有南学长川住学，因而称在学肄业者为南学，在外肄业、赴学考试者为北学（王德昭：《清代科举制度研究》，96页，香港，中文大学出版社，1982）。

④ 陈智超编注：《陈垣来往书信集》，130~131页。

黄答道："王白田先生是已。"① 据说陈澧"门下有名者最多"，如梁鼎芬辈，号称"学问品行，博通正大"②，以正学自任，但章炳麟还是目为乡愿。③ 章氏指责"澧既善傅会，诸显贵务名者多张之；弟子稍尚记颂，以言谈剿说取人"。④ 刘师培则说："澧学沟通汉宋，以为汉儒不废义理，宋儒兼精考证，惟掇引类似之言曲加附合；究其意旨，仍与摭拾之学相同，然抉择至精，便于学童。"⑤ "惟（陈澧）学术既近于模棱，故从其学者，大抵以执中为媚世；自清廷赐澧京卿衔，而其学益日显"。⑥ 将东塾学派的祖师门生一概骂倒。

戊戌前，康有为的今文经学大行其道，浙人呼吁"昌浙学之宗派，绝粤党之流行"⑦，视康有为之说为"南海伪学"。入于民国，江淮仍为学术重心所在。日本东方文化事业总会的桥川时雄所编《中国文化界人物总鉴》，收录民元至1940年间在世、从事文化教育、学术研究和文学艺术有名于时的人物共4600人，其中从事中国研究者多半仍产

---

① 唐文治：《朱止泉王白田先生学派论》，《国专月刊》第2卷第5期，1936年1月。晚清学术，虽然风行调和汉宋，但亦有非议者。王闿运指陈澧为汉奸，廖平则谓为"奴隶之奴隶"，"盖略看数书以资谈助，调和汉宋以取俗誉，又多藏汉碑数十种以饰博雅，京师之烂派，大抵如此"（钱基博：《现代中国文学史》，55页，上海，世界书局，1935）。邓实对黄以周、陈澧均予否定："晚近定海黄式三、番禺陈澧皆调和汉宋者，然摭合细微比类附会，其学至无足观。夫古人之学，各有所至，岂能强同。今必欲比而同之，则失古人之真。故争汉宋者非，而调和汉宋者亦非也。"（邓实：《国学今论》，《国粹学报》第1年第4期，1905年5月23日）

② 《清人陈毅氏より那珂通世氏にあてたる书状》，《史学杂志》第11编第8号。

③ 参见汤志钧：《章太炎在台湾》，《社会科学战线》，1982（4）。章氏所说，虽含政见异同，亦由学术立论。

④ 《訄书·清儒》，朱维铮编：《章太炎全集》第3卷，159页，上海，上海人民出版社，1984。

⑤ 刘师培：《南北学派不同论》，《国粹学报》第6期，1905年7月。

⑥ 《清儒得失论》，《民报》第14号，1907年6月。以上三注，参见朱维铮：《汉宋调和论》，《求索真文明——晚清学术史论》，55～56页，上海，上海古籍出版社，1997。

⑦ 陈汉第来函第7，上海图书馆编：《汪康年师友书札》二，2045页，上海，上海古籍出版社，1986。

于江淮。① 1948 年首届中研院院士中，浙江 19 人，江苏 15 人，广东 8 人，江西、湖北各 7 人，福建、湖南各 6 人，山东、河南、四川各 3 人，河北 2 人，安徽、陕西各 1 人，其余各省缺。② 陈寅恪将江淮排除于南学之外，与通行所指不同。

不过，陈所谓南学，当不限指岭南，至少还应包括湖南。他与杨树达交谊甚深，誉为文字训诂之学当世第一人。时人称中国学人只有冯友兰之哲学，陈垣之史学，杨树达之训诂学，足以抗衡日本。另有余嘉锡，考据目录之学极精博，与杨树达同为在京湘人治朴学者。梁启超称湘粤两省均为清初学者极少，中叶以后乃学风大盛。③ 本来清代湘士大抵治宋学，"乾嘉之际，汉学之盛如日中天，湘士无闻焉"。④后又为今文学流风所被，所以多文人而少学者。但同光以后，湖南的二王一叶驰誉海内外，尤其是叶德辉精于版本目录，连胡适也说他虽然没有条理系统，毕竟为屈指可数的旧式学者之一。⑤ 陈家三代与湖南关系匪浅，而且杨树达对北京教育界的看法，很可能是陈寅恪立论的重要依据。

---

① 长春满洲行政学会株式会社 1940 年出版。傅增湘所写序言称："统吾国二十八省之地域，五六十年来之人物，综萃品伦，登诸簿录，试披览而寻绎之，而近世人材之消长，风气之变迁，学术之源流，政教之演进，一展卷而得其大凡。"

② 杨树达：《积微翁回忆录》，278 页，上海，上海古籍出版社，1986。

③ 《近代学风之地理的分布》，《饮冰室专集》第 9 册，3 页。

④ 杨树达：《积微翁回忆录》，57、220 页。吴士鉴说："咸同以后，湘中颇习汉学"（顾廷龙校阅：《艺风堂友朋书札》上，453 页），但魏源等人的影响主要在今文经学方面。王闿运号为东洋三硕学之一（另二人为朝鲜金允植，日本竹添进一郎），经学也偏于今文家言。钱基博《中国现代文学史》称："五十年来学风之变，其机发自湘之王闿运，由湘而蜀（廖平），由蜀而粤（康、梁）而皖（胡、陈），以会合于蜀（吴虞），其所由来者渐矣，非一朝一夕之故也。"所以叶德辉说湖南"一省人物尚不如辉一家"（顾廷龙校阅：《艺风堂友朋书札》上，558 页）。叶祖籍江苏吴县，好自称吴人。

⑤ 中国社会科学院近代史研究所中华民国史研究室编：《胡适的日记》，440 页，香港，中华书局，1985。王闿运、王先谦的学问，各有偏蔽。

二、太炎门生

所谓"江淮已无足言"，其实主要指当时浙江籍人士把持北京教育界和学术界，占据要津而贡献水平不称其职。

民初中央政府教育部人员多产自江浙，亲历其事的王云五解释道："由于江浙为文化最发达之区，教育界的杰出人物，往往不能舍江浙二省而他求。因此，教育部此时的高级职员中，包括次长和四位参事中的三位与三位司长中的两位，都是籍隶江浙两省。"[①] 但情况之严重，甚至可以由参事司长集体辞职迫走兼署的粤籍总长陈振先，改换浙籍的汪大燮，则至少不能说是正常。而且就学术而言，江浙为人文渊薮的概念，在北京已经演变为浙江人一统天下，国立各校多由浙人控制。本来两浙皆扬州旧属，浙东浙西设立之初，"其范围殆北尽长江之滨，南极瓯闽之地，实包括今江苏、安徽之南部。若以现今行政区域之浙江省而言，此时尚无与江南文化之列也"。宋代两浙学术大盛，但主流皆非发源于浙境，其重要尚在福建之次。章学诚指清代两浙学术分别由顾炎武、黄宗羲开山，而两人学术上之影响，与其所受之影响，皆不在浙江一隅。

及至晚清，浙江有俞樾、黄以周、孙诒让，或沟通吴皖，或兼采汉宋，号称三大师，俞、黄分别主持久负盛名的诂经精舍和南菁书院，孙则为清代小学的殿军，影响泛及江南乃至京师。因此贺昌群特意指出："言两浙人文，似当统括于江南之自然区域，而后可以得其错综复杂之故。若以行政区域划分，为方便计固可，为考镜学术之源流，窃以为非深刻之论也。"[②] 后章炳麟"应用正统派之研究法，而廓大其内

---

① 王云五：《蔡孑民先生与我》，陈平原、郑勇编：《追忆蔡元培》，61～62页，北京，中国广播电视出版社，1997。

② 贺昌群：《江南文化与两浙人文》，《国风》第 8 卷第 9、10 期合刊，1936年 10 月。是年初，贺昌群在北京曾与浦江清、钱穆、王庸等人交往，当知前此浙人把持之事。

容，延辟其新径"，"为正统派大张其军"①，又讲学于日本、京师，培育众多弟子门生，使浙学地位上升。至民国，在浙人占据中央教育行政要津的背景下，章氏门生趁势夺取京师学术阵地。"从前大学讲坛，为桐城派古文家所占领者，迄入民国，章太炎学派代之以兴。"② 两浙取代江淮，表明浙人可以自认为居于主导江南文化的中心地位。

东京国学讲习会听讲的留学生中，本以川、浙两省人居多，而后来继承章氏衣钵者，却主要是浙人。蔡元培长校北大，奉行思想自由、兼容并包的方针，提倡学术研究，对中国的大学教育和学术发展影响巨大。但在人事上，受主客观的制约，不免偏重浙人，尤其是中国文史研究方面，"北大国文系仍不免有被浙江同乡会、章氏同学会包办的嫌疑"。20 世纪 20 年代，北大中国文学系、史学系主任分别由马裕藻（幼渔）、朱希祖（逷先）担任，沈尹默一度出任文科学长，国学门主任则是沈兼士，国学门委员会除当然委员外，只有胡适一人非浙籍。北京大学季刊国学组虽由胡适主任，12 位编辑员中却有 8 位是浙籍。牟润孙从旁观者清的角度分析："形成这种状态，自有种种因素，不能说孑民先生存有什么偏私之心。不过必须指出，不论资格，不审查著作，办学的人不了解被请人的学术，滥竽充数的流弊，就容易产生。北大当年国文、历史两系有几位教授，不能算上等人选，其故即在于此。"③

关于此事，1925 年"闲话"专家陈源与鲁迅打过一场笔墨官司，后者拒不接受"某籍某系"的指控。其实"籍"虽然命中注定，若加入同乡会就并非身不由己；而"系"除国文一解外，还可以说是同学会的章系，即鲁迅纠正的研究系、交通系之谓。对此沈尹默坦言："蔡

① 梁启超：《清代学术概论》，86 页，北京，东方出版社，1996。胡适说原稿无章炳麟一节，系据其意见增加（《胡适的日记》，36 页）。

② 《请看北京学界思潮变迁之近状》，《公言报》1919 年 3 月 18 日。章氏弟子经学多已转向公羊学，小学或史学则传自章炳麟。

③ 牟润孙：《发展学术与延揽人才——陈援庵先生的学人风度》，《海遗杂著》，85 页，香港，中文大学出版社，1990。在此期间先后任教于北大国文系者，陈黄节、吴虞、张凤举、许之衡、萧友梅、刘文典外，沈兼士、马裕藻、朱希祖、沈尹默、钱玄同、林损、郑奠、刘毓盘、周树人、周作人等均为浙籍。

先生的书生气很重，一生受人包围，……到北大初期受我们包围（我们，包括马幼渔、叔平兄弟，周树人、作人兄弟，沈尹默、兼士兄弟，钱玄同、刘半农等，亦即鲁迅作品中引所谓正人君子口中的某籍某系）。"① 所以周作人说，人家总觉得北大的中国文学系是浙江人专权，"某籍某系"的谣言，虽是"查无实据"，却也"事出有因"。

不过，鲁迅的辩解亦非惺惺作态，因为这毕竟不是正式的团体组织，人在圈内外的感觉不尽相同。周作人自认为"在某系中只可算得是个帮闲罢了"，许多事情不能参加，鲁迅更从来不以北大教员自居，未参与浙人把持之事。圈外人也往往依据圈内人与自己关系的亲疏论在籍与否，马衡的人缘即相对不错。而有"鬼谷子"之称的沈尹默，在该集团中"虽凡事退后，实在却很起带头作用"。他和年长的马幼渔进北大尚在蔡元培长校之前，"资格较老，势力较大"。② 1922 年胡适从丁文江、秦景阳等人口中了解到的北大十年史，几乎就是一部沈尹默弄权史，连胡适本人也不免为其利用。③ 但这还是主干与附从的关系，周氏兄弟虽不以籍和系自居，却因此而受益，其进北京和进北大，背后都有籍与系的关联，在被排挤的旁人眼中，自然仍是同一利益团体中的分子。

中国为人情社会，而且实际上地缘较血缘作用更大，同乡同学又是维系人情的重要纽带，这种感情因素往往制度化为社会组织功能。绍兴师爷的独占性，据说主要便是靠组织制度的优势而非一方水土赋予一方人的特长。如果处置得宜，或无他人在侧，则至多不过被斥为学阀。照胡适的看法，北大作为最高学府是不妨做学阀的。④ 然而一旦因此而导致负筛选，则难免武大郎开店之讥，甚至怨声载道了。太炎学派代桐城派古文家而兴，本是进步，而蔡元培长校期间，又引进

① 沈尹默：《我和北大》，政协全国委员会：《文史资料选集》第 61 辑，北京，中华书局，1979。

② 《苦茶——周作人回想录》，321 页，兰州，敦煌文艺出版社，1995。

③ 《胡适的日记》，392～393 页。沈、马等人引进旁系，往往有利用（如吴虞）或借重（如王国维）之心。

④ 《胡适的日记》，238 页。

新人，留用旧派，浙人的把持，还处于兼容并包的总形势之下。更为重要的是，当时的北京大学尤其是文科中的文史之学，在全国高等教育界一枝独秀。蔡元培对此十分了然，1921 年 7 月他在旧金山对华侨演讲道：

> 国立大学只有四个，其中天津之北洋大学，只有法、工两科。山西大学虽有四科，惟因交通不便，学生亦仅数百人。东南大学新办预科，其幼稚可以想见。……中国之私立大学，亦寥若晨星，北京则有中国、民国，上海则有大同、复旦，且经费亦感困难。此外则有厦门大学（预科）。……力量较大者，惟一北京大学，有三千余学生，一百六十余教授，单独担任全国教育。①

在别无分店竞争的局面下，本身学术贫乏的北大感受不到外部压力。

冯友兰说在不论政派政见以及年龄大小的两方面兼容并包中，"蔡先生把在当时全国的学术权威都尽可能地集中在北大，合大家的权威为北大的权威，于是北大就成为名副其实的最高学府，其权威就是全国最高的权威。在北大出现了百家争鸣、百花齐放的局面，全国也出现了这种局面"。② 这多少掺入了后来的观念，且失之笼统。还是办武汉大学颇有成就又当过教育部长的王世杰讲得较为具体客观："用普通教育的眼光，去评量当时的北大，北大的成就，诚然不算特别优异。从思想的革命方面去评量北大，北大的成就，不是当时任何学校所能比拟，也不是中国历史上任何学府能比拟的。"③ 1921 年吴虞进北大前夕，友人告以"北大是全国文化运动中心（内容姑不必论）"④；1925 年鲁迅对蔡元培长校以来北大的评价仍是："第一，北大是常为

---

① 孙常炜编著：《蔡元培先生年谱传记》中册，502～503 页，台北，"国史"馆，1986。
② 冯友兰：《我所认识的蔡孑民先生》，《追忆蔡元培》，166 页。
③ 王世杰：《追忆蔡先生》，《追忆蔡元培》，80 页。
④ 中国革命博物馆整理，荣孟源审校：《吴虞日记》上册，581～582 页，成都，四川人民出版社，1984。

新的、改进的运动的先锋，……第二，北大是常与黑暗势力抗战的。"① 所肯定的都是思想政治方面的作用，而不及于学术。

对北大学术成就看法的保留，与中国高等教育量的激增以及某些学科质的提高不无关系。到 1926 年，北京的国立大学增加到 9 所，地方则有南京东南大学，广州广东（中山）大学，天津北洋大学，上海南洋、同济、政治大学，云南、陕西、四川、湖北、湖南、河南、山东、河北、奉天等省均设立大学，浙江、安徽则已成议；而私立者更多：北京、上海两地各 30 所，加上其他各地，共 80 余所；另外教会大学在非基督教运动后也提倡中国化。② 北大的独占地位从此被打破，同类比较中学术水准高低的砝码自然日益加重。当时中国的大学足以言学术者，主要还是文科中的中国学。由于清华举办国学院，燕京加强中国化，辅仁稳步发展，中国大学树旗对垒，北大的学术权威受到严重挑战。而北大在这一领域为浙人把持的状况，较往日有增无减。身历其境的吴虞对此深有体会，常有人与之谈及，"马幼渔、沈士远为三千学生所认为不行者"；"刘半农之无耻无学，任教授一年半，因学生不上渠课，尹默乃运助出洋，实非例也"③ 等，虽夹杂旧派的鄙夷，毕竟反映部分事实。

尤其是国民政府统一后，浙人因前此反对奉系军阀，支持国民党，多受重用，势力还有进一步扩张之势。1928—1931 年在北大以旁听生名义进修的吉川幸次郎，对当时北大文学院教师 80％ 为浙江人，以及北大浙人与外部非浙人的矛盾冲突，留下深刻印象。④ 杨树达在日记中多次对此表示强烈不满，其严重性已经引起北大学生乃至同籍同门的反感。1929 年北大学生曾开会"以朱希祖、马裕藻两主任把持学校，不图进步，请当局予以警告"，两人因而提出辞职，经代校长陈百

---

①　《我观北大》，《鲁迅全集》第 3 卷，157～158 页，北京，人民文学出版社，1989。

②　《十五年来我国大学教育之进步》，《申报》，1926 年 10 月 10 日国庆增刊。

③　中国革命博物馆整理，荣孟源审校：《吴虞日记》下册，233、274 页，成都，四川人民出版社，1986。刘复本非同籍，而被沈尹默等认作同系。

④　《留学时代》，《吉川幸次郎全集》第 22 卷，384～394 页，东京，筑摩书房，1975。

年、校长蔡元培再三慰留，才勉强复职。① 1930 年底，北大史学系学生散发《全体学生驱逐主任朱希祖宣言》，列举罪状三大纲十四条，并致函朱希祖，迫其辞职。朱一面撰文辩驳，一面提出辞呈，虽经陈百年慰留，去意已决。②

1931 年国文系学生又集会要求聘杨树达任教。黄侃声称，"北京治国学诸君，自吴检斋、钱玄同外，余（季豫）、杨二君皆不愧为教授"，言下之意，他人均不足道。而吴承仕、杨树达、余嘉锡等，正是对浙人把持反应最强之人。"检斋为章门高第弟子，学问精实。其同门多在北大任职，以检斋列章门稍后，每非议之；实则以检斋学在己上媢嫉之故。"杨树达曾以请吴任教事告马幼渔，马云："专门在家著书之人，何必请之。"而马本人即为"十年不作一文者也"。余嘉锡因"北京大学为某等把持，止以数小时敷衍，决不聘为教授，致与人相形见拙"。同为浙籍的单丕"愤朱、马辈把持"，甚至说："欲办好北大，非尽去浙人不可。"连一向与人为善的陈垣谈及北平教育界情形，也"深以浙派盘踞把持不重视学术为恨"。③ 他虽然因沈兼士的关系被北大国学门聘为导师，却不能做本科专任教授。④ 唯有同是浙人的王国维，才享有几度拒受北大礼聘的待遇资格。

对于北大学术水准的欠缺，胡适似有相当的自觉，十年间他反复向师生大声疾呼，不惜危言耸听。1920 年，被人恭维作新文化运动领袖的胡适，对于北大全校两年间只能出 5 期月刊、5 种著作、1 种译著的情况感到痛心疾首，称为"学术界大破产"。⑤ 陈独秀虽然不同意其

① 《陈代校长致马朱两教授函》，《北京大学日刊》第 2237 号，1929 年 9 月 23 日；《蔡校长致马幼渔先生函》《蔡校长致朱逖先先生函》，《北京大学日刊》第 2243 号，1929 年 9 月 30 日。
② 《史学系主任朱希祖致陈代校长书》《辩驳北京大学史学系全体学生驱逐主任朱希祖宣言》，《北京大学日刊》第 2515 号，1930 年 12 月 9 日；《史学系主任朱希祖致陈代校长书》，《北京大学日刊》第 2518 号，1930 年 12 月 12 日。
③ 杨树达：《积微翁回忆录》，25、43、45、57、63、70、72 页。
④ 牟润孙：《清华国学研究院》，《海遗杂著》，411 页。
⑤ 《胡适之先生演说词》（陈政记录），《北京大学日刊》第 696 号，1920 年 9 月 18 日。

一味主张提高，也承认北大理科并未发展，"文科方面号称发展一点，其实也是假的"。① 时隔两年，北大 25 周年校庆，胡适再度刊登文章，发表演说，对于该校"开风气则有余，创造学术则不足"的状况痛加批评，认为本应有世界性贡献的社会科学，仍然是百分之九十九的稗贩，希望"北大早早脱离稗贩学术的时代而早早进入创造学术的时代"。② 这次得到李大钊的共鸣，后者自问："值得作一个大学第二十五年纪念的学术上的贡献实在太贫乏了！"并且断言："只有学术上的发展值得作大学的纪念。只有学术上的建树值得'北京大学万岁！'的欢呼。"③

　　然而，十年后情况仍无多少改善，1931 年胡适在北大文学院开学演说时声言："北大前此只有虚名，以后全看我们能否做到一点实际。以前之'大'，只是矮人国里出头，以后须十分努力。"④ 可惜积重难返，历史系因朱希祖去职，傅斯年代管系务，尚能引进新人，尽管钱穆、蒙文通等并不为主流派所欣赏。而国文系在胡适接替兼职的蒋梦麟出长北大文学院着手改革时，连裁并课程也遭到马幼渔的抵制。直到 1934 年，胡适才征得蒋梦麟的支持，解聘林损等人。傅斯年得知"国文系事根本解决，至慰"，拍手称快之余，认为"此等败类，竟容许其在北大如此久"，是由于马幼渔曲意祖护，指马为"此辈之最可恶者"⑤，"罪魁马幼渔也。数年来国文系之不进步，及为北大进步之障

---

　　① 独秀：《提高与普及》，《新青年》第 8 卷第 4 号，1920 年 12 月。

　　② 《回顾与反省》，《北京大学日刊》第 1136 号，1922 年 12 月 17 日；《教务长胡适之先生的演说》（陈政记录），《北京大学日刊》第 1138 号，1922 年 12 月 23 日。

　　③ 守常：《本校成立第二十五年纪念感言》，《北京大学日刊》第 1136 号。

　　④ 《胡适日记》手稿本 1931 年 9 月 14 日，台北，远流出版事业股份有限公司，1990。是年 3 月，北大教授评议会决议改文理法三科为院，蒋梦麟拟聘胡适为院长，因胡坚辞，又找不到合适人选，不得已暂时自己兼任（《国民教育状况》，《日华学报》第 25 号，1931 年 6 月）。

　　⑤ 耿云志：《胡适年谱》，219～220 页，成都，四川人民出版社，1989。至于林损的学问究竟如何，则人言言殊，吴宓与之久谈，即"甚佩其人。此真通人，识解精博，与生平所信服之理，多相启发印证"（吴宓著，吴学昭整理注释：《吴宓日记》第 3 册，59 页，北京，生活·读书·新知三联书店，1998）。

碍者，又马幼渔也。林妄人耳，其言诚不足深论，马乃以新旧为号，颠倒是非，若不一齐扫除，后来必为患害。"请求蒋梦麟当机立断，不留祸根。并称："马丑恶贯满盈久矣，乘此除之，斯年敢保其无事。如有事，斯年自任与之恶斗之工作。"① 措辞如此激烈，固有胡适一派的夙怨作祟，亦可见前此浙人把持之甚。而胡、蒋合力，在籍系声势已衰之际尚只能动林损而不敢碰马幼渔，则鼎盛之日的八面威风可想而知。

20世纪二三十年代，正值中国学术界人才辈出之时，占尽天时地利的北京大学，因人为因素而不能吸引一流人才，真正形成学术中心，不仅有碍于中国学术的发展，也影响到中国学术界的国际地位和声誉。吉川幸次郎等人留学的目的，本是秉承狩野直喜的教诲，欲用当代中国学人同样的方法治中国学，但在北大三年，听马幼渔、朱希祖的《中国文字声韵概要》《经学史》《中国文学史》《中国史学史》等课程，甚至包括到中国大学听课②，充其量只得到清学殿军的余绪，而不及中国学术的前锋。1933年来华考察交流学术的国际汉学泰斗伯希和，原是北京大学研究所国学门通讯员，论人则推崇王国维、陈垣，论机构则赞誉史语所、燕京和辅仁，对北大似乎置若罔闻。而浙派宗师章

---

① 中国社会科学院近代史研究所民国史组编：《胡适来往书信选》下册，531页，北京，中华书局，1980。原书注此函约写于1931年，误。

② 《吉川幸次郎全集》第16卷北大学院旁听证照片。吉川说他在南京拜访黄侃并向其请教，曾问过几位北京学者不得要领的问题，立即释疑，因而感叹留学三年首次见到真像学者的学者（同书《南京怀旧绝句》，569页）。据黄侃去世后1935年11月2日吉川致潘景郑函："幸次郎于此公私淑有年，昔江南之游，税驾金陵，亦职欲奉手此公故也。通名抠谒，即见延接，不遗猥贱。诰以治学之法，曰：'所贵乎学者，在乎发明，不在乎发见。今发见之学行，而发明之学替矣。'又曰：'治经须先明家法，明家法，自读唐人义疏始。'皆心得之言，可倾听也。谈次，幸次郎辄质之曰：'谷梁释文两云释旧作某，何谓也？'公即应之曰：'此宋时校者之词，非陆本文。释旧作某者，释文旧本作某云尔。'幸次郎蓄此疑有年，问之北士，皆未之省，得公此解，乃可涣然。于此弥益叹服，即有从游之志。第以瓜期已促，弗克如愿，遽尔再拜，依依而别。临别赋诗见赠，又致书印泉李公，使幸次郎谒之。……东归之后，音敬遂疏，然景仰之私，未尝一日废，每谓他日果得再游上国，必以此公为师。"（《制言半月刊》第5期，1925年11月16日）

炳麟对弟子们的表现也颇为不满，1922 年年底他演讲浙江文学时称：

> 今浙人之所失者，即在无历史学问。浙人前以经学著名者甚多，如俞樾等是也。今则浙人已失其根本矣。或谓历史不过是过去的记载，无甚名贵，此皮相之论。……清代浙人，专致力于词章之学，实则若辈所作诗词骈文，亦不甚出色也。

吴虞推测此"殆亦悟其徒多致力于音韵字义，有用少乎者"。① 虽然章曾在弟子中戏封东西南北天王，晚年却认为："前此从吾游者，季刚絅斋，学已成就。絅斋尚有名山著述之想，季刚则不著一字，失在太秘。"② 语不及"同籍同系"的浙人，并引戴震的话说："大国手门下，只能出二国手，而二国手门下，却能出大国手。"③ 这在历来对他人苛对弟子宽的章炳麟来说，可谓出言极重了。

三、新文化派

陈寅恪泛称江淮，一则历史上浙西本不限于当时的浙境，二则晚清浙学泛及江南，三则不欲显露讥评时人之旨，而另一重深意，当隐指非浙籍的其余北大派人士，特别是胡适一流。这里的北大派，并非在北大任教或由北大出身者的全体概称，而是如今关寿麐所划分，主张结合清代考证学余流与西洋诸学，提倡白话文的新文化派。正如不能将所有在北京教育界和北大任教的浙江人都视为某籍某系，同是浙

---

① 中国革命博物馆整理，荣孟源审校：《吴虞日记》下册，75 页。

② 姚奠中、董国炎：《章太炎学术年谱》，453 页，太原，山西古籍出版社，1996。

③ 汤炳正：《忆太炎先生》，《追忆章太炎》，459 页，北京，中国广播电视出版社，1997。章太炎《菿汉闲话》："东原云：大国手门下，不能出大国手，二国手三国手门下，反能出大国手。盖前者倚师以为墙壁，后者勤于自求故也。然东原之门，即有王、段、孔三子，所得乃似过其师者，盖东原但开门径，未遽以美富示人。三子得门而入，始尽见宗庙百官耳。前世如张苍门下有贾太傅，而贯长卿辈经术不过犹人；梁萧门下有韩退之，而籍湜辈文学去退之已远，则真所谓二国手三国手门下能出大国手，大国手门下不能更出大国手也。"（《制言半月刊》第 13 期，1936 年 3 月 16 日）。

籍的叶瀚、陈汉章便不在其列一样，不少北大教师还是非北大甚至反北大派。张尔田便有意划清界限："民国以后，主讲北京大学，而所谓赫赫有声之北大派，仆亦未尝有所附丽。凡我同好，如黄海闻诸公，皆可为我证明此言。"① 面对北大日益趋新，他主张坚固团体，以求自保。②

自蔡元培接掌北大起，文科就有新旧两派之分，新派以陈独秀为首，胡适、钱玄同、刘半农、沈尹默等主干，旧派以刘师培为首，与黄侃、马叙伦结合，并得到附属该校的国史编纂处屠寄、张相文等人的同情，朱希祖的主张介乎二派之间，行动则与新派关系较多。③ 新派的阵地，原在改为同人杂志的《新青年》，向社会宣传鼓吹新文化，在北大内部，则进行宗旨课程的改革更新。在这两方面，胡适不仅是外来户，而且是迟到者。早在他入北大前，"旧教员中如沈尹默、沈兼士、钱玄同诸君，本已启革新的端绪"。④ 1919 年陈独秀在汤尔和、沈尹默等人的极力排挤之下，被迫离开北大，胡适无形中成为新派的重用代表。他进北大主要是陈独秀援引⑤，陈去势孤，校内外两方面事业的主要合作者都是浙籍章系，双方既有不少共识，又存在复杂的人事纠葛。

---

① 张尔田：《与大公报文学副刊编者书之五·论研究古人心理》，《学衡》第71 期，1929 年 9 月。

② 中国革命博物馆整理，荣孟源审校：《吴虞日记》上册，625 页。

③ 《请看北京学界思潮变迁之近状》，《公言报》，1919 年 3 月 18 日。此文刊登后，《国故》月刊社和刘师培分别致函《公言报》，指其报道失实，称北大并无新旧之争。但所辩解主要在《国故》本身所扮演的角色。

④ 《蔡元培自述》，44 页，台北，传记文学出版社，1978。

⑤ 中国社会科学院近代史研究所民国史组编：《胡适来往书信选》上册，6 页，北京，中华书局，1979。余英时《中国近代思想史上的胡适》（《传记文学》第44 卷第 6 期，1984 年 6 月）谓胡适进北大任教主要靠考据文字，似以社会常情代具体殊境。胡适的《尔汝篇》《吾我篇》两旧作再刊于《北京大学日刊》，虽被视为"以新科学研究法研究吾国国学"，却有师生刘蔚和、毛准、陈汉章等人出而有所论难引申。参见刘蔚和：《书尔汝篇后》；毛准：《书尔汝篇后后》《书尔汝篇后后补》《书吾我篇后》；陈汉章：《尔汝篇卮言一则》，《北京大学日刊》第 68、70，1918 年 2 月 9 日，1918 年 2 月 18 日、74～81 号，1918 年 2 月 22 日～3 月 2 日。

原来浙人把持之事，远不止于文史两系，更关乎整个北大行政。1923 年度北大共有教职员 286 人，其中浙江籍 67 人，占 1/4，居首位。其余依次为直隶 55 人，江苏 48 人，广东 27 人，安徽 20 人，湖北 18 人，江西 11 人，福建、湖南各 9 人，四川、山东各 5 人，河南 4 人，广西、山西各 2 人，陕西、贵州、甘肃、奉天各 1 人①。早期浙人包围蔡元培，旁观者就讥笑怒骂，如钱玄同常到蔡元培处，被讥为"阿世"。② 在此期间，先后于北大行政举足轻重的汤尔和、蒋梦麟等人，常在人事安排方面党同伐异，被指为"浙派之植党揽权"。此外，沈尹默是所谓北大"法国文化派"要员，和李石曾、顾孟余等"结党把持"，与胡适对抗。胡适则逐渐培植自己的人脉，即后来鲁迅所谓"现代评论派"，形成"法日派"与"英美派"抗衡竞争的态势。到 1926 年，据说"北大教职员会，李派与胡适之派人数平均"。③ 胡适自称："我对尹默，始终开诚待他，从来不计较他的诡计，而尹默的诡计后来终于毁了自己。"④ 陈源和鲁迅的冲突，背后即有浙、胡两派矛盾的作用。

双方在国学研究领域也时有摩擦。胡适十分推许本派后起之秀的顾颉刚及其《古史辨》，国学门主任沈兼士则因顾与胡适亲近而颇疑忌之，胡适撰文交由顾颉刚在研究所的刊物发表，沈兼士怒道："他不是研究所的人，为什么他的文章要登在研究所的刊物上！"其实胡适担任研究所的委员和导师。⑤ 顾又认为沈兼士等人"心肠真狭窄，教我如何能佩服！"⑥ 并指"钱玄同辈的有新无旧一派"，"仿佛以为人类是可

---

① 中国革命博物馆整理，荣孟源审校：《吴虞日记》下册，151 页。吴虞误计总数为 268 人。

② 骂钱玄同"曲学阿世"者，周作人说是黄侃，吴虞则记为陈介石。

③ 中国革命博物馆整理，荣孟源审校：《吴虞日记》下册，154、295 页；《胡适日记》手稿本 1925 年 1 月 17 日。

④ 中国社会科学院近代史研究所中华民国史研究室编：《胡适的日记》，393 页。

⑤ 顾潮：《历劫终教志不灰——我的父亲顾颉刚》，101 页，上海，华东师范大学出版社，1997。

⑥ 中国社会科学院近代史研究所民国史组编：《胡适来往书信选》上册，429 页。

以由上帝劈空造出来的"观念，"只成一个弹指楼台的幻境罢了"。① 因此，编辑《国学季刊》时为论文的排列顺序也发生争议。② 吉川幸次郎称吴承仕、顾颉刚等与浙人不谐，是省籍矛盾的表现。胡适推荐周作人去燕京大学任国文系主任，以图另立门户，"据所谓'某籍某系'的人看来，这似乎是一种策略，仿佛是调虎离山的意思"。③ 双方的矛盾一直延续到厦门大学国学院，1927 年 2 月，顾颉刚在日记中记道："兼士先生与我相处三年，而处处疑忌我为胡适之派，我反对伏园、川岛全是为公，而彼对人扬言，以为是党争。可见他之拉我，非能知我，乃徒思用我耳。"④

尽管如此，双方在提倡白话文，创作新诗，以及疑古辨伪等方面，毕竟还是同道。为了达到主要目的，不能不有所妥协迁就。特别是在校内旧派势力尚大，而社会上反对呼声亦高的情况下，一致对外便成为首选策略。与胡适矛盾最深的沈尹默，认为自己不能去法国进修而改到日本，是由于胡适的反对干扰。但胡适致函青木正儿介绍沈尹默，又称"他是我的朋友，是'新诗'的一个先锋"。⑤ 沈兼士也曾为顾颉刚所编书籍作序。胡适撰写北大《国学季刊》发刊宣言，要代表全体发言，便不得不顾及看法不尽相同的太炎门生的意见。⑥ 因此，外界看来，北大派仍为统一的整体。而浙人的把持教育，往往又和北大派的争权垄断牵扯联系，只是这一变化附上了新旧冲突的色彩。

第一次世界大战后，在国际形势压力和自身利益需要之下，日本朝野提议归还庚款，用以举办所谓对支文化事业。此事在中国引起普

---

① 《顾颉刚遗札》，王元化主编：《学术集林》卷一，257～258 页，上海，远东出版社，1994。

② 《胡适日记》手稿本 1923 年 4 月 4 日。

③ 周作人：《苦茶——周作人回想录》，321 页。

④ 顾潮编著：《顾颉刚年谱》，137 页，北京，中国社会科学出版社，1993。

⑤ 耿云志、欧阳哲生编：《胡适书信集》上册，287 页，北京，北京大学出版社，1996。

⑥ 陈以爱：《中国现代学术研究机构的兴起——以北京大学研究所国学门为中心的探讨（1922—1927）》第三章《北大国学门"整理国故"的研究方向》第一节《国学季刊·发刊宣言——新国学的研究纲领》，222～272 页，台北，政治大学历史学系，1999。

遍反响。北京大学因为与北洋政府关系紧张，财政受到压抑，很想利用国立大学的有利地位，参与庚款用途计划。早在 1922 年 7 月，胡适、蒋梦麟等人就拟订计划，主张提倡东方文化研究，设立历史、自然博物馆和图书馆，在中国国立大学设日本文学、历史、法制等讲座，附带图书购置费，以及设日本留学中国学额，在日本帝国大学设中国讲座等。① 该计划显然使北大享有绝大部分利益。在校方授意下，一些留日出身的北大教授与日方官员合组中日学术协会，积极活动。后来中日双方协议，在北京设人文科学研究所和图书馆，在上海设自然科学研究所②，北大又有谋划"将图书馆及人文研究所馆长、所长归校长兼理之说"，引起校外学者的不满。张星烺函告陈垣：

> 北大党派意见太深，秉事诸人气量狭小，其文科中绝对不许有异己者。而其所持之新文化主义，不外白话文及男女同校而已。当其主义初创时，如屠敬山等史学专家皆以不赞同白话文而被摈外间，有知其内容者皆深不以其事为然。北大现在已几成为政治运动专门机关，不宜再使与纯萃学术牵混，故图书馆馆长及研究所所长皆宜立于党派之外，且人须气量宽洪也。闻日人有派柯劭忞或梁任公充所长之说，烺意此两人甚相宜。柯则为遗老，与世无争，梁则无党，且气量宽洪，可容纳异派人也。

他希望陈垣将此意见转告日方，如公开发表，则愿具名。③

张星烺的态度多少受其父张相文的影响，后者与屠寄曾为北大国史馆编纂兼讲师，因支持旧派而被排挤。不过日方拉拢北大，是鉴于

① 中国社会科学院近代史研究所中华民国史研究室编：《胡适的日记》，395 页。
② 黄福庆：《近代日本在华文化及社会事业之研究》，台北，"中央研究院"近代史研究所专刊（45），1982；鲁迅博物馆藏：《周作人日记》影印本，郑州，大象出版社，1996；《苦茶——周作人回想录》。
③ 陈智超编注：《陈垣来往书信集》，209 页。1923 年 4 月，丁文江曾致函胡适，试图联合南北学术机构团体对此事发表正式意见，提出三条原则：1. 用人应绝对破除留学国界、政治党派、省界。2. 评议员请有名的老先生，而所长馆长请年富力强、确有成绩的人。3. 应与现有的中国机关合作。这无疑也有利于北大（中国社会科学院近代史研究所民国史组：《胡适来往书信选》上册，194～195 页）。

北洋政府无望，试图找与国民党有渊源者牵线搭桥，以便在谈判中讨价还价，尽量保留既得利权。后来形势变化，对北大的态度也随之冷淡。而梁启超的研究系在学界名声不佳，所以所长由东方文化事业总委员会总裁柯劭忞兼任。可惜这位意外获赠日本文学博士学位的遗老，学问虽号称与沈曾植南北并立，却不能用人唯贤。其亲随并无才学，亦得入选，而狩野直喜一再推荐、中日各方又一致公认的首选人物王国维却被摈于外。

由于新文化运动以来北大一直是新风气的代表，针对北大派的种种批评议论，往往被斥为守旧。其实，历史的复杂曲折，并非这种简单划分所能概括和认识。

新文化运动的历史功绩早有定评，毋庸置疑。然而，包括输入新知、文学革命、思想改革和整理国故几方面，新文化运动者的"学行浅薄"[①]，恐怕是难以一概否认的事实。赞成新文学和白话文的金毓黻也认为"新文学家之缺点，不在主张之不当，乃在根柢之不深。彼辈太半稗贩西籍，不入我见，日以发挥个性诏人，曾不知己身仍依傍他人门户以讨生活，此根柢不深之失也。尚论之士，宜分别观之，既不能因其主张尚正而为之迴护其失，亦不能因其植根浅薄遂并其主张亦一概抹杀也"[②]。胡适曾对登门请教国文讲法的吴虞说："总以思想及能引起多数学生研究之兴味为主。吾辈建设虽不足，捣乱总有余。"[③]这正是不少新文化鼓动者存心破坏以致众从的心理自白。因此，其兴也速，振动社会，带引风潮，声势浩大，颇有顺者昌逆者亡之势。但风头过后，内囊就不免尽了上来。所以，对新文化运动的全面认识，至少应包括其凯歌式行进之后。这时批评者的合理内核也会显现，不能一言以蔽之曰顽固守旧。

---

① 萧公权《落花·和雨僧空轩之作》："灵风吹梦得归无，梦到秦楼事事殊。宝镜新状夸半面，罗襦近好系双珠。空传谢掾挑邻女，几见文君忆故夫。鹈鴂先鸣兰芷变，碧城回首隔平芜。"《国风》第5卷第5期，1934年9月1日。新文化兴盛之际，不少同道已指出主持诸人有简单表浅意气等弊病，只是有保留地同意其大方向。

② 金毓黻著，《金毓黻文集》编辑整理组校点：《静晤室日记》第1册，512页。

③ 中国革命博物馆整理，荣孟源审校：《吴虞日记》上册，599页。

1920 年胡适批评北大虽然挂着"新思潮之先驱"、"新文化的中心"两块招牌,其实"现在并没有文化! 更没有什么新文化!"他被恭维成"新文化运动的领袖",却自称"无论何处,从来不曾敢说我做的是新文化运动",指责"现在所谓新文化运动,实在说得痛快一点,就是新名词运动",呼吁北大同人全力切实求真学问,提高学术程度,以期"十年二十年以后也许勉强有资格可以当真做一点'文化运动'"。① 在输入新知方面,胡适的实验主义比《学衡》的人文主义当然要浅而且偏,前者只笼统地拿来不论正邪的当代新思想,后者则主张从文艺复兴甚至希腊罗马时代的源头分清主流与支脉。陈寅恪特别批评从东欧和北美囫囵吞枣的新理论,显然指胡适的实验主义科学方法和当时热火朝天的社会性质论战。1932 年浦江清提议办《逆流》杂志,"以打倒高等华人,建设民族独立文化为目的",得到向达、王庸、钱穆等人的赞同。"《逆流》者,逆欧化之潮流也。"② 这时人们已逐渐趋于摒除门户之见的输攻墨守,"化中外之异端,集古今之流派",正如早年与《学衡》同道而不排斥白话文的《湘君》所主张:"不嫉恶而泥古,惟择善以日新。"③

新文学方面,形式上的白话文和新诗,不久都遭受严重挫折。白话文虽经大众语的有意矫枉过正而得以坚持普及,新诗却至今仍有争议。今人多误信胡适对新文学运动的总结,以为反对派不堪一击,被新思潮风卷残云。其实胡适为《申报》50 周年纪念册所写的《五十年来中国之文学》作于 1922 年 3 月,正值鼓吹新文学如日中天的巅峰状态,而胡适历来讲话内外有别,在北大谈新文化和学术尚能自省,公开评价新文学的成就则不免夸张,对反对声音过早定论。他断言:

> 《学衡》的议论,大概是反对文学革命的尾声了。我可以大胆

① 《胡适之先生演说词》(陈政记录),《北京大学日刊》第 696 号,1920 年 9 月 18 日。

② 浦江清:《清华园日记·西行日记》,69 页,北京,生活·读书·新知三联书店,1987。

③ 周光午选辑:《吴吉芳先生遗著续篇》,《国风》第 5 卷第 11、12 合期,1934 年 12 月。

说，文学革命已过了讨论的时期，反对党已破产了。从此以后，完全是新文学的创造时期。①

然而，世界上没有一种文学可以不经创作阶段的检验便大功告成，极盛恰是中衰的先兆。新文化浅薄的弊病很快暴露，证明胡适的预言为时过早。仅仅过了一年多，张闻天就对中国文坛的状况感到难以容忍，他说：

> 自从白话诗、白话文、白话小说流行以来，一般青年都争着做诗、做文、做小说，这并不是他们对于文艺方面有特别的兴趣，这是因为这样可以用最少的努力得到最大的效果。最近更因为做长诗不容易，所以大家去做短诗了。社会上充满了无数的青年诗人！其次是文章家，又其次是小说家！……但是我痛恨一般以文艺为终南捷径的青年！②

而白话诗文小说，正是胡适一年前诩为成功、成立和进步，以证明新文学成绩大势的几个要点！

绝非保守的朱自清综合郭沫若、成仿吾、郑伯奇、丁西林等人的评论，对此分别有形象的描述，他称"新文化运动以来的译文译书，其'糟粕'是'有目共赏'，'有口皆碑'"；"近几年来'一般的'趋向……总名之曰：'杂志之学'！""中国五四以来的杂志，虽也有些介绍西洋新学说的，但杂凑材料，东拉西扯的却非常的多！只看近日这些出版品已零落略尽，便可以知它们价值之如何了！""提倡白话文，虽有人说是容易作，但那只是因时立说，并不是它的真价值。一般人先存了个容易的观念，加以轻于尝试的心思，于是粗制滥造，日出不穷。"并借他人之口说："新诗破产了！什么诗！简直是：罗罗苏苏的讲学语录；琐琐碎碎的日记簿；零零落落的感慨词典！"白话诗如摩登

---

① 姜义华主编，沈寂编：《胡适学术文集·新文学运动》，169 页，北京，中华书局，1993。

② 张闻天：《生命的跳跃——对于中国现文坛的感想》，《少年中国》第 4 卷第 7 期，1923 年 9 月。

小姐，既无品格，又无风韵，和八股文"同样的没有东西，没有味儿"。① 1922 年《学衡》顶风逆流从古典立场立论的批评，如今被新文化主义者自己更加痛快淋漓地表达出来。可见与胡适的指责相反，这种反对论确是"持之有故，言之成理"，不仅和不该称为"学骂"的。

于是许多过去新的先锋，都转而向着整理国故去深厚自己。"学术上考据之风大盛，即研究文学艺术者，亦惟以训诂历史相尚，而于文艺本身之价值反不甚注意。各大学国文系课程，往往文字训诂为重，其关于文学史之课程，内容亦多考证文人之生卒，诗文之目录，及其文法章句名物故事之类，而于文学批评与美术之品鉴忽焉。"② 连新文化运动源头的北京大学，历史系"应当称作中国古代史专业（先秦史专业）"③，国文系也是重考古、轻创作与欣赏批评，令胡适感到"风气之偏"。④ 不能说钱玄同、刘复是复旧，而闻一多的越来越古便是精深。

此风一直持续到 20 世纪 40 年代，大学里的中国文学系都是古典文学一枝独秀，而且"充满着'非考据不足以言学术'的空气"。⑤ "新文艺作家插足在中国文学系，处境差一点的近乎是童养媳，略好一点的也只是'局外人'，够不上做'重镇'或者'台柱'之类的光宠。"西南联大中文系主任罗常培要纠正学生"爱读新文学，讨厌旧文学、老古董"的思想，声称："中国文学系，就是研究中国语言文字、中国古代文学的系。爱读新文学，就不该读中文系！"⑥ 抗战胜利后，中文系师生的认识分歧有增无减，同学认为所开课程中国太多，文学太少，近于国学系而非文学系，有误入甚至受骗之感。⑦

---

① 《课余》；《翻译事业与清华学生》；《新诗》，朱乔森编：《朱自清全集》第 4 卷，145、262、216～217 页，南京，江苏教育出版社，1990。

② 《清华文史周刊专号》，《读书月刊》第 1 卷第 9 号，1932 年 6 月。

③ 杨向奎：《回忆钱宾四先生》，中国人民政治协商会议江苏省无锡县委员会编：《钱穆纪念文集》，3 页，上海，上海人民出版社，1992。

④ 《胡适日记》手稿本 1934 年 2 月 14 日。北大国文系共开课 31 门。

⑤ 《古史辨第四册》书评，《读书月刊》第 2 卷第 7 号，1933 年 4 月。

⑥ 刘北汜：《忆朱自清先生》，《新文学史料》1982 年第 4 期。

⑦ 浦江清：《清华园日记·西行日记》，242～243 页。

有一则在西南联大广为流传的口碑，最为生动地反映这种世风流变。据说一次跑空袭警报，沈从文自称为天下两个半庄子中半个的刘文典身旁擦肩而过，后者大为不悦，对学生说："沈从文是替谁跑警报啊！这么匆匆忙忙地！我刘某人是替庄子跑警报，他替谁跑？"① 沈从文曾是胡适推许为在中国公学"最受学生爱戴，久而不衰"的教新文学的新文学作家，刘文典则是 20 世纪 20 年代初在北大"背时极了"的人物。他虽列名章门，但不同籍，也不得某系的好处，"不如典的，来在典后两年的，都是最高级俸"，而他整整五年，"总是最低的俸"。北大章程规定，以授课时间之多少，教授的成绩，著述及发明，在社会之声望四项条件为升迁依据，他自认为除末条外，其余均不输于人。② 而后一条件的取得，显然以新文化为捷径，顺应时势，大可一好遮百丑。鲁迅后来批判策动新文化的北京学者在北伐成功后"身稳"、"身升"，"几乎令人有'若要官，杀人放火受招安'之感"③，则获得社会声望的动机目的手段，也不能不令人怀疑。刘文典虽然"天资甚高，作旧体文及白话文皆可诵"，胡适说他和钱玄同是北大国文部能拿笔作文的仅有两人④；刘曾于 1919 年在《新中国》杂志发表《怎样叫做中西学术之沟通》的长文，批评附会式的西学中源说，分析希腊、中国、印度三大文明系的短长，引证古今中西，很有新锐之气。因为不能趋炎附势，面子又觉得难堪，只好他就。不料时来运转，社会声望的高低也会因时而变。

北大新文化派的整理国故，包括胡适推许为不可磨灭的《古史

① 吴鲁芹：《记珞珈三杰》，《传记文学》第 35 卷第 4 期，1979 年 10 月；李钟湘：《国立西南联合大学始末记》，《传记文学》第 39 卷第 2 期，1981 年 8 月。其余两位庄子，一为庄子本人，一为日本学者（疑指武内义雄）。

② 中国社会科学院近代史研究所民国史组：《胡适来往书信选》下册，467 页。

③ 《"京派"与"海派"》，《鲁迅全集》第 5 卷，432～433 页，北京，人民文学出版社，1989。

④ 中国社会科学院近代史研究所中华民国史研究室编：《胡适的日记》，222 页。胡适对刘文典的学问，或有谬许之处，曾经杨树达指出。而刘文典后来据说："极端喜欢旧文学，又极端讨厌白话文，常拿某些新文学家开玩笑。他是胡适之的友好，常说：'胡先生什么都好，就是不懂文学。'"（傅乐成：《我怎样学起历史来》，《传记文学》第 44 卷第 5 期，1984 年 5 月）这恐怕是对早年境遇的逆反。

辨》，也是破坏有余，建树不足。旧派的反对自然不足为据，但公开赞誉顾颉刚史学考订超过清代语文学成绩的北大同学傅斯年，背后指其"上等天资，中等方法，下等材料。"① 极少公开臧否人物的王国维、陈寅恪等各方公认的学者，当众与私下都有所批评。素来老成持重，又与胡适私交不错的陈垣，也隐加讽喻。他说读书少的人好发议论，牟润孙揣度其意指章学诚或章所恭维的郑樵，因为六经皆史之说，在章以前至少已有八人言及。章与郑是胡适和顾颉刚大力发掘鼓吹之人，陈垣称章为"乡曲之士"②，实有讥刺力捧章、郑的胡、顾之意。

　　1932年初，孙楷第致函陈垣，试为蠡测品类宇内名流，认为："今之享大名者名虽偶同，而所以名者则大有径庭，其间相去盖不可以道里计也。"他分时贤为三类，前二者一为时势造英雄，"偶因时会，奋起昌言，应社会之须要，有卓特之至论，风声既播，名价遂重，一字足以定毁誉，一言足以论高下。虽时过境迁，余威犹在。既妇孺之尽知，亦无施而不宜"。一为渊源有自，"关闽不同，扬刘异趣，都分门户，尽有师承，人慕桓荣之稽古，士归郭太之品题，学利可收，清誉易致"。前者当指胡适一流，其次则章门弟子。"虽成就不同，仕隐各异，然俱有赫赫之名，既负硕望，亦具威灵。足以景从多士，辐凑门间；然而业有不纯，实或未至，其一时之声气诚至煊赫，身后之品藻，或难免低昂。即以见今而论，亦随他人所认识者不同，而异其品目"。在孙楷第看来，都不过是"凡夫庸流所震荡"的"名浮于实之闻人"而已。此意他曾向余嘉锡道及，并与王重民莫逆于心，均推崇陈垣"乃不藉他力，实至名归，萃一生之精力，有悠厚之修养，……亦精亦博，亦高亦厚，使后生接之如挹千顷之陂，钻弥坚之宝，得其片言足以受用，聆其一教足以感发"。与胡派章门相较，一为"名浮于

① 杨树达：《积微翁回忆录》，264 页。傅斯年曾写寓言小说讽刺顾的疑古，这大概是两人在中山大学矛盾冲突后，傅声言将令顾到处不能安身的举措之一，后似未公开发表。

② 《励耘书屋问学回忆——陈援庵先生诞生百周年纪念感言》，牟润孙：《海遗杂著》，97 页。与陈垣关系密切者当属思辨社成员。

实"的"一时之俊",一为"实浮于名"的"百代之英"。① 而照杨树达的评语,不能既温故又知新的胡派章门非庸即妄。②

四面楚歌之中,北大派不免草木皆兵。1928 年 1 月,因主办《学衡》与胡适等结怨的吴宓主持天津《大公报》新增《文学》副刊,他请赵万里、张荫麟、王庸和浦江清等人相助。不久,因张荫麟与朱希祖反复辩论古代铁器是否先行于南方,马衡便"向人言《大公报·文学》副刊专攻击北大派"。其实张荫麟并无此意,他还曾撰文评论清华研究院所出《国学论丛》,因"骂得太过火",吴宓让浦江清删改后仍不敢刊出。③ "北伐成功后,所谓吃五四饭的都飞黄腾达起来,做了新官僚"④,吴宓得知"旧日北京大学一派人当权,则为毫不容疑之事",与陈寅恪商量善后,表示:"清华如解散,而京中教育又为北大派所垄断,不能见容,则或者于辅仁大学等处谋一教职。"⑤ 当时北京的清华、燕京、辅仁、中国等校以及北京图书馆的文史学者,不少是被北大排挤之人。

四、学分南北

陈寅恪评语的另一重意思,是所谓南学与北学(即黄河流域)的优劣浮沉。中国南北文化差异明显,学术风格也各自不同。朱维铮教授认为:"把空间分布作为学术派分的畛域,始于南北朝。但承认'统一'时代还存在学术的地域剖分,则盛于北宋。"⑥ 清代以来,学者论

① 陈智超编注:《陈垣来往书信集》,409~410 页。
② 杨树达谓治学须先因后创,"温故而不能知新者,其人必庸;不温故而欲知新者,其人必妄"。前者指黄侃,后者指胡适(杨树达:《积微翁回忆录》,129 页)。
③ 浦江清:《清华园日记·西行日记》,5~12 页。
④ 周作人:《苦茶——周作人回想录》,381 页。
⑤ 吴学昭:《吴宓与陈寅恪》,71~72 页,北京,清华大学出版社,1992。
⑥ 朱维铮:《清学史:汉学与反汉学一页》上,《复旦学报》社科版,1993 (5)。学分南北,俞樾认为始于六朝,黄以周则以子游子夏为南北学之祖,上溯至周末。武内义雄曾予以论证(武内义雄:《南北学术の异同に就きて》,《支那学》第 1 卷第 10 号,1921 年 6 月)。

学，每每讲究地域与流派的关系。清初顾炎武《日知录》引《论语》评南北学者之病，指北方学者"饱食终日，无所用心"，南方学者"群居终日，言不及义，好行小慧"。梁启超早年《论中国学术思想变迁之大势》，即分先秦学派为南北两支，各有正宗与支流，并据以归纳南北学之精神。① 日本京都学派论述清代学术史也多牵连及此。

但南北学者若扬己抑彼，则为不智。民初《清史稿·儒学传》成，请人评审，吴士鉴提出增加崔述，"其所著书，虽无家法，而北学除通州雷、肃宁苗、昌平王三人外，尚觉寥寥。东壁久已悬人心目之中，能否增附于雷传之下，以餍北人之望，而免他日北人攻南之弊。此中消息极微渺，侪非助北学，乃所以护南学耳。"② 陈垣对褒陈澧贬崔述者道："师法相承各主张，谁非谁是费评量，岂因东塾讥东壁，遂信南强胜北强。"③ 道光初年江藩著《宋学渊源记》抑南扬北，但他本人籍贯扬州，而且照朱维铮教授所见，本意当在贬斥桐城诸家。

总体而言，南学强于北学，当是近代学术的一般态势。即以旧学而论，民初北京尊奉清代北学正宗颜李学派的，唯有徐世昌的四存学会，其余均为南学派系。直到 20 世纪 20 年代末，王重民、孙楷第、张西堂、刘盼遂、谢国桢、王静如、罗根泽、孙海波、肖鸣籁、齐念衡、庄严、傅振伦等组织学文学社，因社员多系淮黄流域学者，向达、赵万里名之为北学派，其实不过戏言。④

南北学之分，又因依据不同而内容迥异。其分法有二，一据籍贯，一讲居处。民国时论南北学风不同，多据后者。1922 年 8 月胡适与来访的日本学者今关寿麿谈论中日史学，认为："南方史学勤苦而太信古，北方史学能疑古而学问太简陋，将来中国的新史学须有北方的疑古精神和南方的勤学工夫。"⑤ 此即因居处要而言之，因为北方有不疑

---

① 《饮冰室文集》上《学术》，19～20 页。
② 顾廷龙校阅：《艺风堂友朋书札》上，453 页。
③ 陈智超编注：《陈垣来往书信集》，621～622 页。
④ 傅振伦：《蒲梢沧桑·九十忆往》，58～59 页，上海，华东师范大学出版社，1997。
⑤ 中国社会科学院近代史研究所中华民国史研究室编：《胡适的日记》，438 页。

古而勤苦之士，南方亦有信古而简陋之人。当时东南大学的《学衡》公然树旗，与北方的北大派分庭抗礼，形成所谓"南高学派"，成为南方学术的代表声音。"学衡"派主将之一的胡先骕十余年后总结道：

> 当五四运动前后，北方学派方以文学革命整理国故相标榜，立言务求恢诡，抨击不厌吹求。而南雍师生乃以继往开来融贯中西为职志，王伯沆先生主讲四书与杜诗，至教室门为之塞，而柳翼谋先生之作中国文化史，亦为世所宗仰，流风所被，成才者极众。在欧西文哲之学，自刘伯明、梅迪生、吴雨僧、汤锡予诸先生主讲以来，欧西文化之真实精神，始为吾国士夫所辨认，知忠信笃行，不问华夷，不分今古，而宇宙间确有天不变道亦不变之至理存在，而东西圣人，具有同然焉。自《学衡》杂志出，而学术界之视听以正，人文主义与实验主义分庭抗礼。五四以后江河日下之学风，至近年乃大有转变，未始非《学衡》杂志潜移默化之功也。①

此北大学派与南雍师生，亦据居处而分别，若论籍贯，则多为南方人士。

由此可见，无论言中学还是西学，这时北方为新而较空，南方则旧而较实。蔡元培称尚属幼稚，胡适一派也说不曾组织完备、症结最深、最不满人意的东南大学文哲两系关于东方者②，请梁启超来讲国学，任教于此的顾实、吴梅、柳诒徵等却在梁出席该校国学研究会时屡与冲突。顾实还讥讽梁摸不到《道德经》的边，"他讲的不是老子，而是'咱老子'！"③ 国学运动中，东南大学、厦门大学、中山大学等校的国文系和无锡国学专修学校以及南方的几个国学研究会彼此沟通声气，互为声援，共同对抗北大派，这种矛盾还延伸到由北大派生的厦门

① 《朴学之精神》，《国风》第8卷第1期，1936年10月1日。
② 1924年4月13日、15日陈衡哲、任鸿隽致胡适，中国社会科学院近代史研究所民国史组编：《胡适来往书信集》上册，247～248页。陈衡哲甚至说"东大国文系之糟为全校之冠"。
③ 黄伯易：《忆东南大学讲学时期的梁启超》，《文史资料选辑》第94辑，北京，文史资料出版社，1984。

大学国学院和中山大学文史学科。有趣的是，先此黄炎培、蒋梦麟等人曾一度打算将南京大学办成新派大本营，而将北大让给旧派讲老话。①

南北学既有对垒，也有对流。南方的一些学者北上，在北大以外形成据点，清华国学研究院某种程度上可以说是南学北上的会合。胡适虽然在该院筹建时参与意见，但吴宓做主任负责具体事务，其精神必然与北大派相反。由于几位导师或名高望重，或真才实学，胡适还算佩服或礼敬，对较为次要者则不大客气。他骂《大公报·文学》副刊"是'学衡'一班人的余孽，其实不成个东西"。② 实际上参与其事者除吴宓、张荫麟外，均与《学衡》无缘。倒是赵万里、浦江清两位助手的东主王国维和陈寅恪，过去可算是《学衡》的同路人。

与此同时，一些北大派成员为避难或谋生，相继南下，先在厦门大学组织国学院，夭折后再赴广州。近代闽南盛产诗人和翻译家，学术则虽有陈衍号称大家，"博闻强记，自经史子集以逮小学金石目录，山经地志，靡所不赅贯"，仍以诗文见长，"与陈散原、郑海藏一时争雄"③，且整体尚不足观。而岭南虽出学者，令陈寅恪叹为将来恐只有南学，广东却并非宜于治学的居处。激进而好弄新文学的浙人鲁迅的印象是："广东报纸所讲的文学，都是旧的，新的很少，也可以证明广东社会没有受革命影响；没有对新的讴歌，也没有对旧的挽歌，广东仍然是十年前底广东。"④ 傅斯年等人在时，一度表面似有新气象，真相却是"广州的不能研究学问乃是极明显的"，因为"书籍不够参考，商量学问又无其人"。⑤ 于是南下的学者很快又纷纷北上。任教于北大

---

① 中国社会科学院近代史研究所民国史组编：《胡适来往书信选》上册，47～48 页。

② 《胡适日记》手稿本 1933 年 12 月 30 日。

③ 钱基博：《陈石遗先生八十寿序》，《国专月刊》第 1 卷第 1 号，1935 年 3 月。

④ 《革命时代的文学》，《鲁迅全集》第 3 卷，421 页，北京，人民文学出版社，1989。1920 年 8 月陈公博告诉胡适："广东的空气，充满嫖赌及势力发财的空气，简直与新文化绝不相容。"（中国社会科学院近代史研究所民国史组编：《胡适来往书信选》上册，108 页）

⑤ 1929 年 8 月 20 日顾颉刚致胡适，中国社会科学院近代史研究所民国史组编：《胡适来往书信选》上册，536 页。

却对北大派不无异词的黄节，① 一度出任广东教育厅长，不久也挂冠而去，重理旧业。最后连粤籍小生容肇祖也不堪忍受，致函乡前辈陈垣，抱怨广东"学校经费，又值困难，教授人才，又多偏于词章，而学生风气又安于陋简而不求深造"；"南中参考书难得，每有好题目，以参考书不足故辄废然而止"；加之提倡读经复古，"故此现在广州之学风，由质朴而转空疏，由思想自由而转拘守，由驰骛新学而转高头讲章。先生等提倡朴学于外，而故乡竟颠倒其学于内"。②

浙学成为清末学术中心，因其无论就籍贯还是居处而言均已形成风气。而广东自 20 世纪 20 年代争取日本退还庚款时就提出："广州与北京、上海，同为吾国南北中三部之中心，地位之重要既属相等，关于此项文化事业之设施，广州与上海、北京自应同等参与，与同时实现，此固为无疑义之见解"，希望日本当局了解广州在中国之地位，在广州设应用科学研究所及建广东大学图书馆。③ 但这多少出于政治与地理考虑，而非人文环境的成熟。而且不顾基础一味讲求应用的短见根本违背学术规律，注定会底气不足。此后广东屡有力图证明自己为华夏文化正宗嫡传之举，却始终成效不大，岭南虽出学者却不养学问，粤籍学人往往只能做北学的干将。

粤风重商，好急功近利，本不宜于非功利的学问。早年李文田以名士自认，"粤人阔老中少有学问者，师（即李文田）气焰大，往往失欢"。而其视学京畿，却令"北学可以大振"。④ 晚清岭南学术声名鹊起，又由于阮元、张之洞等封疆大吏的提倡鼓吹。对于高位者执学界

---

① 黄节与吴宓及思辨社人关系密切，其高足李沧萍曾受王国维指导，又是张尔田及门，毕业后任教于中山大学国文系，1935 年被古直等列名于要求惩治胡适的通电。后李声明更正，但古直说因为他"同其慷慨"才被"分之以义"（胡适：《南游杂忆》，杨犁编：《胡适文萃》，643～644 页，北京，作家出版社，1991），或亦属实。

② 陈智超编注：《陈垣来往书信集》，269～272 页。

③ 《广州各界对日退赔款用途宣言》，《民国日报》（上海），1924 年 5 月 19 日。北京大学也认为如设第三研究所，应在广州（《北京大学对于日本以庚子赔款在中国举办学术事业意见书》，《北京大学日刊》第 1455 号，1924 年 4 月 26 日）。

④ 吴士鉴函之 6、汪大燮来函之 25，《汪康年师友书札》（一），284、654 页，上海，上海古籍出版社，1986。

之牛耳，邓实等人早有定论，言宋学则"伪名道学，以谀媚时君"，言汉学则"著述虽丰，或假手于食客。是故清学而有此巨蠹之蟊贼，而清学亦衰矣"。① 此言不免偏激，但学术在野则盛，在朝则衰，确是通例。学海堂之于广东，开风气之功固不可没，陈垣等人，多少得到学海堂弟子的提携影响，但民国时北学中的粤人，均非其嫡传。② 而粤学的正宗，在全国反而沦落为旁支。南学之于岭南只能言籍贯而不能讲居处，原因至为繁复，要言之，传承稀则禁锢鲜，有助于博采众长，以树新风。浙学代兴，亦由于此。而学问之道，雍容乃大，非超越功利的无为之为不能奏功。若以急功近利和讨生活的商业市井眼光衡量要求，或如暴发户弄古玩似的装潢门面，投入与产出自然不成比例。

1933 年的京派与海派之争，再度将学分南北的问题摆上桌面。扬京抑海的沈从文和为海派辩护的杜衡，本来只是从文学创作的角度立论，后来参战人多，内容也扩大到学术整体。分别的标准，仍是居处的文陋而非籍贯的都鄙，看法却与 20 世纪 20 年代截然相反。"所谓'京派'大概可以说是抱着为学术而学术的态度，所谓'海派'大概不免多少为名利而撰作。"③ 鲁迅虽然深刻揭示"不过'京派'是官的帮闲，'海派'则是商的帮忙而已。但从官得食者其情状隐，对外尚能傲然，从商得食者其情状显，到处难于掩饰，于是忘其所以者，遂据以有清浊之分"，毕竟对京派寄予希望，因为"北平究竟还有古物，且有古书，且有古都的人民。在北平的学者文人们，又大抵有着讲师或教授的本业，论理，研究或创作的环境，实在是比'海派'来得优越的"，"希望着能够看见学术上，或者文艺上的大著作"。④ 并进而指出南北人互取对方的机灵与厚重之长，而去其愚与狡的弊端，为"中国

① 邓实：《国学通论》，《国粹学报》第 1 年第 3 期，1905 年 5 月。

② 陈垣早年写作小品，为学海堂出身的汪兆庸所见，"以为必传。当时受宠若惊，不审何以见奖至此。然因此受暗示不少。三十年来孜孜不倦，未始非老人鼓舞之效也。"（陈智超编注：《陈垣来往书信集》，445 页）。陈受颐虽然是陈澧的曾孙，学术成就却并非基于家学渊源。

③ 《论学术的空气》，朱乔森编：《朱自清全集》第 4 卷，490～495 页。

④ 《"京派"与"海派"》，《鲁迅全集》第 5 卷，432～433 页。

人的一种小小的自新之路"。① 其实，十年间南北学风的逆转，很大程度上便是南人北上的结果。

关于京海之争，后来的评论多少离开了当时的语境，掺入主观臆测。未历其境者的附会可谓不着边际，而当事人的曲解就不免别有用心。蒋梦麟批评海派崇拜权势，讲究表面，在文学艺术和生活各方面肤浅庸俗，而赞扬京派崇尚深刻，力求完美，但有意无意间称"北大不仅是原有文化的中心，而且是现代知识的源泉"，似乎北大成了汇集北京的各方学者、艺术家、音乐家、作家和科学家所组成的"京派"的代表，"科学教学和学术研究的水准提高了。对中国历史和文学的研究也在认真进行。教授们有充裕的时间从事研究，同时诱导学生集中精力追求学问，一度曾是革命活动和学生运动旋涡的北大，已经逐渐转变为学术中心了。"② 这多少有些自我表功，显示其把握北大之舵时，能够继承蔡元培的方针事业。

事实上，时任北大文学院院长的胡适正想方设法打破浙人的垄断，调整人事，并学习傅斯年办史语所的成功经验，以图扭转北大文史学科的被动局面。③ 而北大文史学科的人才培养，似乎也落在清华和燕京之后。清华和燕京两校以学生为主的历史学会，当时十分活跃，北大学生因而有相形见绌之感。史学系学生邓广铭等人试图"以北大再来一次活跃的史学运动"，以改变"我们的北大，在新文化运动之后日在趋于消沉，甚至被人讥为'行将就木'"的面貌。④ 所以牟润孙说："直到胡适作了北大文学院院长，国文、历史两系才有改革进步。"⑤

---

① 《北人与南人》，《鲁迅全集》第5卷，435~436页。

② 蒋梦麟：《西潮》，166、184页，辽宁，辽宁教育出版社，1997。

③ 1934年4月28日傅斯年来函，《胡适年谱》，219~220页；《胡适日记》手稿本1935年5月4日。1931年9月14日胡适在日记中所说："今日必须承认我们不'大'，方可有救。"既指中国，更指北大。

④ 中国社会科学院近代史研究所民国史组编：《胡适来往书信选》中册，214页，北京，中华书局，1979。

⑤ 《发展学术与延揽人才》，牟润孙：《海遗杂著》，85页。鲁迅指这时的北大堕落为"五四失精神"，"时代在前面"，主要指浙、胡两派在官僚化方面合流（1933年12月27日致台静农，《鲁迅全集》第12卷，309页）。北大理科也吸收了南方各校的优秀人才。

经此一役，浙人把持的积弊基本扫除，但要使北大成为全国学术中心，至少文史学科还有待努力。其史学系成绩最好的时期，便是陈受颐当政之际。①

　　此后，随着中央研究院的南迁以及北京旧书肆在沪、宁开设分店，南北学风又有对流。而抗日战争的爆发，使之发生异变。战后更有所谓新海派。南北学风的流动，仍在黄河流域与长江流域之间进行，惟有南学的局面，始终没有出现。近代学术史上以居处而言岭南的几度兴盛，差不多都是北人（此为闽粤人的北人概念）或北学（亦含粤人）南下所造成。其中也包括陈寅恪自己在众人皆醉我独醒之际所承担的一柱擎天的作用。可惜由此带来成为讲居处的学术中心的大好机缘，都被人为坐失。梁启超曾经诧异阮元在广东和云南同样施为，而结果迥异，此番轮到粤人来自我检讨了。

----

　　①　中国社会科学院近代史研究所民国史组编：《胡适来往书信选》下册，104 页。

第三章 大学史学课程设置与学风转变

1920—1930 年，在国学的名目下，以史学为重心的中国学术呈现一大变局，这一关键性转折，所包含的问题极多，早已引起后世学人的注意。近年来，由于总结 20 世纪学术等各种机缘，有关问题再度成为学人探讨的中心。① 不过，所论主要从学术研究本身及其背景着眼，各人的见解相异处亦复不少。而当时教育制度根本改变，大学分科教学的专门化、现代化与本土化，实为影响史学转向并造成流派分界的重要因素，前人则尚少具体论及。由此立论，可以进一步深入认识转向的成因、变化的阶段以及分歧的关键。

一、史家之总法

如果同意许冠三教授的论点，将在西学笼罩下近代中国的学术转向视为科学化的进程，那么依据王晴佳教授的看法，"所谓科学史学，可以分为两种：一是对史料进行谨慎的批判，力求写出所谓的'信史'，成为'客观的'或'批判的'史学；二是对历史的演变作一解释，寻求一种规律性的东西。"康有为的疑古与托古，既表现了强烈的怀疑、批判精神，又提出了系统的历史解释，"以后中国的科学史学，

---

① 最近的论文，主要有王晴佳：《论二十世纪中国史学的方向性转折》，钱伯诚、李国章主编：《中华文史论丛》第 62 辑，1～83 页，上海，上海古籍出版社，2000；罗志田：《"新宋学"与民初考据史学》，《近代史研究》，1998（1）；杜正胜：《无中生有的志业——傅斯年的史学革命与史语所的创立》，《中央研究院历史语言研究所七十周年纪念文集：新学术之路》，1～41 页，台北，"中央研究院"历史语言研究所，1998。

正是在这两个方面同时开展，在不同的阶段互有消长、互有补充，演化成一种多姿多彩的局面"。① 不过，两分法是就大体而言，所指出的各种学派之间内在的继承、演化关系，也是整体的作用，且存在于学者的理念之中，如果具体论证实际的历史过程，则互相对立乃至排斥的倾向更为明显。

前一路线的科学史学，最清楚的发展应是从北京大学研究所国学门到中央研究院历史语言研究所，而且至少在宣言上有愈益趋于极端的倾向。② 到1928年傅斯年发表《历史语言研究所工作之旨趣》，更将此一路径与其他流派清楚分界，其中也包括后一路线的科学史学。傅斯年宣称："历史学不是著史：著史每多多少少带点古世中世的意味，且每取伦理家的手段，作文章家的本事。"他反对疏通，贬抑推论，主张存而不补，证而不疏，认为研究者如要"发挥历史哲学或语言泛想"，只能作为私人的事在别处进行，而不得当作研究的工作。并且声称："我们不做或者反对所谓普及那一行中的工作。"因为"历史学和语言学之发达，自然于教育上也有相当的关系，但这都不见得是什么经国之大业不朽之盛事，只要有十几个书院的学究肯把他们的一生消耗到这些不生利的事物上，也就足以点缀国家之崇尚学术了——这一行的学术"。③ 恰如近代欧洲一般教育中拉丁文和希腊文的退步与其学问上的进步成正比，傅斯年的意思，显然希望中国也如此发展，物质文明和精神文明均取法于外国，史学和相关的语言学在一般教育中逐渐淡出。

就学理而言，傅斯年的宣言不无偏颇。换一角度看，史学从来不是单纯的学术，至少相当多的人不将它仅仅视为学术的一个分支。因

---

① 王晴佳：《论二十世纪中国史学的方向性转折》，《中华文史论丛》第62辑，5～6页。

② 关于北京大学研究所国学门、厦门大学国学研究院、中山大学语言历史研究所和中央研究院历史语言研究所的联系及区别，参见陈以爱：《中国现代学术研究机构的兴起——以北京大学研究所国学门为中心的探讨（1922—1927）》；杜正胜：《无中生有的志业——傅斯年的史学革命与史语所的创立》，《中央研究院历史语言研究所七十周年纪念文集：新学术之路》，1～41页。

③ 《历史语言研究所集刊》第1本第1分，1928年10月。

此，尽管傅斯年的偏激主张正是其取得良好实效的重要原因，并且在相当长的一段时期内成为史学主流派的旗帜，却始终得不到普遍的认同（当然傅氏并不期待这种结果）。因为史学的其他社会功能需求均与傅斯年的主张相矛盾，总有学人自觉或不自觉地寻求另一种科学史学，即对历史的演变进行系统的描述和解释，从现象中揭示发展规律。这些社会功能至少包括政治和教育两大部类，专门研究可以窄而深，政治解释和文化传承则必须完整系统而有条理。本来系统应来自对大量具体史实的充分研究和认识，但也有解释框架是否适宜的问题。近代以来，中体动摇，解释的旧说自然不能取信于人，连带材料亦须重新整理，而社会需求不能从容等待学术界完成相关研究，面对两难境况，有人便以外来学说条理现成材料，以期速成系统的解释。其中大学的史学系便属于要求最迫切的部门之一。

京师大学堂是近代中国最早设立的大学，同时也是清末唯一设有史学专门的大学。1902 年的《钦定京师大学堂章程》规定大学分为七科，其中文学科之下，设有史学门目。至于具体课程，则拟待预科生毕业后再议。① 是年颁布的《京师大学堂编书处章程》关于史学课本确定的原则是"以编年为主，删除繁琐，务存纲要"，同时择取先哲史论附列。② 不过，重视高等教育的张之洞在 1904 年进呈的《奏定大学堂章程》中，依据日本学制，为尚未筹办的文学科大学中国史学门和万国史学门制定了详细科目。前者的主课有：史学研究法、御批历代通鉴辑览、各种纪事本末、中国历代地理沿革、国朝事实、中国古今外交史、中国古今历代法制考，另有补助课程：四库史部提要、世界史、中外今地理、西国科学史、外国语文。后者的主课为：史学研究法、泰西各国史、亚洲各国史、西国外交史、年代学，补助课为：御批历代通鉴辑览、中国古今历代法制史、万国地理、外国语文。此外，还有所谓"随意科目"，即选修课程，如辨学、各国法制史、中国文学、人类学、

① 璩鑫圭、唐良炎编：《中国近代教育史资料汇编·学制演变》，236～237 页，上海，上海教育出版社，1991。

② 张静庐辑注：《中国近代出版史料初编》，207 页，北京，中华书局，1957。

公益学、教育学、金石文字学、古生物学、全国人民财用学、国家财政学、法律原理学、交涉学、外国科学史（仅万国史学门）等。

以创始的大学史学教育而论，上述课程体系相当完备而且较为合理，只是明显有照搬外国成法的痕迹，因此在说明若干课程时，不得不以日本原名为参照，如在金石文字学后附注"日本名古文书学"等。在各种名目的科目之下，实际上并没有相应而适宜的教科书，无论是钦定抑或奏定章程，均未涉及教科书的编写事宜。但对各科学书讲习法的略解，分别说明了各项课程所使用的教材，大体分为三类：一、就中国旧籍择要讲解，如"各种纪事本末"自《通鉴》讲起，《左传》《纪事本末》不必讲，全鉴及正史听其自行研究；"国朝事实"摘讲正续《东华录》及《圣武记》诸书，兼酌采近人所刻《皇朝政典》讲习；"中国古今历代法制考"摘讲《三通考辑要》。二、择善翻译、改编或使用现成译本，如"中国古今外交史"，可采取日本《支那外交史》自行编纂改定；"中外今地理"宜择外国成书或中国人译本合于教法者讲授；其余各西学则择译善本讲授。三、于已有教科书中选择善本讲习，如"历史地理沿革略"。至于参考书，则多取历代正史、通鉴、别史、杂史、西史、舆图、年表等。

值得注意的是对"中国史学研究法"的解释，虽然主旨在于"鉴古知今有裨实用"，与通鉴学相近，所列举的"研究史学之要义"，显然已经不是传统史学所能范围。其研究对象包括历代疆域、各项制度、政事变法、教育学术、地方民情、农业工艺、商业交通、赋税财政、物价物产、吏治刑法、宗教礼俗、中外关系、货币及度量衡等51个方面，尤其注意人民与国家的关系如民情、民风、民性、民力的影响，提倡将通鉴学与正史学"相资补助"，考史事则考治乱与考法制"必兼综"，强调中外参考比较，贯通古今，"务当于今日中国实事有裨之处加意考求"。①

京师大学堂文科史学门一直没有开办，上述设想也就始终停留在纸面。不过，已经开办的师范科也设有中外史学课程，先后担任过史

① 《奏定大学堂章程》，璩鑫圭、唐良炎编：《中国近代教育史资料汇编·学制演变》，349～353页。

学教习的有冯巽占、李稷勋、汪镐基和日本人坂本健一等，所用教材系由任课教习自编讲义，史学科、中国史、中国通史、万国史讲义分别由屠寄、陈黻宸、王舟瑶和服部宇之吉撰述。① 陈黻宸所编《中国史讲义》，开章明义，指出"史者天下之公史，而非一人一家之私史也"。进而强调史学与科学的关系，认为："科学不兴，我国文明必无增进之一日。而欲兴科学，必自首重史学始。"因为史学为"凡事凡理之所从出也"，"史学者，合一切科学而自为一科者也。无史学则一切科学不能成，无一切科学则史学亦不能立。故无辨析科学之识解者，不足与言史学，无振厉科学之能力者，尤不足与兴史学"。"读史而兼及法律学、教育学、心理学、伦理学、物理学、舆地学、兵政学、财政学、术数学、农工商学者，史家之分法也；读史而首重政治学、社会学者，史家之总法也。"

陈黻宸的这番道理蕴含了许多解释后来纠纷的线索，其所谓"科学"，实际包含学科与科学两种概念，20 世纪上半叶中国学术的重心之所以由经入史，要因之一，是西学冲击下中体的崩溃，要因之二，便是史学合一切科学而自为一科的特征。这一思想，从史学在教育体系中独立之日起，就已经为先贤所确信无疑，后来更为科学史学的信仰者反复强调，傅斯年就断言："现代的历史学研究，已经成了一个各种科学的方法之汇集。地质，地理，考古，生物，气象，天文等学，无一不供给研究历史问题之工具。"②

不过，仔细甄别，聚集于"科学史学"旗帜下的两派，虽然都强调各种自然、社会、人文相关学科对于史学研究的重要性，但所指的对象其实有所分别，批判的客观史学重视考古学、地理学、生物学、语言学等自然科学或接近自然科学的人文学科，而解释规律者则对政治学、经济学、社会学等所谓社会科学情有独钟。这与当时欧洲史学

① 庄吉发：《清末京师大学堂的沿革》，《大陆》第 41 卷第 2 期，62～64页。转引自朱有瓛主编：《中国近代学制史料》第 2 辑上册，943 页，上海，华东师范大学出版社，1987。此文所论，并非京师大学堂文科史学门的情况。另据《教育杂志》1910 年第 4 期《宣统二年分科大学经文两科教职员清单》，史科教习有专讲记事本末的陈衍，专讲通鉴辑览的饶叔先。

② 《历史语言研究所工作之旨趣》，《历史语言研究所集刊》第 1 本第 1 分，1928 年 10 月。

正由语文学方法向社会科学方法转移大有关系。一般而言，前者主要有助于分析扩展史料，后者则便于解释问题，以教学为主的学人自然倾向于接受社会科学，或者说首先是接受社会科学的解释框架以应急。陈黻宸以政治学、社会学为"首重"、为"尤要"、为"史家之总法"，正是因为这两门科学对于认识人类社会的历史有明因果、辨成败的提纲挈领作用。所以虽然史学是凡事凡理所从出，一旦掌握了政治社会之原理，"于史学思过半矣"。

陈黻宸的中国史讲义，是接着屠寄、杨模的课续讲，屠、杨二人所讲，"自开辟始，迄于春秋"，陈则由春秋讲起。但他的讲义更像是概论，"读史总论"、"政治之原理"、"社会之原理"占了三分之一的篇幅，正文则只讲了孔子和老墨。比照看来，前三节的理念似乎并未在正文中得到体现，这种史论分离的现象，表明"总论"和"原理"的那一番道理，很可能是其现炒现卖的趋时附会，并没有真正用于研究具体历史问题的过程。①

二、议论与讲学

民国成立后，按照1913年教育部公布的大学规程，文科下设历史学门，再分中国史及东洋史学、西洋史学两类，其课程为史学研究法、中国史、塞外民族史、东方各国史、南洋各岛史、西洋史概论、历史地理学、考古学、年代学、经济史、法制史、外交史、宗教史、美术史、人类及人种学、西洋各国史、中国史概论等。② 但是北京大学在相当长的时期内并未开办历史学门，只是在预科及文学门的言语学类开设史学课程。

兼任（随即改哲学系专任）该校文科史学教授的陈黻宸，于1913年写成了《中国通史》20卷，分朝代依次叙述自春秋至清代的历史。陈氏继编辑京师大学堂中国史讲义后，曾在任广东方言学堂史学教习时，借鉴夏曾佑《最新中学中国历史教科书》编辑历史讲义。③ 其《中国通史》很可能被用作北京大学的教学，至少是参考书。夏氏的教

---

① 《京师大学堂中国史讲义》，陈德溥编：《陈黻宸集》下册，675～713 页。
② 《教育杂志》第 5 卷第 1 号，1913 年 4 月。
③ 《致孟聪侄书第十七》，《陈黻宸集》下册，1125 页。

科书本来是为中学而编，但后来多次再版，不少大学教师和研究者颇有好评，其分章节的编排体例一改中国传统史学著作的旧貌，很长时期内无人可以超越，1933年更被商务印书馆列入大学丛书。1935年陈寅恪授课时评论当时坊间教科书，虽然认为夏著已经过时，但仍为"最好"的一本，"作者以公羊今文家的眼光评论历史，有独特见解"。①

夏曾佑的教科书自成系统，便于讲述，但其中牵强附会，甚至削足适履处也不在少数。如果用作大学历史系的讲义，问题便无处不在。除了史料处理的当否外，简单进化论的解释框架也不能令接受西学日益丰富的民国学人和学生感到满意。1917年蔡元培接掌北京大学，于暑期后改革学制，文科增设史学门。② 其课程设置为：中国通史（陈汉章）、地理沿革史（张相文）、东洋通史（钱硕人）、法制史（陈汉章）、学术史（叶瀚），另有特别讲演中国史学通义（黄节）、人地学（铎尔孟）、《史记》探源（崔适）。③ 相比之下，似较京师大学堂时期的章程规定还有退步，尤其是辅助学科的课程，除地学外，几付阙如。陈汉章的中国哲学史据说是一年下来只讲到"洪范"的，讲中国通史大概也如出一辙。

注册在国文门但喜欢到其他门听课的傅斯年，那时尚未立志"要科学的东方学之正统在中国"，受新思潮的鼓动，对社会科学尚不排斥，他写了《中国历史分期之研究》的长文，针对中国学人写作史学教科书者多模仿日本桑原骘藏《东洋史要》（后改名《支那史要》）的分期，而后者实以远东历史为依据，并不适宜中国的情形，重新确立分期标准，同时指出史学"要以分期为基本，置分期于不言，则史事杂陈，樊然淆乱，无术以得其简约，疏其世代，不得谓为历史学也"。他认为历史"以政治变迁，社会递嬗为主体"，"寻其因果，考其年世，即其时日之推移，审其升沉之概要，为历史之学"。④ 这与他后来治史

① 蒋天枢：《陈寅恪先生编年事辑》（增订本），94页，上海，上海古籍出版社，1997。

② 蔡元培：《大学改制之事实及理由》，《新青年》，第3卷第6号，1917年8月1日。

③ 《文本科第三学期课程表·中国史学门第一年级》，《北京大学日刊》第109号，1918年4月12日。

④ 《北京大学日刊》第113号，1918年4月17日。

的路径分别不小，并多少含有批评北大史学课程的意思了。

北大史学课程的状况并不符合先期设定，因此不能全面反映主办者的主观认识。依据 1917 年的《北京大学文、理、法科本、预科改定课程一览》，史学门课程分为通科与专科两类，前者包括历史学原理、中国通史、东洋通史、西洋通史、人种学及人类学、社会学、外国语，后者包括中国地理沿革、西洋地理沿革、年代学、考古学、中国文明史、中国法制史（法理学及西洋法制史）、中国经济史（经济学）、欧美各国史、亚洲各国史、欧美文明史、欧美政治史、欧美殖民史、中亚细亚地理及历史。特别讲演则分为三种：一、以时代为范围，如上古、三代、两汉、南北朝、辽金元、法国革命、欧洲十九世纪等。二、以一书为范围，如《尚书》《春秋》《史记》《汉书》《通志》、海罗多之《希腊史》、泰奇都之《罗马史》、基左之《法国文明史》、兰克之《德国史》《英国史》《法国史》等。三、以事件为范围，如中国人种及社会之研究、苗族之考证、中国古代文明与巴比伦文明之比较、墨西哥交通中国之证据等。① 由此看来，办学者的主观认识不但没有退化，反而有所前进，只是限于条件，难以落实。因此理念与实际之间的差距不免过大。

北大史学门事属初创，对课程不满似乎不是普遍现象。1918 年 5 月，教育部视学刘以钟陪同日本东京高等师范学校教授、汉学专家林泰辅博士和同校教谕诸桥辙次到北大参观，希望旁听文科教员讲授古学，蔡元培亲自导往听讲崔适的"《史记》探源"和黄节的"中国史学通义"，并与座谈。② 但在五四运动和太炎门生取代桐城古文家掌管北大文科之后，史学系的现状就似乎令人难以容忍。1920 年担任系主任的朱希祖，看了德国 Lamprecht 的《近代历史学》，认定历史进程的原动力在全体社会，"所以研究历史，应当以社会科学为基本科学"。反观中国的史学界，"实在是陈腐极了，没有一番破坏，断然不能建设"，于是一面让何炳松翻译鲁宾孙（Robinson）的《新史学》，以摧陷扩清

① 潘懋元、刘海峰编：《中国近代教育史资料汇编·高等教育》，384 页，上海，上海教育出版社，1993。

② 《日本学者来校参观》，《北京大学日刊》第 127 号，1918 年 5 月 3 日。

史学界陈腐不堪的地方，一面在本系将课程大加更改，本科一二年级先学习社会科学，作为基础，如政治学、经济学、法律学、社会学等，再辅以生物学、人类学及人种学、古物学，特别注重社会心理学。同时请何炳松担任历史研究法课程，即以鲁宾孙的《新史学》为课本。此书何氏曾在北京大学和北京高师用作讲西洋史学原理的教本，据说修课的同学"统以这本书为'得未曾有'"，现在改换题目，依然颇受欢迎。[①]

朱希祖发起的史学课程改革，其实只是将清末以来条文所载的规划落到实处，在思维的方式和方向上与前此一脉相承。当然，时间毕竟有近二十年的差距，译书数量增加，留学程度提高，对社会科学的认识更加清晰化。1922 年北大成立史学会，朱希祖进一步阐明其改革课程的目的。他认为，研究史学最初注重历史文学，其后注重历史哲学，最近则注重历史科学，"历史科学是以社会科学为基础的"，社会科学包括地理、生物、人类、政治、经济、法律、宗教、伦理，"而尤以社会学及社会心理学为最重要。我们懂了社会科学，然后研究历史，方有下手之处，否则历史中种种材料，那一种是重要，那一种是不重要，就没有标准了。我们北京大学史学系的课程，就是依据以上所说目的和方法定的"。[②]

朱希祖的这一套理念，完全是受提倡综合史观的新史学的影响。当时所谓综合史观，即 Lamprecht 主张的"史为社会心理的科学"，"以为史事演进之状态，断非一单独原因所能解释，必也就其时之群体心理中求其解，方能说明某时代之史迹。此种社会的心理，虽受各方面之影响（如地理、经济、政治），但既汇融众源，发之于事，则史事演进之主原，自在群心"。[③] 按照朱希祖的理解，美国的鲁宾孙主张历史的时间连贯性，而德国的 Lamprecht 和 Mehlis 主张空间的普遍性，二者殊途同归，均归于社会科学，将美国和德国的学说兼收并蓄，即

---

① 朱希祖：《新史学序》，何炳松：《译者导言》，均见刘寅生、房鑫亮编：《何炳松文集》第 3 卷，3～22 页，北京，商务印书馆，1996。

② 《谒先教授在北大史学会成立会的演说》（赵仲滨速记），《北京大学日刊》第 1116 号，1922 年 11 月 24 日。

③ 陈训慈：《史学蠡测》，《史地学报》第 3 卷第 1 期，1924 年 6 月。

可达到史学完善的目的。

　　同时在北大史学会成立会上发表演说的杨栋林，更清楚指出了提倡新史学所针对的现象：其一，社会科学化，是对中国旧史家"以词章治历史"和新进学人"就历史中求史学研究"而言，不懂相关科学，就编不了相关专史。其二，社会学化，是针对"唯物史观"和"唯心史观"而言，两派或重个人，或重社会一方面的一种特别状态，未先就社会全体通盘观察。其三，地方权化，针对偏重政治及其中枢——中央政府而言，既然注重社会事情，应以州县为单位。其四，数学化与平凡化，针对"大事记派"和"琐碎派"或"好奇派"而言，数学化即统计化，用以归纳凡人小事。①

　　朱希祖的改革，虽然顺应国际学术界社会科学的趋向，却使得史学的特色有所损失，有人怀疑其所定课程中外都有，太不专门，不过是高等普通的历史罢了，"再加以种种社会科学，分了一半，所得历史智识，有限得很"。朱希祖辩解道：要谋合时间的连续与空间的普遍，只能如此设置课程。至于要谋专门精深的研究，则学校方面，有大学院或研究所，在学生方面，须靠史学会。这样一来，其心目中的史学研究，其实是两分的，"把普遍的连续的和社会科学的重要共同方法，托付在讲堂上讲。至于分工的研究，……那就要靠诸君所组织的史学会了。讲堂上所讲的，是共通的方法多，诸君自动的研究，是一种实地的试验"。后者不可随便说空话，必须切实多读书，研究结果，确有心得，才有发表价值。所以要"一方面研究整个的史学，一方面试验分析的史学，并行不悖"，在收集一代史料的基础上，用最新的史学方法，组织一部很有条理系统的新历史。② 此举目的原在于改造旧史学，结果却仅仅改变公开课程，而将本科学生学习具体研究的重任交由业余的史学会来担负。所以在改革课程的同时，朱希祖就筹设史学会以为辅助，只是因为学生罢课等事，耽搁了两年。

---

　　① 《杨栋林教授在本校史学会成立会的演说》（秦志任笔记），《北京大学日刊》第 119 号，1922 年 11 月 28 日。

　　② 《遏先教授在北大史学会成立会的演说》（赵仲滨速记），《北京大学日刊》第 1116 号，1922 年 11 月 24 日。

两分法当然便于教学，但是史学系的课程不能教学生具体研究，情理上似乎说不过去。朱希祖和杨栋林异口同声地要求学生学好外文，因为提供条理和系统的理论，无一例外的都是舶来品。这种读西书的办法，很难了解西学的全貌并且区分主次正邪。北大毕业留学欧洲的傅斯年便有亲身体验，他去国时，便已决定学心理学，北大师友则多劝其学历史，傅氏为想解决心中蓄积的个人与社会、效率与智力等等的关系问题，坚持以学问救济心理的疾病，所偏好在于以生物科学讲心理者与心理分析学，而不喜专以自然科学之方法讲心理者。

1920 年 8 月，傅斯年曾致函胡适，抱怨在北大六年，"一误于预科一部，再误于文科国文门"，看似仅仅批评旧学者，其实更主要的是指责新风气。他告诫胡适："为社会上计，此时北大正应有讲学之风气，而不宜止于批评之风气"，"希望北京大学里造成一种真研究学问的风气"。傅在北大，受胡适影响最多，"止于批评"的学风的形成，胡适难辞其咎。所以傅斯年犯颜直谏，"兴致高与思想深每每为敌"，请胡适勿为盛名所累，"期于白首……终成老师，造一种学术上之大风气，不盼望先生现在就于中国偶像界中备一席"。① 傅斯年这封支支节节，不能达意的"私信"的含意，在两个月后致蔡元培的"公函"中讲得更加坦率，他说：

> 北大此刻之讲学风气，从严格上说去，仍是议论的风气，而非讲学的风气。就是说，大学供给舆论者颇多，而供给学术者颇少。这并不是我不满之词，是望大学更进一步去。大学之精神虽振作，而科学之成就颇不厚。这样的精［神］大发作之后，若没有一种学术上的供献接着，则其去文化增进上犹远。

傅斯年的觉悟，看来是到欧洲后受其文化熏陶的结果，因为"近代欧美之第一流的大学，皆植根基于科学上，其专植根基于文艺哲学者乃是中世纪之学院"。进一步讲，"牛津环桥以守旧著名，其可恨处实在多。但此两校最富于吸收最新学术之结果之能力"。"而且那里是

---

① 1920 年 8 月 1 日傅斯年致胡适，中国社会科学院近代史研究所民国史组编：《胡适来往书信选》上册，106 页。

专讲学问的，伦敦是专求致用的。剑桥学生思想彻底者很多，伦敦何尝有此，极旧之下每有极新，独一切弥漫的商务气乃真无办法。伦敦訾两校以游惰，是固然，然伦敦之不游惰者，乃真机械，固社会上之好人，然学术决不能以此而发展。"① "极旧之下每有极新"，确是指明了思想革新的适时与学术研究的唯是之间的差异。他虽然将北京与上海、北大与清华比附于剑桥与伦敦，实则在剑桥与北大之间，后者只能扮演伦敦的角色。而朱希祖在史学系的课程改革，虽然以学术为目的，结果很可能如胡适在哲学门的作用，仍是朝着议论的风气，供给社会舆论者多。

三、南北异同

与北京大学的新文化派遥相对立的南高学派，在五四之后也开始改革课程。1919 年 9 月，南京高等师范学校新任校长郭秉文提出"改良课程案"，把国文部改为国文史地部，原为国文部下的史地学科，升格为史地学系。以后又改为文史部，历史系独立，所开设的课程为中国文化史、朝鲜史、日本史、印度史、亚洲文化史、史学问题、大战史、历史教学法、中国通史等。同时因为实行选科制，历史系学生要选修国文、西洋文学、地理、哲学等系的课程。其必修课即包括西洋哲学史、哲学入门、伦理学、地学通论、地质学、历史地质学等②。

南高学派因为对北大的新文化派多有批评，历来被新派学者视为文化保守主义的营垒。其实正如近人所指出，他们只是反对激烈地反传统文化，提倡调和中西文化。而在引进西方文化方面，又主张溯本求源，全面系统，反对断章取义的拿来主义。该派中留学生与老师宿儒和睦相处，相得益彰，就是其主张的最佳体现。南高学派同样重视史学，1920 年 5 月就成立了史地研究会，较北大还早两年。其中在史学方

① 《傅斯年君致蔡校长函》，《北京大学日刊》第 715 号，1920 年 10 月 13 日。
② 参见区志坚：《人文地理学的发展：张其昀的贡献》，李荣安、方骏、罗天佑编：《中国自由教育：五四的启示》，香港，朗文（朗曼）出版有限公司，2000。

面发生影响的主要有柳诒徵、徐则陵、陈训慈、缪凤林等。该会定期举办学术演讲，先后演讲的指导员和会员及其讲题有徐则陵的"史料之收集"、"新史学"，柳诒徵的"史语史之性质与目的"，缪凤林的"历史与哲学"，陈训慈的"何谓史"等，并经常邀请外校及外国学者演讲。

与北大相比，南高学派提倡史学研究的态度颇有异同。其相同或相近方面，如重视外文及西书，强调以欧洲新法治中国历史，给予中国文化以适当的历史地位①，注意科学史学的潮流和社会科学化的趋向，认定史学为各种科学之汇合等，与北大精神大体一致。其相异方面，则有：

一、以史学为实学研究的重要领域，矫正新文化运动的虚浮偏颇。南高史地会的《史地学报》"编辑旨趣"称："近年以还，国人盛言西学，谈论著述，蔚为巨观。顾于真实之学，辄相畏避，史学地学，尤希过问。"② 陈训慈提出《组织中国史学会问题》，批评"近来自号新文化运动者，大都皆浮浮自信，稀为专精之研究。即其于所常谈之文哲社会诸学，亦仅及其表面，而于专门学科，益无人过问；循是不变，将使名为提倡文化，而适以玷辱文化。诚有专门学会之出现，倡导社会，于真正学术有所贡献，将使智识界空气，由浮虚而趋于笃实。而

---

① 对于外国人治中国史，南北两派评价都不甚高。朱希祖认为中国人研究外国史，还谈不上，"但外国人讲我们中国史，也是没有好的。所以我们自己整理中国史，是我们中国人唯一的责任"（《谒先教授在北大史学会成立会的演说》（赵仲滨速记），《北京大学日刊》第 1116 号，1922 年 11 月 24 日）。陈训慈也认为："中国文化在世界之地位，自为中国文化耳。而浅率西人，至有置之原始文化至西方文化之过渡，吾国迁曲学者，又自谓灿烂莫备；要皆无史学之观念也。诚使有史学会为之中心，于古文化为忠实之研究，以发现完全避免之过去，则必可界中国文化以正当之地位。且传播吾国真史，使外人明了吾国之地位，是史学会不但有造于中国文化，且于世界文化有关也。"（《组织中国史学会问题》，《史地学报》第 1 卷第 2 号，1922 年 3 月）

② 《编辑要则》，《史地学报》第 1 卷第 3 期，1922 年 5 月。其旨趣称："同人深维史地之学，一由时间之连续，示人类之进化；一由空间之广阔，明人类与自然界之关系。其博大繁赜，实超其他科学。而就其近者言之，则一事一物，漠不有其源流与其背景，果屏斯二者，即不足晓事物之真，更无由窥学术之全。是以各种学问，靡不有所凭于史地；而史地之可贵，亦要在出其研几所得，供各学科之致用。此所以西洋自然科学发达，而史学地学与之偕进而已也。"

所以说明源流，促起真实之研究者，史学会其尤要者也"。①

二、既注意欧美史学发展的最新动向，又讲究本源，观照全面，以免偏于一端。陈训慈的《史学观念之变迁及其趋势》（《史地学报》第1卷第1号），《史学蠡测》（第3卷第1—3期），徐则陵的《近今西洋史学之发展》（第1卷第2号），叔谅的《中国之史学运动与地学运动》（第2卷第3号），王庸译的《社会学与历史之关系》，均力求全面观照欧美各国史学流派的渊源脉络，了解史学与地理、地质、天文、人类、人种、古物、古生物、年代、谱系、方言、文字、古文字、古文书、政治、法律、国家、社会、经济、论理、哲学、文学等相关学科的关系，而不仅仅是一味趋时逐流。

三、认识近百年来史学发展的两大特征，都是受浪漫主义和实验主义两大思潮影响的结果。史学既有科学的一面，又有非科学的一面，史学当有条件地采用科学方法，但并非一定要科学化才能显示其伟大。能否科学化，不是史学至关重要的问题，即使科学化，也与自然科学不同。这对于盲目遵信科学化的新文化派主张，无疑有补偏救弊的作用。

即使在拥护科学史学者的内部，实际做法也不一定走社会科学化的路线，尤其是专门研究机构。在北京大学，按照朱希祖的设想，教育体制对于学生专精研究的训练，是由大学院或研究所负责实行。北大研究所国学门即承担培训史学研究者的责任。国学门的主办者提倡或响应用科学方法整理国故，他们认为乾嘉朴学方法近于科学，只是未得到科学之辅助，"今日科学昌明之际，使取乾嘉诸老之成法而益以科学之方法，更得科学之辅助，急图整理，则吾国固有之学术，必能由阐扬而更有所发明"。② 其所说科学，又分为科学方法和科学门类，总体上说，不排除任何学科，实际上却有所分别。国学门委员会第一次讨论研究规则时，沈兼士虽提出打破学系观念，但仍以文史哲三系为基本。因为研究所另设有社会科学门。国学门欢迎本校的自然科学

① 《史地学报》第1卷第2号，1922年3月。
② 《国立北京大学研究所整理国学计划书》，《北京大学日刊》第720号，1920年10月19日。

和社会科学者到所提出题目，分别研究，① 主要是因为要将包括自然科学在内的各种专史纳入研究范围，须有各学科的专家参与，这与社会科学化的用政治学、经济学、社会学的理论框架解释整个历史或主要用这些学科的方法研究史料，归纳史实，有着极大的距离和分别。

研究不同于讲授，首先要处理原始资料，而未经整理的材料存在许多问题，必须以专门方法加以鉴别考订，这不是简单地运用社会科学的理论框架条理解释所能够解决。沈兼士就批评"粹于国学之流往往未涉科学之途径"，"而治科学者又率不习于国学"，主张派"深于国学"或"国学优良"的教授学生留学海外，以掌握科学方法，再归而整理国故。② 在国学门各机构中，除考古学会较强调各相关辅助学科的协作外，一般只是泛泛而谈所谓科学方法。具体而言，则主要是注意国际汉学界或东方学界的人文学科的科学方法，而对于新起的社会科学方法有所保留。③ 这一趋向，在清华学校研究院国学科、筹划中的东南大学国学院和稍后的厦门大学国学院普遍存在。而且专精的研究，与普遍的教育之间显然存在矛盾。清华研究院为此曾引发风潮，最终完全放弃国学的普通教育。

就全国大学本科的教学而言，南高学派以及各校国学研究院（所）的主张开始似乎有些不合时宜，无论在国际还是国内，社会科学影响历史学都是大势所趋。至少当欧美仍然方兴未艾之际，崇尚西学的国人很难不为左右。而且这一趋势对于冲击旧史学确有颠覆性作用，又能很快建立大体上自圆其说的新架构，填补旧的解释系统崩溃后留下的真空。史学在中国从来不仅是学术，还是道德伦理的重要体现，因而须臾不可缺少。20世纪20年代中期开始，中国的大学教育在量的方面出现迅猛增长，后起的大学史学系纷纷朝着社会科学化的方向发

---

① 《研究所国学门启事》，《北京大学日刊》第963号，1922年2月21日；《研究所国学门委员会第一次会议纪事》，《北京大学日刊》第968号，1922年2月27日。

② 《国立北京大学研究所整理国学计划书》，《北京大学日刊》第720号，1920年10月19日。

③ 参见拙著：《国学与汉学——近代中外学界交往录》第1章《四裔偏向与本土回应》，杭州，浙江人民出版社，1999。

展，步伐较北京大学更加积极。清华学校 1925 年正式成立大学部，1926 年设历史系，并开设专修课程。其课程体现中西并重，注重西史方法的精神，有中、西通史，历史研究法，中国上古史，中国近世史，中国近代史，中国文化史，英、美、日、俄等国别史，欧洲近百年史，远东及太平洋沿岸史，另有外系开设的选修课如中国哲学史、中国文学史、政治学、经济学、社会学、本国文学、英国文学、经济思想史等。① 先后担任历史学系主任的朱希祖、罗家伦、蒋廷黻等，可以说都是革新派，因而该系课程的设置一开始就相当新进。其他公私学校历史系的课程也纷纷改进，以顺应新潮。

随着学术研究的逐渐深入，研究与教学，本科与研究（院）所之间由分工而引起的分歧日显突出。20 年代盛极一时的整理国故，使得考据方法再度流行，并且逐渐形成独大之势。傅斯年的史学就是史料学总其成，将急功近利的综合史观派打入另册，他宣言"要科学的东方学之正统在中国"，并非泛泛而谈的学习西学，而是选择了欧洲已经成熟并占据正统地位的语文学派的史学路径，排斥正在兴起之中的社会科学派。尽管傅斯年早年也曾从整理史料的角度重视过社会学，但那主要是指领域而非方法，其一生对于社会科学方法一直有所距离，尤其是对史观式地运用社会科学的概念相当反感。② 他反对疏通，不仅体现于排斥太炎门生，还反映于对待钱穆和郭沫若的态度，在他看来，后二者的成果可以接受的，仅限于具体问题的研究，而不是宏观架构的建立。③

---

① 有关清华历史系的情况，凡未特别注明者，均见齐家莹编撰：《清华人文学科年谱》，北京，清华大学出版社，1999。

② 傅斯年：《毛子水〈国故与科学的精神〉识语》，《新潮》第 1 卷第 5 号，1919 年 5 月 1 日。傅斯年的意思，是说国故在世界的社会学等学科的材料上占有重要位置。不过后来他直截了当地断言史学的对象不是社会学，"不以空论为学问，亦不以史观为急图，乃纯就史料以探史实也"（参见《史学方法导论》《史料与史学》，均见《傅斯年全集》第 4 册，台北，联经出版事业公司，1980）。傅斯年并非一概排斥史观，而是反对急功近利地搬用现成的框架体系。

③ 傅斯年承认钱穆著作止于《刘向歆父子年谱》，对郭沫若则重视其《两周金文辞大系》，而不屑于《中国古代社会研究》。

　　傅氏的观念对大学史学课程的设置直接或间接有所影响，他一度在北京大学兼职兼课，幕后主政，强调先治断代史，而不主张讲通史。其时国民政府规定中国通史为必修课，北大谓"通史非急速可讲，须各家治断代史专门史稍有成绩，乃可会合成通史"①，遂聘北平各校专家分段讲授。1933 年后，才由钱穆一人统之。钱虽然并不提倡社会科学化，所主张的先博通后专精，仍须一定架构，只是架构的形式及来源与社会科学派不同而已。

　　到 30 年代，"北平的学术界里充满着'非考据不足以言学术'的空气"。② 与此相应，各大学的史学课程日趋专门化。1931 年北京大学史学系的课程比此前有明显变化，主要表现于：一、通史断代化，中国史分为上古、汉魏、宋史、满洲开国史，欧洲史也分为中古和近代两门；二、专门课的比重进一步增加，在原有基础上，开设了中国社会政治史、中国史料目录学、中国历史地理、中国政治思想史、中国古代文籍文辞史、清代史学书录、近代中欧文化接触研究、中国雕板史、东洋建筑史、西洋建筑史、南洋史地、战后国际现势等课程。有的课程有因人设事之嫌，如王桐龄的东洋史之外，又有李宗武的日本史，即使不重复，亦不免琐碎。清华的情况大体类此。这与"近人治史，群趋杂碎，以考核相尚，而忽其大节"③ 的状况有关，研究日趋窄而深，通史类课程即被视为等而下之。辅仁大学史学系的课程在 20 年代末已经分成六段，陈垣甚至认为思想史、文化史之类，"颇空泛而弘廓，不成一专门学问"，"讲义的教科书的"著述，"三五年间即归消灭"。④

---

　　① 钱穆：《八十忆双亲·师友杂忆》，171 页，北京，生活·读书·新知三联书店，1998。

　　② 《读书杂志》第 2 卷第 7 号，1933 年 4 月 10 日。

　　③ 《致李埏书》，钱穆：《钱宾四先生全集》第 53 册，378 页。

　　④ 1928 年 6 月 24 日致蔡尚思函，陈智超编注：《陈垣来往书信集》，355 页。

四、综合与考据

蒋廷黻在其回忆录中批评中国传统史学使人们无法了解整个中国的历史，只能成为断代或专书的专家，不断重复而不是继续前人的研究。又举请杨树达教汉史的例子，指其精通前后汉书的版本及章句解释，但教了一年后，却不能正确扼要地讲述汉代发生的大事以及政治、社会、经济如何变化，这种重视古籍版本而忽略历史事实的研究方法已经落伍，于是对旧学者敬而远之，致力于引进新人，用政治及社会科学的观念研究历史，这样一来，1929—1937 年清华历史系的课程发生了很大的改变。①

揆诸史实，蒋的回忆出入较大。清华历史系从来就重视大历史和相关学科的训练，1931 年蒋廷黻自己在《历史学系的概况》中说："清华历史系，除了兼重中外史以外，还有一种特别：要学生多学外国语文及其他人文学术，如政治、经济、哲学、文学、人类学。"蒋担任系主任期间，该系课程有所调整，如 1929 年将"历史研究法"改为"史学方法"，将中国上古、近世史改为宋辽金元等断代史，增加中国、西洋史学史、西洋史家名著选读、西洋近代史史料概论和考古学，最突出的是增加了若干专门史课程，如法兰西革命史、欧洲十七八世纪史、中国外交史、高僧传之研究、唐代西北石刻译证，以及中国外交史和中国近百年史的专题研究。到 1934 年，因为开设本科与研究院共修课程，专门化趋势进一步加强，如断代史分为秦汉史、晋南北朝隋史、唐史、宋史、明史、清史，此外又有中国上古史、明代社会史、清史史料研究，中国学术史要分为上古至东汉、东汉至清两门，另外有中国近三百年学术史。世界史方面也有细分化趋势，国别史之外，还有上古近东及希腊、罗马史、欧洲宗教改革时代史、俄国在亚洲发展史、欧洲海外发展史等。

杨树达任教清华，是在国文系，从《积微翁回忆录》和《清华人

---

① 《蒋廷黻回忆录》，124～125 页，台北，传记文学出版社，1984。

文学科年谱》中，找不到他在历史系讲汉史的记载。1931年底，陈寅恪曾劝其在历史系兼课"以避国文系纠纷"①，似也没有下文。诚然，课程的名称与实际的教法之间难免存在差距，蒋廷黻在清华确有改革，只是所针对者并非杨树达，而是陈寅恪。蒋廷黻担任清华历史系主任的那一年，陈寅恪也被中文、历史两系合聘为教授，陈在历史系开设的课程，如高僧传之研究、唐代西北石刻译证，在蒋看来大概都属于治史书不治历史的范畴。1934年，代理文学院长的蒋廷黻在所写《历史系近三年概况》中，对陈寅恪所开课程有如下的评述：

> 国史高级课程中，以陈寅恪教授所担任者最重要。三年以前，陈教授在本系所授课程多向极专门者，如蒙古史料、唐代西北石刻等，因学生程度不足，颇难引进，近年继续更改，现分二级，第一级有晋南北朝及隋唐史，第二级有晋南北朝史专题研究及隋唐史专门研究。第一级之二门系普通断代史性质，以整个一个时代为对象；第二级之二门系 Seminar 性质，以图引导学生用新史料或新方法来修改或补充旧史。②

蒋廷黻所提倡，名为考据与综合并重，实则偏向于为综合史学鸣锣开道。1932年，他请好讲文化形态史观的雷海宗回校任教，而陈寅恪"对雷海宗式的国史初步综合的容忍度是很低的"，为此蒋廷黻不得不一再公开捧陈，以换取两派间的武装和平。③ 其实陈并不否认综合，也同意在情非得已的情况下使用外来理论间架，他后来推荐雷海宗主编三卷本的英文《中国通史》，表明作为应急，还能接受雷的史观。陈寅恪治学的办法和成就，得到新旧各方的赞许，蒋廷黻不便公开作对，只好拉出和陈关系密切的杨树达作为箭垛。

随着北京地区大学数量的激增，各校教师兼课的情况相当普遍，

---

① 杨树达：《积微翁回忆录》，59页。

② 刘桂生、欧阳军喜：《陈寅恪先生编年事辑补》，王永兴编：《纪念陈寅恪先生百年诞辰学术论文集》，436页，南昌，江西教育出版社，1994。

③ 忻平：《治史须重考据，科学人文并重——南加利福尼亚州何炳棣教授访问记》，《史学理论研究》，1997（1）。

使得不同学校相关学科的课程设置逐渐趋同。1929 年至 1930 年度北京大学开设的课程有中国通史、西洋通史、东洋史、中国上古史、魏晋南北朝史、清史（朱希祖）、清史（鸦片战争及太平天国，罗家伦）、清史（外交）、南北朝高僧传、西藏史、中西交通史、英国史、史学方法论、史学史（西洋）、史籍名著评论、历史专书选读（中国）、历史专书选读（西洋）、金石学、考古学、地理学（人文）、地图学、地史学、人类学及人种学、中国美术史，另有外系课程如社会学、政治学、经济学原理、外交史、宗教史、政治思想史、经济学史、中国文学史、西洋文学史、中国哲学史、西洋哲学史、文字学、言语学。①

不仅课程名称与清华大体相似，就连任课教师也往往是同一人，如邓之诚的中国通史，王桐龄的东洋史，刘崇鋐的英国史，孔繁霱的西洋史学史，朱希祖的中国史学史，罗家伦的中国近百年史专题研究，蒋廷黻的清代外交史，张星烺的中西交通史，陈寅恪的南北朝高僧传，陆懋德的中国上古史，原田淑人的考古学等，两校同时开设。有的虽然任课教师不同，课程名称和内容却几乎一致，如北大的中国、西洋历史专书选读，清华叫作史家名著选读，也是分开中国和西洋。北大有傅斯年讲授的史学方法论，清华则有孔繁霱讲授的史学方法，北大的史籍名著评论，清华叫作史学名著选读。不仅专业课如此，相关学科的辅助课程也大同小异。蒋廷黻所谓"惟一无二"的特色，其实不过是当时的潮流时势而已。

考据方法在文史学界一枝独秀的局面令其他各派日益不满。章太炎、张尔田、钱穆、张荫麟、萧一山等人从研究的专精与博通的角度提出严厉批评，史观派立足教学，也发出反对呼声。1936 年 10 月，雷海宗在《独立评论》第 224 号发表《对于大学历史课程的一点意见》，声称历史系毕业生反映，经过大学四年的学习，对史学并没有得到一个清楚的认识，原因之一，在于课程的分配与组织。他列表比较美国与中国几个重要大学的西洋史课程，认为中国的办法不合理，"极需彻底的改革"。其精神是加强通史，减少国别史，停止专题史。他特

---

① 《北京大学日刊》第 2237 号，1929 年 9 月 23 日。

别强调："历史系本科的目的是要给学生基本的知识，叫他们明缭历史是怎么一回事，叫他们将来到中学教书时能教得出来，叫他们将来要入研究院或独自作高深的研究时，能预先对史学园地的路线大略清楚，不致只认识一两条偏僻的小径。"虽然他以西洋史为例，所针对的显然也包括中国史，他本人在清华担任的课程即主要是中国通史。

不过，"以考订破坏为学，而讥博约者为粗疏"①的现象，主要存在于研究者之中，另一普遍偏象，即所谓"空言史观，游谈无根"②。1920 年代的社会性质论战，介入的学人大都并非以史学为专门，影响却极为深远广泛，尤其在青年学生中间，几乎成了一面倒之势。到 1930 年代初：

> 五四以后的文学和史学名家至此已成为主流。但在学生群众的中间，却有一种兴趣，要辩论一个问题，一个京朝派文学和史学的名家不愿出口甚至不愿入耳的问题，这就是"中国社会是什么社会？"③

早期的社会史观当然不免公式化，但是造成学生普遍关注这类问题的原因之一，显然是大学本科教育的社会科学化。在泛社会科学化的解释系统与历史本身的异样之间，讲授的教师固然有所分别，除少数专讲史观史论者外，具体研究问题时往往还是以考据为主或为先。提倡社会科学的朱希祖就认为要研究一代的历史，须将这一代的一切著作品都搜集起来，考出一代的真相，然后应用最新的史学方法，组织一部很有条理系统的新历史。④ 而刚刚入门的学生则容易进一步放大先生在课堂上讲述的观点，在理论间架与史实的不吻合处，首先去修补或改换间架，而不是研究史实。其极端者甚至认为史学理论自成系统，只是为了解释社会规律，而不是研究历史事实。

---

① 萧一山：《为〈清代通史〉批评事再致吴宓君书——并答陈恭禄君》，《国风》第 4 卷第 11 期，1934 年 6 月。

② 《致李埏书》，钱穆：《钱宾四先生全集》第 53 册，378 页。

③ 陶希圣：《潮流与点滴》，129 页，台北，传记文学出版社，1979。

④ 《遐先教授在北大史学会成立会的演说》（赵仲滨速记），《北京大学日刊》第 1116 号，1922 年 11 月 24 日。

　　历史本来是统一整体，因自身存在矛盾，作用于人们的思想，遂出现不同的研究和认识，形成不同的学派。史学虽然是中国学术历来的强项，但近代在中体动摇之下，解释系统不得不随西学的压倒优势而改变。而西学这一并非欧美固有的概念（其实是东亚人对西方思想学术文化的笼统认识），包含各种差异极大的歧见。国人各取一端，复因各人对西学认识的深浅而有高下之分。20 世纪前半叶，社会科学侵入史学已成大势所趋，但所使用的理论、方法及所取得的成果，还不能得到普遍公认。加上国际汉学界语文学派占据优势，对中国发生直接影响，中国学术界普遍存在与之争胜的迫切心情，所谓"史料学派"自然成为主流。而伴随着教学与社会需求而生的社会科学化史观，多少缺乏具体研究的支撑，只是新式教育体系的急速扩展，使得史学急于重新条理系统以便教学，社会科学化刚好提供了对应的体系。受此影响，中国史学界长期学派分立，窄而偏与泛而浅，一直困扰着有心治史的学人，如何既博通又专精，迄今仍然不能妥当协调。

第四章　五四新文化运动的国际反响
——以整理国故为中心

五四前后的新文化运动，在辛亥革命以后相当沉寂的中国思想界激起轩然大波，许多方面成为研究者心目中划分传统与现代的界碑。然而，这场对于国人而言至关重要的"文化革命"，从世界范围来考察反应却相对平淡，既没有政治革命或社会风潮的轰动，更缺乏思想文化上的共鸣，以致研究者很少将目光投向这一方面。个别触及此事的论著又不免失之偏弊。本来新文化运动倡导输入新知，更新旧物，从西方引进一套近代理念，以取代传统规范，正是西洋人士长期以来千方百计所欲达到的精神目标。但此时恰值欧战兴起，天下大乱，欧洲中心观动摇，东方主义兴起，中国人所仰慕的新知，在彼邦已成旧物。而在国人奉为革新榜样的日本，风尚也由欧化转而国粹。除了与中国同病相怜的韩国知识界，东西列强国内各界关注中国新文化运动的主要是汉学家和少数报道中国问题的新闻记者，而且前者的态度较后者更为积极。新文化运动的要角胡适自称生平抱三个志愿，即提倡新文学、提倡思想改革和提倡整理国故①，这大体也就是新文化运动的三个主要方面。海外反响基本围绕这些方面展开。

一、日本：有信有疑

首先关注中国新文化运动的，是东邻日本。据亲历其事的桥川时

---

① 《胡适日记》手稿本 1930 年 12 月 6 日。

雄说，日本最早介绍中国新文化运动动向的是《朝日新闻》的大西齐。① 然而，尽管《朝日新闻》长期注意中国问题，目光主要还是集中于南北对立、军阀纷争、中外关系、利权归属等方面，至于文化运动，不仅报道极少，而且多少受到第一次世界大战后法国积极发展对华文化交流的刺激，② 显得有些被动应对。其他报刊的态度更加轻慢。《读卖新闻》发表驻上海记者所写《金瓶梅与中国的社会状态》，以《金瓶梅》人物影射时人，不时有与新文学相关的片断报道。③

个别进步人士的态度较为积极，以吉野作造为中心的黎明会，因为与李大钊及《每周评论》的密切关系，在支持五四学生爱国运动的同时，注意到五四运动与新文化运动的关系。1919 年 6 月，吉野在《新人》杂志发表题为《关于北京大学学生风潮事件》的文章，除肯定五四运动的方向外，特别指出其背景为"两三年来，北京大学在蔡元培统率之下，思想焕然一新，欧美之新空气遂极浓厚。最近新发行之杂志如《新青年》《新潮》尤极力鼓吹新思想、新文化，倡言'文学革命'"。④ 1920 年 5 月北京大学师生访日团在东京大学与该校"十七日会"联合举办演讲会，其间东大学生田民演说《中日文化之结合》，认为"中国新文化运动与日本新文化运动实有共通之点，应结合以图共进"。⑤ 吉野等人的关注重点在社会政治活动方面，由此顾及新文化运动的影响作用。

堂堂正正地介绍和批评中国新文化运动的发端之人，便是后来以研究中国近世戏曲史闻名于世的青木正儿。1920 年，他在京都和小岛祐马、本田成之等人创刊《支那学》杂志，于第 1—3 号发表长篇论文

① 《学问の思い出——桥川时雄先生を围んで》，《东方学》第 35 辑，1968 年 1 月。

② 参见 ［日］后藤孝夫：《辛亥革命から满洲事変へ：大阪朝日新闻と近代中国》，东京，株式会社みすず书房，1987。

③ 《文学革命と我》，《吉川幸次郎全集》第 22 卷，316 页。

④ 《东方杂志》，1919 年 7 月。

⑤ 《晨报》1920 年 6 月 15 日。有关吉野作造等人对新文化运动的态度，参见王晓秋：《"五四"时期的中日文化交流》《近代中日关系史研究》，300～316 页，北京，中国社会科学出版社，1997。

《胡适を中心に渦いてある文学革命》，这是迄今所知国际学术界最早正面报道研究中国文学革命的论文。文章劈头就说："中国文坛近年来革新趋势频频高涨，人称文学革命。概言之，即鼓吹白话文学。"该文详细介绍了从1917年《新青年》发表胡适的《文学改良刍议》，到陈独秀响应，钱玄同、刘半农附和，与"王敬轩"论战，《新潮》继起，小说戏剧改良的全过程，涉及文学革命的各方面。同期书评栏还刊登了青木为胡适的《尝试集》所写的评论。

青木一直阅读《新青年》等杂志，注视中国文学革命的动态，1919年大阪《大正日日新闻》发刊时，即受友人怂恿想撰文介绍中国现代文学，因该报不久停刊，未能如愿。当时在日本无人对中国现代文学感兴趣，青木描述自己好像"孤影孑然旷野独行"。① 《支那学》创刊后，青木随即致函胡适，并寄上发刊号。以后两人多次通信，互赠书刊。胡适在欣赏明清艺术及新诗创作等方面引青木为同调，并介绍周氏兄弟（树人、作人）、吴虞、沈尹默等与之结识，同时托请青木代访章学诚遗书及各种版本的《水浒传》，由此与京都学派的领袖内藤虎次郎和狩野直喜沟通联系。胡适后来写成《章实斋年谱》及《水浒传后考》，特别感激"我的朋友"青木热心搜求水浒材料如同自己的事。② 1925年青木作为文部省在外研究员来华留学，曾在北京与胡适会面③，对于胡适为政治运动所扰颇感遗憾，并认为其头脑清晰学识机敏在新人中难得替代。④

在介绍中国的文学革命之后，青木正儿还想"继之拟做一个思想革命的介绍文"，包括"破坏中国旧思想"和"输入欧洲新思想"两大方面。他从《新青年》等杂志了解到吴虞"在破坏礼教迷信军阵头恶战甚力"，本想特笔大书其阵容，后因自己专攻文学，思想问题别有论

① 《文宛腐谈·支那かぶれ》，《江南春》，63页，东京，平凡社，1972。

② 《水浒传后考》，《胡适文存》，570页，台北，远东图书公司，1953；《胡适文存二集》，109～110页。

③ 此事青木日记中记载。参见唐振常：《吴虞与青木正儿》，《中华文史论丛》1981年第3辑，上海，上海古籍出版社，1981。

④ ［日］青木正儿：《胡适を中心に涡いてある文学革命·附记》1926年9月，《支那文艺论薮》，398～399页，东京，弘文堂，1927。

客，未曾动手。由于胡适的介绍，青木与吴虞建立通信联系，彼此投契。1921 年《吴虞文录》出版，寄赠青木，青木决意作文将其"高论介绍日本的支那学界，使他们也知道中国有这位'只手打孔家店的老英雄'（胡适之先生说得好）吴又陵先生"。① 不久，青木便写了《吴虞の儒教破坏论》，刊于《支那学》第 2 卷第 3 号，他认为继续中华民国政治革命而来的是文化革命，"其中道德思想的革命令人相当痛快。那是要努力破坏几千年根深蒂固的儒教道德，代之以从欧洲文化输入的合适的新道德。率先站在第一线的冲锋陷阵者，便是吴虞与陈独秀"。文章分析了反儒的时代背景，概述了根据西方政治学和伦理宗教学说反对孔子之道的陈独秀的主张，尤其是详尽介绍了依据古文献从法制上论证儒教不适用于新社会的吴虞的观点，并且指出吴虞倾向老庄之道在破坏旧道德的新人物阵营中占有特殊位置。

青木对中国新文化运动的介绍评论，在日本有一定的影响，青年学生了解新文化运动，多是从阅读《支那学》的有关文章发端。随后陆续出现了一些介绍中国当代新思潮与新人物的小册子，如《支那现代思潮》《支那黎明人物》等。不过，胡适等人似乎有些误解《支那学》杂志代表京都学派的意见。其实这并非京都大学支那学会的机关刊物，也不代表京都学派。其中起主要作用的小岛、青木、本田成之，甚至武内义雄，都有超越京都学派主帅内藤虎次郎和狩野直喜藩篱的意向，而引起后者的批评。②

明治以后，日本一度倡行欧化，后来国粹主义抬头，中国研究随之复苏。因此，日本的中国学者，大都主张保持和发扬东方固有文化，与中国新文化运动倡导者们反传统的倾向很不一致。青木公开反儒，

---

① 1921 年 11 月 13 日青木正儿致吴虞，赵清、郑诚编：《吴虞集》，394～395 页，成都，四川人民出版社，1985。

② 《学问の思い出——青木正儿博士を围んで》，《东方学》第 31 辑，1965 年 11 月；《学问の思い出——仓石武四郎博士を围んで》，《东方学》第 40 辑，1970 年 9 月；《先学を语る：内藤湖南博士》，《东方学》第 47 辑，1974 年 1 月。青木与王国维不大投缘，某种程度上也反映了前者与京都学派的不一致。但尽管京都学者一再解释，至今仍有误解《支那学》杂志代表京都学派者。

实属例外。鲁迅从在京都研究文学的沈尹默处听说"青木派亦似有点谬"①，当反映京都学派主流的意见。狩野直喜认为用索引方式重新条理中国文明的整理国故，大有筑坝令峡谷风景沉没之感，而主张保持和爱惜其自然风光，体会天然景色的韵味。② 这不仅与新文化派的见解大相径庭，而且是针对后者的主张。所以本田成之虽然作《法家与儒家之关系》，将陈独秀、胡适、吴虞并称为继黄宗羲之后近年主张非孔主义之人，却函告吴虞："不佞尤服先生睥睨千古，能主张其说，而不屈之胆气。不佞辈未能不顾虑于父母师长之圈，不然直杜衣食之涂，不能养妻子也，是固所深耻。"③

即使像青木这样的新派，也自称有"乾隆文化的讴歌癖"④，其论文不仅指出文学革命重形式而忽视内容，以及新诗像散文而欠诗味的不足，还声称"很爱中国旧世纪的艺术，而且遗憾的事情不鲜少"，希望倡导新文艺者发扬中国之长，而以西洋文艺的优点翼补所短，以"做一大新的真文艺"。⑤ 在他看来，中华民族的伟大，就在于自古以来不断地融合外来文化以壮大自我，转换方向以开创新局面，因此华洋混杂的不协调恰是中西合璧的过渡。从这一意义上，他将中国青年转换文化方向的尝试和努力，视为拯救应受尊重的大国文化于衰老病中的长生仙术。⑥

尊孔崇儒的东京学派对于新文化运动的反应较为消极，在各种场合以不同方式直接或间接对新文化派批判固有文化、尤其是抨击儒学的主张提出异议。1921 年 7 月，胡适到一声馆拜访来华的小柳司气

---

① 《鲁迅全集》第 11 卷，391 页，北京，人民文学出版社，1989。

② 《胡适》，《吉川幸次郎全集》第 16 卷，432 页。

③ 中国革命博物馆整理，荣孟源审校：《吴虞日记》下册，95、100～101 页。青木批评东京的学者研究态度未纯，对孔教犹尊崇偶像，而"京都的学徒，这等迷信很少。……我们同志，并不曾抱怀孔教的迷信，我们都爱学术的真理"（中国革命博物馆整理，荣孟源审校：《吴虞日记》下册，13～14 页）。其实京都学派的师长固然崇儒，弟子除青木外，也不敢公开反儒。

④ ［日］青木正儿：《杭州花信》，《江南春》，4 页。原载 1922 年 5 月《支那学》。

⑤ 耿云志：《胡适年谱》，88 页。

⑥ ［日］青木正儿：《杭州花信》，《江南春》，7 页。

太，笔谈中后者提出："儒教为中国文化一大宗，其中有几多真理，一旦弃去，甚可痛惜。"胡适回应道："我们只认儒教为一大宗，但不认他为唯一大宗。"① 1924 年 4 月，服部宇之吉等人访问北大，当面向蔡元培指责北大"近遂不尊崇孔子，且又废讲经，大不可也"！蔡举北大新旧教授讲经之事以对，声明于儒学诸子，"均一视同仁，平等研究"，所反对仅在独尊儒术。② 市村瓒次郎所著《论环境与文化之关系并及儒教之体系与革新》，亦隐约批评吴虞等人视儒教为共和障碍而加以攻击的做法，主张革新儒教使与环境相顺应。③

民国以后，来华留学、研究和调查的日本人明显增多，其中一些人与中国的新进学人有所交往，方兴未艾的新文化运动自然在关注之列。1921 年来华留学的东京大学研究生竹田复，曾到北京大学向胡适请教关于五四运动的事。④ 1917 年来华的桥川时雄毕业于日本传统汉学的重镇东京二松学舍，先后入《顺天时报》社、共同通信社、大和俱乐部。他与中国学术文艺界人士交往最广，又与新文化运动众将有缘，曾在北京大学旁听过胡适、李大钊、刘师培、黄节、吴虞等人的课，亲眼目睹五四学生运动，后来翻译了梁启超的《清代学术概论》、鲁迅的《中国小说史略》、胡适的《五十年来的中国文学》，向日本介绍中国的新学术和新文学。

主持三井会社中国研究室的今关寿磨自 1918 年来华，到 1931 年归国，在北京十余年，每年巡游大江南北，结识众多的新旧各派学者。⑤ 1922 年曾撰写关于中国现代学术界状况的小册子，分别概述中国南北中各地的新旧学派，1931 年又据以扩展为《近代支那の学艺》（东京民友社，1931）的专书，全面检讨五四时期中国学术界的状况，

---

① 中国社会科学院近代史研究所中华民国史研究室编：《胡适的日记》，133 -134 页。

② 赵清、郑诚编：《吴虞集》，239～240 页。

③ 中国革命博物馆整理，荣孟源审校：《吴虞日记》下册，273 页。

④ 《学问の思い出——竹田复博士を囲んで》，《东方学》第 37 辑，1969 年 3 月。

⑤ 《学问の思い出——今关天彭先生を囲んで》，《东方学》第 33 辑，1967 年 1 月。

对于北京大学、梁启超、孙文等三大新学派的主张、立场、分歧有所评议。他认为，概言之，现代为学界衰弊时代。虽然北大一派用西洋科学方法整理旧学术为新的开端，但前景未可乐观。① 所列举中国诗文界各派代表，也没有白话文学的位置。

更多的登门拜访者则直接表达了对新文化运动主张的怀疑和担忧。1920 年至 1921 年间留学中国的诸桥辙次访问胡适，笔谈中除称赞胡适赠阅的《中国哲学史大纲》及请教关于中国家族制度研究的参考书外，提出两大问题：其一，宋代自由思想郁兴，学术发达的主因为何。其二，"近年敝国人之研究经学者，多以欧米哲学研究法为基，条分缕析，虽极巧致，遂莫补于穿凿。弟私以为东洋经术、西洋哲学既不一，其起原体系研究之方法 Method，亦宜有殊途。然而弟至今未得其方法，又未闻有讲其方法者。请问高见如何"？

对于前者，胡适的回答是印度思想输入融化。精于宋学的诸桥怀疑单纯外因的力量，强调内部思想发展及相互影响作用。对于后者，胡适则答非所问，他说："鄙意清代经学大师治经方法最精密。若能以清代汉学家之精密方法，加以近代哲学与科学的眼光与识力，定可有所成就。"并举所著《中国哲学史大纲》导言和《清代汉学家之科学方法》以供参考。② 其实，胡适的中国哲学史著作，同样有诸桥所指之弊病。而诸桥的问题，至今仍然困扰东方学术，实在是 20 世纪国际学术发展的根本难题。以胡适的世界主义观念及其对科学的崇拜，很难虑及于此。在他看来，治世上一切学问皆可以一种科学方法。

此外，诸桥还来函提问：

> 一、中国领土广大，南北各异，语言以白话代文言，宁不招国语紊乱而致人心乖离吗？二、文言有固定性质，白话有进化性质，若以白话代文言，则朝变暮改，还可期系统的发达吗？三、学童所修专是白话，则彼成人之后，不训读文言，则旧库载籍岂

---

① ［日］今关天彭：《近代支那の学艺》，21～25 页。
② 《胡适和诸桥辙次的笔谈》，《学术集林》卷十，上海，远东出版社，1997。

不空束高阁了吗？则禹域 3000 年文化将荡然扫地。请问有何办法可救此弊？①

诸桥后任文理科大学教授和静嘉堂文库长，多次来华，所言足以代表一般来华日本学者"往往替'东方的遗产'抱着过分的忧虑"的态度。② 他后来回忆与中国学者的交往，还是以遗老旧人为首为主，对新文化运动的倡导者不过附带提及。③ 以新文学为主要内容的现代文学在日本的中国学界长期不受重视，到 20 世纪 30 年代，只有京城帝国大学文学部的辛岛晓开设了专门课程，另外竹内好等一些东京大学哲学、文学科出身者组成了中国文学研究会，发行月刊《中国文学》，关心现代中国文学。东京大学直到 30 年代末，才由宫原民平讲师开设有关现代中国文学的课程"周作人随笔"④，其中还不免夹杂政治因素。

二、韩国：声应气求

东亚各国虽然同属儒教文化圈，在近代世界体系中所处的位置却截然不同，因而对于国际思潮变化的反应各异。如果说青木重视中国的新文化运动在日本尚属例外，朝鲜知识界对此则有相当普遍的共鸣。中国新文化运动兴起前后，日本殖民统治下的朝鲜民族解放运动高涨，也出现了建设本国新文化的呼声。1920 年 6 月创刊的《开辟》杂志，以开新纪元，创新时代，养新人物为宗旨，于当年 10 月出版的第 4 号发表主编李敦化的署名文章《朝鲜新文化建设方案》，提出分鼓吹知识、普及教育、改良农村、都市中心、科学专家、思想统一等六个阶段，实现新文化建设。而中国方兴未艾的新文化运动，势必为其所关

---

① 耿云志：《胡适年谱》，93 页。此为编者归纳的大意。
② 耿云志、欧阳哲生编：《胡适书信集》中册，662 页。
③ ［日］诸桥辙次：《支那学者の思ひ出》，《支那の文化と现代》，85～94 页，东京，皇国青年教育会，1942。
④ ［日］长濑诚：《日本之现代中国学界展望》，华文《大阪每日》第 2 卷第 8 期，1939 年 4 月。

注。该刊第 5~8 号连续译载青木正儿的《以胡适为中心的中国文学革命》，译者梁白华，名建植，字菊如，号杏村洞人，是当时朝鲜十分活跃的汉文学研究者。早在 1917 年 11 月，他就在《每日申报》撰文《关于支那的小说及戏曲》，指出：

> 研究外国文学的目的在于有利于发达本国文学，支那文学输入朝鲜三千余年以来，给予极大影响，深深扎根，故不解支那文学，不能于我国文学有一知半解。况且支那文学具有一种特性，于世界文坛大放异彩。支那为东洋文化源泉，思想郁然磅礴，词华灿然焕发，合北方沉郁朴茂与南方横逸幽艳成一雄浑壮大的支那文学，浸及于朝鲜、日本。

该文在概述元明清小说戏曲发展简史及其对朝鲜的影响后，指出小说戏曲具有平民文学性质，希望与正在输入的西洋文学融贯调和。① 他翻译青木的文章，正是想借鉴中国的文学革命，以创建朝鲜的新文学。

1920 年 12 月，《开辟》社致函胡适，寄赠已出各卷外，还请胡适为新年号题辞。胡适从留学时代起就关心亡国的朝鲜同学，与金铉九交友，对其境遇充满同情，常以无力支持帮助为憾，曾自责道："韩人对于吾国期望甚切，今我自顾且不暇，负韩人矣。"② 他接信后，即于 12 月 19 日题写"祝《开辟》的发展"，并复函：

> 适批阅贵志，方知贵志为东方文学界之明星，兹将数字奉呈，以为贵志之祝笔，代登为感。专此敬请贵社日益发展。同呈敝同事北京大学教授高一涵君祝词，并乞收纳。③

高一涵的题词为："开辟：威权之敌。"另有上海《兴华报》社的祝笺。④《开辟》的编者将祝词和复函一并影印刊登于该刊 1921 年新

---

① 《每日申报》，1917 年 11 月 4~8 日。
② 《胡适留学日记》，582 页，台北，商务印书馆，1959。
③ 《开辟》第 7 号（1921 年 1 月 1 日），此函《胡适书信集》未收。
④ 《开辟》第 7 号，1921 年 1 月。

年号上。胡适致函青木正儿时，对《支那学》将变成一个"打破国境"的杂志表示"极欢迎"，并称《开辟》译登青木的文章，"也是打破国境的一种现象"。①

1921 年 1 月，梁建植又致函胡适，表示仰慕之外，希望其赐稿和照片以刊载于《开辟》。② 由于日本殖民当局压制朝鲜民族主义者与中国进步人士的联系，《开辟》屡遭处罚，此事没有结果。两年后，梁建植参与的《东明》周刊于第 2 卷第 16 号（1923 年 4 月 15 日）刊登了李允宰译胡适的《建设的革命文学论》，并附有胡适的站立照片。译者解题道：

> 中国文明精华雄浑，经史书集绚烂，诗赋词章灿然极备，旧文学足当世界。胡适的文学革命论一出世，全国一时风靡，破二千年迷梦，精锐步武高扬革命旗，对崇尚陈旧腐败死文学的朝鲜人以深刻刺激，特抄译供诸君参考。

1925 年 1 月，胡适应邀为《朝鲜日报》撰文介绍评论《当代中国的思想界》，该报称胡适为"思想界之泰斗，青年界之头领"。③ 1931 年，柳根昌在《新生》杂志 10 月号载文《扭转新中国命运的人物》，仍将具有"英国人的沉着，美国人的创意，德国人的探究心"的胡适，视为中国学界的代表。

1910 年代以来，朝鲜留华学生为数不少，并开始谋求结合团体。起初因人数不多，又分散在南北两京，相距太远，未能遂其志。后来留学生人数增加，先以地域为基础结合，成立了上海留沪学生会、南京学友会、苏州留吴同学会、北京高丽留学生会。在五四运动风潮的鼓舞下，继而于 1921 年夏由留沪学生会和南京学友会发起，筹划组织全中国高丽留学生会。7 月，首先成立了高丽华东留学生联合会，就读于江苏、安徽、湖北、浙江、江西等省的朝鲜留学生加入者达 130 人，以郑光好为会长，卓明淑为副会长，金善良为议事长，职员及议

---

① 耿云志、欧阳哲生编：《胡适书信集》上册，257 页。
② 耿云志：《胡适年谱》，91 页。
③ 译文载《胡适研究丛刊》第 2 辑，北京，中国青年出版社，1996。

事员有姜斌、金柱、朴赞永、朱耀翰、李康熙、崔志化、安原生等。他们积极参与各种国际性的学生组织活动，先后派代表参加在莫斯科举行的远东弱小国家大会和在北京举行的国际基督教学生同盟会，并注意中国思想文化界的动向，报告回国。① 一些成员归国后，成为民族主义的重要鼓动者。如议事员朱耀翰于 1926 年 5 月创刊《东光》杂志，任编辑兼发行人，提倡个人主义，精神启蒙，其精神背景为以安昌浩为中心的兴士团。据说这是韩末和日帝时代朝鲜国内唯一强有力的政治团体，民族主义的大本营。朱氏原来留学日本，1919 年 2 月曾创办《创造》文艺杂志于东京。

此后，胡适、陈独秀、李大钊、梁启超、孙中山等人的思想主张及新文化运动的发展情况陆续为朝鲜的报刊杂志介绍评论，如整理国故、新诗创作、白话文、大众语、国语统一及汉字改革、东西文化论战、非宗教运动、国民文学与普罗文学等。关于胡适著述有李像隐译《实验主义》（《现代评论》），吴南基译《孙文学说之科学的批判》（《新朝鲜》），金刚秀译、李季著《胡适著哲学史孔子论批评》（选译自《胡适中国哲学史大纲批判》第 6 章 "对于哲学史所描写的孔子、孟子、荀子的批评"，《新兴》），以及胡适的几首白话诗。翻译的梁启超著述有《新民之新理想》《民族解放的基调与自我解放原理》（《新民》）、《知识教育政治教育》（《开辟》）。以 "北旅东谷" 为笔名发表的文章《树立新东洋文化》，论述从洋务运动以来中国的社会变革，尤其是重点评述了陈独秀的文学革命，梁启超的新学会宣言，以蔡元培为中心的北京大学新教育，胡适的文学改良刍议，周作人的人的文学，王世栋的新文学革命等，全面介绍中国改革旧思想旧文艺，建设新文学的运动，其目的在于对朝鲜社会有所裨益。② 该作者还载文论述中国关于东西文化的论战，作为朝鲜文化运动的借鉴。另外《新民》杂志译载了中国范弼海的文章《新中国及其国学主张》，介绍中国正在将传统

① 上海复旦大学姜斌：《高丽华东留学生联合会诞生与由来》，《开辟》第 24 号，1922 年 6 月。

② 《开辟》第 30 号，1922 年 12 月。

的五经改造为哲学、史学、政治、经济等新式学科。①

梁建植除继续翻译撰写有关中国新文化和新文学的论文作品，介绍"文学革命首倡者中国的胡适不仅是哲学者，还是诗人"② 外，还致力于中国古典文学和思想的研究介绍，在《东光》《新民》《新生》《文艺时代》《如是》《文艺公论》《东明》《东亚日报》等报刊先后翻译中国的传统及新编戏曲《西厢记》《琵琶记》《东厢记》《四弦秋》《桃花扇传奇》《马嵬驿》和小说《水浒传》，发表了《水浒传》《五字嫖经》《红楼梦是非：中国的问题小说》《元曲概论》《从艺术上看西厢记及其作者》等论文，介绍评论中国、日本有关研究和翻译的得失。如关于《红楼梦》的长篇论文，从分析作品的情节寓意、人物塑造入手，比较于《水浒》《金瓶梅》的特色，并重点评述了红学各派的观点，涉及蔡元培、胡适、俞平伯、钱静方等代表性诸说。③ 此外，他还撰写了《现代思想的源泉：老子学说大意》，叙述老子的生平学说，评介欧洲、日本学者如武内义雄等人的研究进展和趋势④；翻译了章炳麟的《中国文化的根源与近代学问的发达》，主张借他山之石看待中国固有学问。⑤

梁建植的翻译介绍和研究评论，既批评旧礼教压抑人性的正常发展，又发掘中国传统文化中的积极因素，他认为文学的反抗精神象征着现实生活的穷促，因此帝俄时代和最近中国的文坛生机勃勃。礼教本来是为了帮助人性的适当发展，但过度钳制，则导致相反效果。压抑与缠足，即为变态的证明。《西厢记》等作品显示对旧礼教的反抗和对人性的正当追求，是人性从礼教下解放的凯旋曲、纪念碑。⑥ 这与中国的新文化尤其是整理国故运动的主张较为合拍。和梁氏同为非海外文学派重要成员的丁来东也撰文称：中国新文学勃发之际，一度盛行全盘否认古代文学，后来整理国故热，重新发现古文学的价值。胡

---

① 《新民》第 42 号，1928 年 10 月。

② 梁建植：《新诗谈（译胡适〈尝试集〉序）》，《东明》第 6 号，1922 年 12 月 10 日。

③ 《东亚日报》，1926 年 7 月 20 日—9 月 28 日。

④ 《新民》第 34 号，1928 年 2 月。

⑤ 《东亚日报》，1929 年 1 月 19 日—29 日。

⑥ 梁建植：《从艺术上看西厢记及其作者》，《东亚日报》，1927 年 11 月 17 日。

适等人依据文学的用语评定优劣，周作人和郭沫若等则主张根据作品的内容。中国文学与西洋诸国比较，各有长短。中国文字为文学的表现器具，重象形表意，意味深长，因而诗歌发达。但叙事诗较西洋为少。近来重视民间文学，则发现弹词等长篇叙事诗。①

当时朝鲜思想界的一般倾向是着重反儒教以求精神解放。据 1918 年到汉城的蒋梦麟描述："如果说朝鲜青年对日本的态度是仇恨，那么对中国的态度就是鄙夷。年老的一代惋叹充满中国文化的黄金时代已成过去。"② 1920 年 7 月创刊的《废墟》杂志，即从泰西、儒教和朝鲜古文化的关系立论，认为：现在地球上仅泰西一隅文化灿烂，一旦封闭的格局被打破，新思潮起而改造社会，泰西文化将弥漫全世界。努力改造贫弱精神各方面的运动，将作为各种新事业建设的一部分。欲使本国文化于世界有所贡献，令祖先的思想事业影响人类的幸福，就必须解放思想。所谓解放，是从守旧的儒教思想和顽固的礼节下解脱出来，从非科学的教育的班阀主义走向自由发挥才能。现在朝鲜青年复活过去固有文化的暗光，对于将来第二代青年的生活，现今自己的生存价值，以及迈向新时代的路程计划，都十分必要。③ 这显然是希望摆脱儒教的束缚，使朝鲜的古文化与西方近代文化接榫。1922 年金昶济以《儒教与现代》为题，评论当年中国和日本一些地方举行纪念孔子逝世 2400 周年的祭典，作者对中国言论界倾向于反孔颇有同感，认为孔教过去为东洋道德基础，但现在对社会的支配力已经降低，应当追求新的道德观念。④ 后有人对此表示异议，予以驳论。

对于新文化运动的局限及其调整变化，朝鲜人士也予以密切关注。1928 年丁东从北平报道：五四以来提倡文学革命，以白话代文言，但接受西洋文学，多由日本间接转手，所介绍的古典、浪漫、表现、未来等各种主义，全是"抄书著作家"，以耳代目，创作多为模仿，批评也杂乱无章，成功者只有周树人、作人兄弟等少数人，《小说月报》则

---

① 丁来东：《中国文学的特征》，《学灯》第 22 号，1936 年 1 月。
② 蒋梦麟：《西潮》，181～182 页。
③ 李丙焘：《朝鲜的古艺术和我们的文化使命》，《废墟》第 1 号，1920 年 7 月。
④ 《东明》周刊，1922 年 11 月 12 日。

主张自然主义。过去的一两年，自然、唯美、趣味、未来等派别均趋于没落。1928 年春，受苏俄和日本的影响，无产阶级文学抬头。但是，仅仅一个阶级的文学有所局限，因而将向大众文学转换。① 同年梁柱东在《东亚日报》发表文章，评论中国文坛关于国民文学与无产文学的论争。② 梁白华则注意到 20 世纪 20 年代后半期中国文坛反新文学出版物流行的异象。③

三、欧美：汉学专利

第一次世界大战后，东西方思想文化界潮流动向截然相反。欧洲"一般学者颇厌弃西方物质文明，倾慕东方精神文明"。④ 当时中国留德学生描述："德国思想界，有两大潮流，一为新派，一为旧派。所谓新派，大都出自言哲学美术与诗学者，彼辈自欧战后，大感欧洲文化之不足，而思采纳东方文化，以济其穷，于是言孔子、释迦哲学者，皆大为社会所尊重，如凯热几林，如尉礼贤，如史奔格列儿，皆其例也。所谓旧派者，仍尊崇自然科学万能，不为时潮所动摇，……此两大潮流中，新派极占势力，所谓旧派者，几无声息。此种现象，与吾国适反。我国言新者大都以驳斥孔子为能，而在德国，则深以能知孔子哲学为幸，甚至以辜鸿铭为欧洲之救星。可见天下学问，其价值极为相对，合乎当时之人心，则价值便高，反乎当时之人心，其价值便低。今日国内盛称之杜威、罗素，安知几年后，其学问不为人所吐弃，而奉之者俨如上帝，此亦未免太过矣。"⑤

中西思想界倾向迥异，在对法国汉学泰斗沙畹（E. Chavannes）逝世的反应上突出显现。1918 年 1 月，正当盛年的沙畹不堪战争环境

---

① 丁东：《现代中国文学的新方向》，《新民》第 42 号，1928 年 10 月。

② 梁柱东：《丁卯评论坛总观（一）：国民文学与无产文学诸问题的检讨批判》，《东亚日报》，1928 年 1 月 1 日。

③ 《开辟》第 44 号。

④ 王光祈：《旅欧杂感》，《少年中国》第 2 卷第 8 期，1921 年 2 月 15 日。

⑤ 魏时珍：《旅德日记》，《少年中国》第 3 卷第 4 期，1921 年 11 月 1 日。

的严峻以及友人被难的刺激，52 岁即溘然长逝，"东西人士，哀悼不置，傅增湘氏之唁函，尤为悲恻"。法国驻华公使柏卜到北京大学演讲，北大专门请其介绍沙畹的学行。柏卜一面称赞沙畹"学极淹博，性尤谦逊，在欧洲一生精于演讲贵国历史美术文学，宣扬贵国名誉不遗余力"，一面感叹"具有首倡此项演说资格"的沙畹"天夺其寿，实我中法两国之不幸也"，希望众多法国人士"步其遗尘，时来贵校交换智识，及贵国多数学生前往巴黎暨法国各省大学，研究学问"。① 而当时正为推陈出新大造舆论的《新青年》，却对国粹派趁机鼓吹"东学西渐"大为不满。署名"冰弦"（梁襄武）的《蔗渣谭》一文，为了反对国粹派引沙畹的"东学瘾"之深以自重，对沙氏不免出言不逊：

> 嗟乎！夏先生死矣，我固为好学不倦者哭。然而夏氏其人者，决不出两途：尊之则为采译《春秋繁露》冀与《天方夜谭》齐名之某氏；卑之则直作公牍读八股试帖诵缅甸佛经之俦耳。②

沙畹之死的不同反响，反映了思想价值与时势人心的顺逆正比关系。

尽管新文化运动者与欧美汉学家的文化取向表面不同甚至相反，真正关注中国新文化运动的异域人士还是汉学专家，尤其是亲历其境的来华任教研究者。当时北京的各国来华人士不少，其中喜欢文学者于 1919 年组织了文友会，定期举行演讲等活动，有数十人参加，胡适、丁文江等人也参与其中，胡适还担任过为期一年的会长。任教燕京大学、研究基督教在华历史的瑞士学者王克私（Philipe. de. Vargas）也是文友会会员，他于 1921 年 6 月拜访胡适，后又来函并登门采访有关新文化运动之事。1922 年 2 月 15 日，将所获在文友会以《中国文艺复兴的几个问题》（*Some Aspects of the Chinese Renaissance*）为题发表演讲，这应是欧洲人首次以学术眼光评论中国的新文学运动，引起与会者的热烈讨论。丁文江持梁启超之见，认为中国文艺复兴只限于清代汉学，不当包括近年的文学革命运动。胡适则反对此说，"颇助

---

① 《法公使莅本校演说纪事》，《北京大学日刊》第 163 号，1918 年 6 月 15 日。
② 《新青年》第 5 卷第 3 号，1918 年 9 月。

原著者"。后来王克私再就文学革命运动采访胡适，在胡的帮助下，修改成同题长文，刊登于 1922 年 4—6 月上海由英国皇家亚洲学会华北分会名誉书记顾令（Samuel Couling）创办的《新华学报》（*The New China Review*）。两人因此交往多年，成为很熟的朋友。①

不过，胡适虽然对王克私提供参考意见，却认为其文"实不甚佳"，次年 4 月，复用英文自撰《中国的文艺复兴时代》（*The Chinese Renaissance*），分为宋学、王学、清学、新文化四期。胡适一生就此题目在国内外不同场合长时期反复演讲，均缘于此。

1921 年 10 月，胡适在法国《政闻报》主笔孟烈士特（A. Monestier）的宴席上与瑞士汉学者戴密微（后入法国籍）相遇。戴是沙畹的弟子，少年时即得到沙畹、马伯乐（H. Maspero）等汉学名家的指教，1920 年考进河内法兰西远东学院。② 来北京时已能读中文书，看过胡适的《中国哲学史大纲》，有意译成法文，但尚未能自信。两天后，胡适在原康乃尔同学王彦祖的宴席上与之再会。③ 这一机缘促成戴密微于 1923 年至 1924 年间，先后在《河内远东法兰西学校校刊》（*Bulletin de L'Ecole Francaise d'Extreme-Orient*）载文介绍胡适关于井田制的反传统见解及其章学诚研究，并探讨胡适的新诗创作。④

德国的卫礼贤本不是学院式汉学家，但与中国学者的联系较为广泛，在德国的影响一度也十分普遍。他虽然景仰中国的传统文化，却并不排斥新的变化。他与北京大学关系由来已久，早在 1920 年 6 月，就应邀到北大演讲"中国哲学与西洋哲学之关系"，主张将中国哲学的人道、实用与西洋哲学的秩序、批评、历史相融合，形成最完全的世

---

① 中国社会科学院近代史研究所中华民国史研究室编：《胡适的日记》，96、255、263、267～268、280 页；《胡适日记》手稿本 1923 年 4 月 3 日、1953 年 3 月 23 日。

② 耿升整理：《戴密微》，《中国史研究动态》，1979（6）。

③ 中国社会科学院近代史研究所中华民国史研究室编：《胡适的日记》，237、239 页；胡适：《记辜鸿铭》，杨犁编：《胡适文萃》，656～659 页。

④ アンリ・マスペロ著，［日］内藤耕次郎、内藤戊申共译：《最近五十年支那学界の回顾》，《东洋史研究》第 1 卷第 1 号，1935 年 1 月；第 6 号，1936 年 8 月。

界人类的哲学。① 1922 年底，又于出席北京大学 25 周年纪念时，发表演讲"文化的组织"，将北大校庆视为"世界文化史上一个重要的日子"，希望北大顺利发展，使"最古的和最新的相联结而成中国的文化"，不仅古文化为世界所知，新文化"也要渐惹世界的注意"。② 1923—1924 年尉氏任教于北京大学期间，参与国学门的活动。是时国学门声势极盛，一度有会员 160 余人，尉氏因而提议："将中国学者生卒年月及重要学说报告英美学者，编入世界学术史。"③ 1924 年，北京大学及梁启超等人发起纪念戴震诞辰二百周年的活动，卫礼贤也有所响应，曾到清华学校演讲"中国之戴东原与德国之康德"。④

巴黎学派的其他汉学家在全面关怀中国问题的同时，也注意到新文化运动。早在 1921 年 2 月，在新文化运动中扮演要角的少年中国学会巴黎分会请几位法国学者发表对于宗教的感想，汉学家葛兰言（Marcel Granet）最先作答，他说："我一点不迟延，便回答贵会的问题，你们贵会可算是最令我特别注意的。"对于所问人是否宗教动物，新旧宗教是否还有存在的价值，以及新中国是否还要宗教等三大问题，其简要的答复是："人类由有宗教渐渐变到无宗教，要算是人类的根本进化"；中国旧宗教已随社会变迁而消灭，无须白费力气以求恢复，希望中国人的思想"永远保守这个无宗教的道德精神"；为一民族重建一种宗教，为矫揉造作且甚危险之事，新中国"在今日无宗教的需要了"。⑤ 这对留学生很有鼓舞作用。先后从学者有杨堃、李璜、凌纯声、陈学昭、陈锦等。

巴黎学派的另一大家马伯乐（Henri Maspero）也关注新文化运动。1927 年他为《最近五十年的历史与历史家》一书撰写了中国及中亚部分，评介整个国际中国学界的研究状况，提及的中国学者有罗振

---

① 《北京大学日刊》第 639 号，1920 年 6 月 21 日。

② 《北京大学日刊》第 1139 号，1922 年 12 月 25 日。

③ 董作宾记：《国立北京大学研究所国学门第二次恳亲会纪事》，《北京大学日刊》第 1506 号，1924 年 6 月 27 日；《北大研究所国学门恳亲会》，《晨报》，1924 年 6 月 16 日。

④ 《要闻》，《清华周刊》第 305 期，1924 年 3 月 14 日。

⑤ 李璜译：《法兰西学者的通信》，《少年中国》第 3 卷第 1 期，1921 年 8 月。

玉、王国维、胡适、朱希祖、顾颉刚、张凤、梁启超、陈垣、刘复、贺之才、朱家健、蒋瑞藻等，尤其注意归国留学生努力运用西洋研究法的新兴学问运动，认为时日虽浅而作品甚多，显示了令人感兴趣的成果。尽管他承认欧洲人对于现代中国的文学、宗教关怀远不及政治事件，还是注意到这些领域新的变化。他评述了青木正儿与荷兰汉学家戴闻达（J. J. L. Duyvendak）等人关于中国白话文运动的文章，Tsen Tson-ming《中国诗小史》对自由体新诗在西洋文学影响下的起源、趋势与特征的论述，以及张凤对现代诗坛传统、改革两派的略述，戴密微关于胡适新诗的检讨。同时指出，在中国近代文学的研究中，戏曲小说较诗歌更有成效。①

此外，荷兰汉学家戴闻达在出版于莱顿的荷兰、丹麦、挪威东方学会联合会机关杂志《东方学报》（Act. Orient）第 1 期载文《文艺复兴在中国》（A Literary Renaissance），论述以胡适为中心的白话文运动。② 戴原为驻华外交官，久住中国。1918 年归国，先后任莱顿（Leiden）大学汉学研究所会员、教授，参与主编《通报》，并组织了汉学研究会。1926 年初访问清华国学研究院，与王国维、梁启超、赵元任、吴宓等人会面，还谈及中国的新文化等问题。③

1926 年胡适赴欧洲出席庚款会议，并阅看敦煌卷子等史料，途经苏联，与人称苏联汉学泰斗的阿列克（V. M. Alekseev）发生联系。④ 阿氏为沙畹入室弟子，主治中国语文思想宗教，他既是沟通苏俄与欧洲汉学界的桥梁，又是苏联第一代汉学家的养育者。虽然他主要使用巴黎学派的正统方法，却对以胡适为代表的中国新文学运动予以关注，

---

① 《东洋史研究》第 1 卷第 1～6 号，1935—1936 年。

② アンリ・マスペロ：《最近五十年支那学界の回顾》，《东洋史研究》第 1 卷第 6 号；梁绳祎：《外国汉学研究概观》，《国学丛刊》第 2 期，1942 年 1 月。梁文称戴闻达专任莱顿大学汉学教授在 1930 年，疑误。

③ 吴宓著，吴学昭整理注释：《吴宓日记》第 3 册，125、175 页。

④ 胡适日记未记载他与阿列克等苏俄汉学家的交往，1934 年蒋廷黻到苏联看旧俄史料，函告胡适："你的旧朋友 Ivanov and Alexiev 都要我问好。"（中国社会科学院近代史研究所民国史组编：《胡适来往书信选》中册，257 页）则胡适此行当与阿氏见过面。

从 1925 年起，即在列宁格勒的《东方》杂志载文介绍上海亚东图书馆出版的康白情、俞平伯、汪静之等人的新诗集，并提及胡适的序言。次年他应邀赴法国讲授中国文学，最后介绍分析胡适的《尝试集》（1929 年发表于《巴黎评论》Revue de Paris 15Avr，全部演讲集 1937 年在法国出版），并在《法国东方爱好者协会通讯》（Bullein de'l'Asslciation Francaise des amis de I'Orient）等杂志撰文《现代中国的一些问题》《当代中国文学之问题》，评述中国的教育、国语、新文学，详细介绍胡适的《文学改良刍议》。

同时阿氏还注意胡适的中国思想史研究，1925 年在《东方》第 5 辑发表关于 1922 年版《先秦名学史》的长篇书评。此书由一位法国汉学家从北京带到巴黎，转交阿列克，阿曾于 1923 年在苏俄考古学会做初步介绍，并写成长评。他大体赞成胡适对传统观念的批判，但对其研究创作方法及成就则颇多保留和批评，有的意见还很尖锐（如论白话诗），认为胡适著作只是历史新篇章的序言。近年来加拿大和俄罗斯学者依据上述史实提出："第一个在欧洲介绍及评介中国现代文学的是俄国著名汉学家阿列克塞耶夫院士"；阿"是欧洲第一个介绍胡适新诗的汉学家"，① 则失之于蔽。尽管瑞士学者王克私的文章发表于中国，但用英文，对象是国际汉学界。况且还有戴密微、戴闻达、马伯乐等人的著述。1930 年代苏联开始大清洗，阿列克因所谓只承认中国的旧学术和文学传统，强烈诽谤现代中国文学，玷污苏联学者的体面而遭到严厉批判，则不免厚诬时贤。②

美国的传媒从 1921 年开始注意中国的文学革新，5 月的《世纪》杂志（Century）就此发表专论。③ 而保持兴趣的则是恒慕义（A. W. Hummel）。恒氏原是来华传教士，早在 20 世纪 20 年代就进入

---

① 李福清（B. Riftin）：《中国现代文学在俄国（翻译及研究）》，阎德纯主编：《汉学研究》第 1 集，341~345 页，北京，中国和平出版社，1996。

② 藤枝晃：《アレクセ—エフ教授の业绩》，《东方学报》第 10 册第 1 分，1939 年 5 月；Gilbert Rozman：Soviet Studies of Premodern China，Center for Chinese Studies the University of Michigan，1984，p. 166。

③ 中国社会科学院近代史研究所中华民国史研究室编：《胡适的日记》，99 页。

胡适"我的朋友"之列。顾颉刚的《古史辨》第 1 册自序发表后，恒慕义读过，写信给顾，希望译成英文，"因为这虽是一个人三十年中的历史，却又是中国近三十年中思潮变迁的最好的记载"。胡适得知，表示"很赞同这个意思"，并在 1926 年旅欧途中所写书评特地引以为证，说明该书的重要。而恒慕义在 1926 年和 1928 年写的书评与论文中，又引胡适的书评，并将胡适作为重点介绍对象，称："现在中国所谓'新文化运动'的一种重要趋向，就是坚决地要求用科学方法把本国文化的遗产从新估价一次。"而"现代中国的'文艺复兴'的生机，就是对于过去所持的新的怀疑态度和最近学者之醉心于新的假设。"疑古辨伪虽然自清代始，但"最近十年里面，胡适博士和曾经留学西方的其他学者，在研究史学的方法方面发表了许多著作，顿使这种运动骤添一种新的力量。"他进而希望中国将这块"新大陆"公开，"使各国学者带他的文化背景所供给的特有知识来到此地通力合作"。①

四、内外有别

五四前后的新文化运动，就是要把"文明"应用到社会上去，一方面改造堕落的现代社会，一方面提高民族的国际地位。二者本来相辅相成。"但是外国人因为不了解中国古代的文明，只看见中国现代的社会，遂以为现代堕落的社会，便是中国文明的结晶，因而对于中国民族存一种轻视之心。近来吾国文化运动虽十分热闹，但是在欧洲人看来，亦不过是抄袭欧洲学说，小儿开始学步罢了，还不能减少他们轻视的程度。"② 新文化运动的文学革命、思想改革、整理国故三方面，其中思想改革只在朝鲜引起普遍反响，在日本得到个别回应，在欧美则很少共鸣。胡适游历欧美、日本期间反复以《中国的文艺复兴》为题公开发表演讲，都旨在引起关注同情，否则新文化运动缺少必要的国际支撑。文学革命的反响虽较为广泛，评价则很不一致。一般是

①　胡适、恒慕义各文及王师韫中译文均见《古史辨》第 2 册，335、445～453 页，北京，朴社，1933。

②　王光祈：《旅欧杂感》，《少年中国》第 2 卷第 8 期，1921 年 2 月 15 日。

肯定文学革命的趋向，而批评其重形式轻内容的弊端。至于整理国故，虽然也有京都学派从方法上表示怀疑，大都基本积极评价所取得的成绩和发展的方向。这与新文化运动在国内的反应刚好相反。

思想文化运动多由社会现实问题生成，东西方均无例外，社会现实有别，精神取向自然有异。由于第一次世界大战后欧洲中心观动摇和东方主义盛行的背景，国际汉学界对于以批判反对固有传统文化为主导的新文化运动的简单化倾向异议甚多，因为他们不仅从研究以传统为主的中国文化过程中进一步认识了人类社会发展的多样性，而且试图从东方传统文化寻求补救西方近代文化弊病的灵丹妙药。同时，对于新文化运动的发展前景，又抱有一定的期望，视为中国近代文艺复兴的重要体现。就汉学界本身的学术思想准备而言，封闭论与停滞论曾是欧洲传统中国观的典型观念，经过巴黎学派领袖沙畹等人的艰辛努力，这一陋见根本转变。伯希和说：

> 居今日而言中国文化为纯属关闭，为从未接受外来影响，已人人知其非。……中国之文化，不仅与其他古代文化并驾媲美，且能支持发扬，维数千年而不坠，盖同时为一古代文化、中世文化而兼近现代之文化也。①

继夏德（F. Hirth）之后成为美国汉学泰斗的劳佛（Berthold Laufer）持同样观念：

> 他的兴趣不限于过去和现在，用他自己的典型表述来说："我到处看见活力和进步，并寄希望于中国的未来。我相信她的文化将产生新事实和新思想，那时中国引起世界普遍关注的时代将到来。"②

由此可见，国际汉学界在致力于古代中国研究的同时，鉴于中国文化一脉相承的连续性，对于当代中国社会的发展变化同样关注，并

---

① 《法国汉学家伯希和莅平》，《北平晨报》，1933 年 1 月 15 日。
② Berthold Laufer：1874—1913, *Monvmenta Serica Journal of Oriental Studies*（华裔学志），Vol. Ⅰ. ffscⅡ，1935。

予以研究，而没有后来主观上的畛域自囿。

随着新文化运动倡行者的自我调整，以及运用科学方法整理国故，与国际汉学界的沟通逐渐畅顺。早在 1921 年，留学德国的王光祈就提出："我以为要抬高现在中国民族的人格，最好是自己能够创造新文化，以贡献于世界，否则至少亦应将中国古代学术介绍一点到欧洲来，一则使东西文明有携手机会，可以产出第三文明，二则亦可以减少欧洲人轻视中国民族的心理。"并以"中国文明仅由辜鸿铭传到欧洲"为"我国一般文化运动家所当引为深耻"之事，希望中国青年"不要专心从事输入，还须注意输出"。[①] 虽然新文化运动者未能独力完成这一使命，整理国故却在一定程度上是对国际文化趋势的不自觉回应和对新文化运动本身简单化倾向的调整补充。这一股颇为新文化运动激进派和后来学人所诟病的回流，客观上推进了新文化运动国际目标的实现。而国际汉学的盛兴，与中国新文化运动的发展变化相互呼应，使这一运动在改造内部的同时，也成为民族文化更新的表征，扩大了世界对中国的关注与了解。

---

① 　王光祈：《旅欧杂感》，《少年中国》第 2 卷第 8 期，1921 年 2 月 15 日。

第五章　东方考古学协会

　　中国古代有金石古物学而无考古学，现代考古学进入中国学术正统，与五四新文化运动后"新国学"的兴起关系密切。因为中国有文字记载的历史文化源远流长，考古学的发展很大程度上受这一特性的制约，除了与地质学及古生物学联系紧密的史前人类考古，主要还在补证文献记载的历史。就机构组织而言，其渊源脉络有三，一是北京大学研究所国学门的考古学研究室；一是清华学校研究院国学科；一是农商部的中国地质调查所。后者偏重于史前考古，北大、清华则更为注重文明史考古。从外部影响看，大体上北大与日本交往多，清华与美国关系深，地质调查所则与欧洲联系广。三者的起步略有早晚，后来的作用则相去甚远，尤其是北大国学门的考古学研究室，作为中国乃至东亚最早的专门考古学独立机构，其影响与这一地位很不相称。关键之一，当是与外部联系的成败得失，而中日双方合组的东方考古学协会在其中起了至关重要的作用。由于利益目的不一，有关此事的原委始末，当事各方后来的回忆固然不少隐辞，当时的记载也不无讳饰。作为典型个案，它集中反映了那一时期关系复杂的中日学术界频繁交往的表面所掩饰的种种内情。比勘各种资料，不仅可以澄清史实，更能进而探讨得失。

一、新兴学科

　　东方考古学协会由北京大学研究所国学门考古学会和日本东亚考古学会联合组成，追溯该会缘起，自应详究北大考古学会和日本东亚考古学会的来龙去脉及其相互关系。

北京大学考古学会的缘起与日本及欧美考古学界不无关联。自
19 世纪末起，日本即开始关注中国的考古发掘。辛亥革命以后，罗
振玉、王国维等人避难京都，所带去的甲骨及殷墟出土古器物引起
内藤虎次郎、富冈谦藏等人的极大兴趣。1913 年 9 月，京都大学决
定开设日本最早的考古学讲座。因负责的滨田耕作留学欧洲，由朝
鲜史家今西龙暂管。1916 年，有日本考古学鼻祖之称的滨田耕作博
士从欧洲归国，正式开设考古学讲座，提出殷代金石过渡期说，并
计划发掘遗迹。① 东京的林泰辅、鸟居龙藏、大山柏等认为中国局
势复杂，应朝着中日合作的方向发展，较易着手。② 而中国方面与
此不谋而合，也在筹划建立新型考古学机构。梁启超虽称"考古学
在中国成为一种专门学问，起自宋朝"③，实则原来只有金石器物之
学而无考古学。1908 年，美国亚洲文艺会书记马克密以中国古代文
化称盛，而古物为中外窃毁者多，在北京成立附属于该会的中国古
物保存会，呼吁保护中国文物，得到各国驻华公使、使馆人员、欧
美学者的热烈响应，陆续入会者达三百余人。民国以后，其活动除
撰具禁毁中国古物广告四处张贴外，还将保存办法函达中国政府外
交部，以期中外合力，共同保护。其实清末民初盗卖古物之风兴起，
与来华外人从事掠夺关系甚巨。④

随着全球考古发现的重心逐渐东移，欧美日本等国相继在中国展
开考古探险和发掘活动，所获成果震惊了国际学术界，也引起中国学
者对于考古事业的关注，作为最高学府的北京大学尤为积极。1918 年
4 月，治古物学的巨擘罗振玉抵京，北大校长蔡元培亲往其下榻的燕
台旅馆拜访，请他担任北大的古物学讲座。罗以衰老不能讲演婉辞，
"并言近在日本京都亦不任教科，惟在支那学会中与汉学家时有讨论而

① ［口］梅原末治：《考古学六十年》，27 页，东京，平凡社，1973。
② 《学问の思い出——梅原末治博士を围んで》，《东方学》第 38 辑，
1969 年 8 月。
③ 梁启超：《中国考古学之过去及将来——欢迎瑞典皇太子演说辞》，《晨
报副刊》第 53 号，1926 年 10 月 26 日。
④ 《外交部译发马克密君保存中国古物办法之函件》，《国学杂志》第 5
期，1915 年 11 月。

已"。蔡"乃与商专设一古物学研究所，请为主任教员，无教室讲演之劳，而得与同志诸教员共同研究，并以研究所组织法及全国古物保存法请先生起草"。① 罗先受后拒，最终只担任后来成立的研究所国学门考古学通信导师。1921年，任职于中国政府农商部地质调查所的安特生在辽宁锦西沙锅屯和河南仰韶村的发掘，标志着中国近代田野考古学的诞生。② 其成果和所使用的科学方法，很快引起胡适等北京大学新进学者的关注，他们积极支持安特生提出的为北大开设比较古物学课程的建议。③

1921年年底，北京大学调整研究所结构，归并为自然科学、社会科学、国学、外国文学四门，率先成立的国学门下设文字学、文学、哲学、史学、考古学五个研究室。④ 由于参与其事的新文化派诸人受欧美近代学术的影响，认识到"欲研究人类进行之过程，载籍以外，尤必藉资于实物及其遗迹"⑤，对于新兴的考古学和风俗学尤其重视。筹设考古学研究室时，曾有意聘请国外学者担任这一新学科的教授。为此，国学门主任沈兼士特委托留学京都大学的张凤举、沈尹默拜访滨田耕作，了解情况，咨询意见，请求指教。

这时京都大学的考古学在滨田的苦心经营下，已设陈列室三间，分别展出中国、日本、朝鲜、中国台湾地区以及西洋、印度的考古资料。但东西两京大学的考古学仍然附属于史学，没有独立，学生也没有专攻考古学的。滨田对于中国设置专门的考古学研究室十分高兴，详细介绍了日本东西两京考古学的状况，并根据其学养和经验，对中国同行提出了全面意见和建议。他主张将考古学与美学相联系，不要仅仅作为史学的辅助研究；应预定计划，以便将来成立独立的考古学研究所；应视考古研究为自然科学，与理科的生物学相等；同时搜集

---

① 《罗叔蕴先生来函》，《北京大学日刊》第154号，1918年6月4日。

② 陈星灿：《中国史前考古学史研究：1895—1949》，90页，北京，生活·读书·新知三联书店，1997。

③ 桑兵：《胡适与国际汉学界》，《近代史研究》，1999（1）。

④ 《研究所国学门重要纪事》，《国学季刊》第1卷第1号，1923年1月。

⑤ 《重要纪事》，《国学季刊》第1卷第4号，1923年12月。

中国和西洋的材料，进行比较研究，以免偏蔽。为此，要积极培养年轻而通外文的人才；设立教授、学生研究室和陈列、实验、图书室；多搜集中国文物，与外国博物馆和大学进行交换；并开列了总价值千余元的考古学应备书目，赠送京都大学出版的两册考古学报告。此外，他还认为："西洋虽有许多考古学者，但多是历史家兼的，所以言论总难得中。若请西洋人教，这一点要留意。芝加哥大学教授 Laufer 先生前于东方考古素有研究，著作也忠实，若能请他来，比请别人好。"① 这对草创中的北大考古学有着十分重要的参考价值，后来该研究室的规划设施显然参照了这些意见。

1922 年年底，曾经代管过京都大学考古学讲座的文学部史学科教授今西龙由日本文部省派来中国研究史学一年，北京大学趁机请其担任朝鲜史特别讲演，并聘为北大国学门考古学通信员。② 在华期间，他除讲授朝鲜史外，还分别为北大研究所国学门和史学会演讲"关于中国考古学之我见"及"中国历史里边的古文书学"。③ 不过，这时与北大考古学联系的外国学者不止于日本，被国学门同时聘为考古学通信员的还有法国汉学大家伯希和。

1923 年，美国政府斯密苏尼恩博物院调查古迹代表毕士博和芝加哥博物馆东方人类学部长劳佛相继来华考古探险，其间参观了北京大学考古学研究室。该研究室虽已成立一年，因经费有限，未能充分设备，只有从古董商人手中收购的零星材料，颇难进行考古学研究，而又无力实行探险发掘，所以"本学门一年来关于考古学方面著力较多，而成绩却还不甚佳。中国之考古学向无系统，古物之为用，仅供古董家之抚玩而已。我们现在虽然确已逃出这个传统的恶习范围之外，知道用科学方法去研究，但为财力所限，未能做到自行发掘、实地考证

① 《张凤举先生与沈兼士先生书》，《北京大学日刊》第 974 号，1922 年 3 月 6 日。

② 高平叔编：《蔡元培全集》第 4 卷，287～288、309 页，北京，中华书局，1984。

③ 《研究所国学门通告》，《北京大学日刊》1165 号，1923 年 1 月 26 日；《史学会通告》，《北京大学日刊》第 1208 号，1923 年 4 月 9 日。

的地步。研究室所用的材料，均由市侩辗转购得，器物之出土地点及其相互联属之关系，均不易知，故进步甚难"。①

考古研究室成立之初，即拟组织一考古学研究会，以便与校外古物学会等机关联络②，后于 1923 年 5 月 24 日组织古迹古物调查会，由马衡担任会长，计划先自调查入手，"并为发掘与保存之预备"，待经费落实，再组织发掘团。因同志尚少，未能积极进行。美国同行权威的远道而来，尤其是毕士博据说预定七八年发掘计划，劳佛则为考古名家，③ 令该会感到中国古代文明有待考古发现者多，"本会当此时机，更应努力进行，以期对于世界有所贡献"。④ 于是广泛征求同志，以谋发展。其章程不仅要求网罗地质学、人类学、金石学、文字学、美术史、宗教史、文明史、土俗学、动物学、化学各项专门人才协力合作，还规定可在不以输出发掘物品为条件的前提下接受外国财团与私人捐款（该会许可的复出品不在此限），以及与外国发掘财团交换物品。

考古学虽然是北大研究所国学门努力发展的重点之一，但为北大的财政拮据所困，难以着手。该会成立后，除了呼吁保护文物古迹并在北京附近做过几次调查外，只有马衡前往河南新郑、孟津调查出土古物，经费还须校长另行专门拨款。⑤ 会员发展方面，似乎也不顺利。1924 年 5 月 19 日，古迹古物调查会召开会议，到会的会员共 12 人，为：叶瀚、李宗侗、陈万里、沈兼士、韦奋鹰、容庚、马衡、徐炳昶、董作宾、李煜瀛、铎尔孟（Andre d'Hormon）、陈垣。这次会议决定更改会名为考古学会，修订后的简章规定，以"用科学的方法调查、

① 《研究所国学门恳亲会记事》（魏建功记），《北京大学日刊》第 1337 号，1923 年 11 月 10 日。

② 《在北大研究所国学门委员会第一次会议发言》，高平叔编：《蔡元培全集》第 4 卷，156 页。

③ 有人称劳佛为中国考古学最大的权威。参见［日］岩松五良：《欧米に於ける支那学の近状》，《史学杂志》第 33 编第 3 号，1922 年 3 月。

④ 《北京大学研究所国学门纪事》，《国学季刊》第 1 卷第 3 号，1923 年 7 月。

⑤ 《研究所国学门恳亲会记事》（魏建功记），《北京大学日刊》第 1337 号，1923 年 11 月 10 日。

保存、研究中国过去人类之物质遗迹及遗物"为宗旨，强调"与国内外同志团体之互相联络"，特别捐款则不限于外国。① 此后直到 1926年 6 月，情况仍无根本改善，国学门考古学研究室及考古学会主要还是收集或接受外界捐赠金石甲骨玉砖瓦陶等器物，制作拓本图录和照相。虽然先后派教授马衡、徐炳昶、李宗侗和会员陈万里调查河南新郑、孟津出土周代铜器、大宫山明代古迹、洛阳北邙山出土文物、甘肃敦煌古迹以及参观朝鲜汉乐浪郡汉墓发掘，② 但除了后一项参观活动外，其余和近代田野考古学相比，还有相当大的距离。

二、意在结盟

如果说北京大学研究所国学门组织考古学会主要是为了谋求自身的发展，那么日本东亚考古学会则从一开始就是为了与中国的相应机构结盟而成立。

考古重心东移，使得以中国为中心的东亚成为国际学术界关注的焦点。日本虽然国力渐盛，教育学术发展迅速，但在考古学这一特殊领域，受制于客观条件，尽管发端甚早，进展却不大。而风气由欧化转为东方主义，迫切需要学术上的解释与表现。对于东亚探险考古活动大都由欧西学者主持、中国学者几乎无关、日本学者贡献也极少的状况，滨田耕作等人感到十分遗憾。要想改变，就必须将考古发掘的现场扩展到日本以外，尤其是中国大陆。而在中国国内政局动荡，中日关系又日趋紧张之际，没有中方的协助，这一目标显然很难实现。

20 世纪 20 年代，日本借退还庚款之名举办东方文化事业，引起中国各地各界人士的极大关注，相互之间长期交涉竞争，纷纷加强对日本的交流。以此为契机，在政治与学术关怀的交相作用下，中日两

---

① 《国立北京大学研究所国学门各会章程及纪事录》，《晨报副刊》，1924 年6 月 17 日。

② 《本学门开办以来进行事业之报告》，《北京大学研究所国学门周刊》第24 期，1926 年 8 月。

国学者积极开展合作。北京大学利用其首席国立大学的有利地位，从一开始便展开了强有力的角逐。1922 年，胡适与蒋梦麟等人拟订计划，主张在中国国立大学和日本帝国大学互设中、日讲座，提倡东方文化研究。[①] 而中日学术协会的发起与此关系更为直接，可以说简直就是东方文化事业的派生物。

该会成立于 1923 年 10 月 14 日，起因为年初北京大学校方召集任教于北大文科的留日出身的教授，如陈百年、张凤举、马幼渔、周作人、沈兼士、朱希祖以及在京都大学进修过的沈尹默等，商议日本对华文化事业。是年 3 月 13 日，周作人、张凤举前往日本公使馆找吉田参事官晤谈。刚好这时日本国学院大学教授田边尚雄、京都大学教授今西龙、东京大学教授泽村专太郎等人相继来北大讲学或研究，与北大教授常有交流应酬，显示了北大在中日学术交流中作为首席国立大学的重要地位。

9 月，北大诸人与担任北洋政府军事顾问的著名"支那通"坂西利八郎中将及土肥原少佐相识，商议组织中日学术协会。中方以张凤举为干事，日方以坂西为干事，规定每月开常会一次。其实日方成员均非学者，其目的也不在于学术，而是鉴于北洋政府无望，想争取与国民党有渊源者搭桥过渡，以便与新政权接洽，将来谈判时保留日俄战争所取得的权利。所以坂西在成立会上说："我们怎么配说学术二字，但是招牌却不得不这样挂。"[②] 在此名义下，北京大学与日本教育视察团团长汤原、服部宇之吉及对支文化部的朝冈健等人多次就文化事业进行会谈。可惜日方醉翁之意不在酒，后来因形势发生变化，对北大失去兴趣，该会活动维持了约一年时间，无形停顿，硕果仅存的只有由日方出资、北大出人合办的天津中日学院。[③] 但北大并未因此而放弃对东方文化事业的竞逐，先是提议推举王国维出任该事业计划

① 中国社会科学院近代史研究所中华民国史研究室编：《胡适的日记》，395 页；中国社会科学院近代史研究所民国史组编：《胡适来往书信选》上册，257～258 页。

② 周作人：《苦茶——周作人回想录》，333～336 页。

③ 鲁迅博物馆藏：《周作人日记》中册，300～406 页。

中的北京人文研究所主任，以抗拒声望尚隆的研究系领袖梁启超，意图包揽①；后来又有鼓吹"将图书馆及人文研究所馆长、所长归校长兼理之说"②，引起校外学者的普遍不满。

20 世纪 20 年代起，中国学术机构随教育发展而增多，风气转移之下，与日本学术界的交往由原来以学者个人名义进行，逐渐变为有组织进行，如互赠书刊、邀请讲学等。北大国学门借天时地利之便，积极活动，成为其中的要角。与北京大学国学门交换刊物的日本学术机构有东亚协会、日本考古学会、京都文学会、日本东洋协会学术调查部等。③ 继今西龙之后，1923 年，东京大学教授泽村专太郎、国学院大学教授田边尚雄来华，在北京大学等处讲演"东洋美术的精神"及"中国古代音乐之世界的价值"，北大国学门也聘请泽村为通信员。④ 今西龙和泽村还参加过国学门的活动。⑤ 东洋音乐史权威田边尚雄据说是"在中国学术讲演中，与人铭感最深的日本学者"之一⑥，他边演讲边播放自己携带的"兰陵王破阵曲"等几种中国古乐唱片，很受听众欢迎。⑦

1925 年 1 月，来华考察的东京美术学校教授大村西崖应邀在北大国学门讲演"风俗品的研究与古美术品的关系"。⑧ 后来顾颉刚等人呼

---

①　吴泽主编，刘寅生、袁光英编：《王国维全集·书信》，394 页，北京，中华书局，1984。此函所说，已出王国维各年谱及长编均误以为请王出任北京大学国学门研究所主任。

②　陈智超编注：《陈垣来往书信集》，209 页。

③　《北京大学日刊》第 1504 号（1924 年 6 月 25 日）、1517 号（1924 年 8 月 30 日）。

④　《重要纪事》，《国学季刊》第 1 卷第 4 号，1923 年 12 月；《周作人日记》中册，304、307～338 页；《鲁迅全集》第 14 卷《日记》，454～455 页，北京，人民文学出版社，1989。

⑤　《研究所国学门恳亲会纪事》，《国学季刊》第 1 卷第 4 期；《北大研究所国学门之恳亲会》，《晨报》，1923 年 10 月 1 日。

⑥　［日］长濑诚：《日本之现代中国学界展望（下）》，华文《大阪每日》第 2 卷第 8 期，1939 年 4 月。

⑦　《国文系教授会启事》，《北京大学日刊》第 1238 号，1923 年 5 月 14 日。

⑧　《研究所国学门通告》，《北京大学日刊》第 1610 号，1925 年 1 月 9 日。

吁保护江苏吴县保圣寺的杨惠之塑像，即得到大村西崖的响应。他于
1926年春专程前来考察，回国后写成《塑壁残影》一书，引起叶恭绰
等人的关注，经过努力，终于修成保圣寺古物馆，移像其中。1925年
北大筹建东方文学系，固然出于研究日本的时势需要，但也不无东方
文化事业这一背景的影响。

中日学术交流升温和北大积极的对日态势，使得急于找到合作伙
伴的日本考古学者自然把目光投向这座中国的最高学府。1925年，滨
田耕作和负责东京大学考古学研究室的原田淑人以及朝鲜总督府的小
泉显夫、原来满铁的岛村孝三郎等人，鉴于日本考古学研究机构基础
不好，如东京大学的考古标本室很乱，也没有什么书，欲图振兴，希
望与中国学者合作，以便参与殷墟等处的实地发掘。他们选中北大国
学门的考古学会为合作对象。日本原有的考古学协会，不是由大学的
专门考古学教授及其教研机构组成，与北大考古学会的性质不同。为
了寻求对等，日方遂筹划以东西两京帝国大学的考古学机构及教授为
核心，组织东亚考古学会。该会的发起人有担任委员的服部宇之吉、
狩野直喜、池内宏、羽田亨，常务委员滨田耕作、原田淑人，干事岛
村孝三郎、小林胖生①，计划将来扩充到所有公私立大学的考古学专
任教官和研究室，但对大学以外的团体加入该会，鉴于中方的北大考
古学会未予承认，暂不考虑。只是作为个人会员，则不论是否属于其
他团体，均一视同仁。其会则明确规定，以东亚各地的考古学调查研
究为目的；如有必要，可与中国方面性质相同的机构联盟。可见其预
期目标即与北大考古学会结盟。滨田耕作在两年后撰写的纪念文章中
对此明白宣示，不加隐讳。②

坚持以大学的专门学者与机构为限，很可能不仅表现了日本学者的
自律，更反映了中国学者对于日方其他机构乘机插足以图混水摸鱼的警

---

① 《东亚考古学会会则》，引自［日］吉村日出东：《东京帝国大学考古学讲
座の开设——国家政策と学问研究の视座から》，日本历史学会编集：《日本历史》
1999年1月号。感谢京都大学冈村秀典教授提供此文。

② ［日］滨田青陵：《东方考古学协会与东亚考古学会》，《民族》第2卷第
4号，1927年5月。感谢狭间直树教授特为复印此文见赠。

惕。因为在东亚考古学会的筹备及此后的活动中，日本的朝鲜总督府和外务省文化事业部起着重要作用，满铁和关东厅也积极介入。1916 年，日本殖民当局在朝鲜京城设立博物馆，开始为期五年的古迹调查事业计划，主管机构为日本枢密院。在后来兼任古迹调查主任的关野博士的主持下，发掘乐浪郡汉墓，所得丰富宝藏令世界震惊。关野到欧洲访问研究期间，滨田耕作和原田淑人出任调查委员。1921 年，朝鲜总督府设学务局，将本来由枢密院管辖的朝鲜半岛古迹调查事业移交该局负责，成立了古迹调查课，从事调查和保存。① 1931 年，以学术振兴会为核心主干成立的朝鲜古迹研究会，继续朝鲜总督府古迹调查会的事业。② 而关东厅和满铁，则积极参与了后来东方考古学会的考古发掘活动。

东亚考古学会于 1925 年秋组织完毕，但尚未召开正式成立大会，便直接寻求与北大考古学会结盟。当年 9 月下旬，滨田、原田乘再度发掘朝鲜乐浪汉墓之机相继来华。这时中国各地的国学研究机构十分重视方兴未艾的考古学，希望得到国际学术界的合作支持。滨田、原田等人与北京学术界广泛交流意见，"以为东方考古学之研究，非中日两国学术机关互相联络不易为功"，并举行学术报告会，得到北京大学国学门考古学会的马衡、沈兼士、陈垣以及朱希祖等人的积极响应，双方决定合组东方考古学会。为此，日方首先邀请马衡访问朝鲜，参观当时引起国际学术界瞩目的乐浪郡汉墓发掘。

10 月中旬，由研究地质、热衷考古的大新矿业公司理事小林胖生垫付资助，马衡由留学北京畿辅大学的智原喜太郎陪同翻译，如约前往朝鲜，先后参观了乐浪郡汉墓、江西郡高句丽时代的古墓壁画和朝鲜总督府博物馆，与京都大学教授天沼俊一、东京大学教授村川坚固、田泽金吾、朝鲜总督府博物馆馆长藤田亮策、小泉显夫、京城大学预科校长小田省吾、教授名越那珂次郎、高田真治、黑田干一、东京美术学校讲师小场恒吉、新泻高等学校教授鸟山喜一等交游畅谈。归国

---

① 《大正十年度政务提要》，《朝鲜》第 83 号，1922 年 1 月；［日］编辑官藤田亮策：《乐浪の古坟と遗物》，《朝鲜》第 120 号，1925 年 5 月；［日］梅原末治：《考古学六十年》，32～42 页。

② ［日］梅原末治：《考古学六十年》，159 页。

后在北大国学门举行演讲会，报告此行收获。①

在中日两国考古学界彼此沟通之下，1926 年 6 月，滨田耕作和东亚考古学会干事岛村孝三郎、小林胖生等来北京，双方正式结成东方考古学协会。② 1926 年 6 月 6 日，北大研究所国学门在公教大学召开第四次恳亲会，小林胖生应邀出席，并发表关于其古代箭镞收集和研究的演讲。③ 6 月 30 日，以北京大学第二院为会场，召开了东方考古学协会的第一次总会即成立大会，中日双方联合举行公开讲演，并得到中日及欧洲学者的祝贺。其会则规定：该协会的目的在于交换知识，以谋求东方考古学的发达；研究结果将以日、中、欧三种文字发表；隔年于日中两国轮流召开研究总会。④ 此外，选举了委员、干事。7 月 3 日，东亚考古学会的日本人士归国前在北京饭店设宴答谢中国学者，出席者有沈兼士、沈尹默、张凤举、徐旭生、陈垣、林万里、罗庸、翁文灏、李四光、马幼渔、朱希祖、裴子元、黄文弼、顾颉刚等，其中多数为与北大相关而热衷于考古事业的学者，当是参与东方考古学协会的骨干。⑤

按照双方约定，1926 年秋将在日本召开第二次总会，并借此机会，举行东亚考古学会成立大会，因预定出席的中方学者有所不便，耽搁下来。⑥ 1926 年 11 月，岛村孝三郎等再度来北京，与中国考古学

---

① 马衡：《参观朝鲜古物报告》，《北京大学研究所国学门周刊》第 1 卷第 4 期，1925 年 11 月。

② 《学问の思い出——原田淑人博士を囲んで》，《东方学》第 25 辑，1963 年 3 月。据顾潮编著：《顾颉刚年谱》，东方考古学会成立于 1926 年 6 月 30 日（第 127 页，该书记为东亚考古学会，应为东方考古学协会）；[日] 滨田青陵：《东方考古学协会与东亚考古学会》，《民族》第 2 卷第 4 号，1927 年 5 月。

③ 《研究所国学门第四次恳亲会纪事》，《北京大学研究所国学门月刊》第 1 卷第 1 号，1926 年 10 月。

④ [日] 滨田青陵：《东方考古学协会与东亚考古学会》，《民族》第 2 卷第 4 号，1927 年 5 月。

⑤ 《顾颉刚日记》1926 年 7 月 3 日。感谢顾潮女士寄赠此条资料。鲁迅也曾接到邀请，但辞不去（《鲁迅全集》第 14 卷，606 页）。裴子元时为教育部办事员，好金石碑刻。

⑥ [日] 滨田青陵：《东方考古学协会与东亚考古学会》，《民族》第 2 卷第 4 号，1927 年 5 月。

者协商，定于明年 3 月开会，并邀请中国学者派人赴会。① 1927 年 3 月 27 日，在东京大学召开东亚考古学会成立大会及东方考古学协会第二回总会，同时举行中日学者的公开讲演会。中方讲演者为北京历史博物馆编辑部主任罗庸、北京大学教授马衡、北京大学研究所国学门主任沈兼士，讲题依次为"模制考工记车制述略"、"中国之铜器时代"、"从古器款识上推寻六书以前之文字画"，日方讲演者滨田耕作、原田淑人、池内宏，讲题为"支那之古玉器与日本之勾玉"、"汉人之缯绢"，池内原定讲乐浪出土之封泥与朝鲜古史的重大事实，后因病未写成文。另外担任东亚考古学会及东方考古学会干事的小林胖生也随同赶赴东京。②

中国学者在东京参观了帝室博物馆、东洋文库等学术机构，并访问京都、奈良、大阪等地。4 月上旬，沈兼士、马衡、罗庸取道朝鲜归国，途经汉城③，在儿岛献吉郎、高桥亨、以及小林、高田、森等日本学者的介绍陪同下，参观了京城大学、朝鲜总督府博物馆、李王职雅乐部，并到清云洞观看韩巫舞。其中李王职雅乐令中国学者们感慨万千。聆听了乐师们为中国学者演奏的七首具有代表性的雅乐作品，中国学者一面谈论"礼失而求诸野"，一面却以"座中泣下谁最多？江州司马青衫湿！"作为"闻雅"的报告④，此行沈兼士等人带回有关考古、博物、图书、绘画、雕塑、建筑、地理等印刷品共计 78 种，丰富了该所的文献图像资料。⑤

1927 年夏秋，控制北京的奉系军阀强行改组北京大学，企图取消研究所国学门。叶恭绰在师生的请求下，向教育部长兼北大校长刘哲提出改组为国学研究馆，叶出任馆长，下设总务、研究、编辑三部，其研究部分为哲学、史学、文学、考古学、语言文字学、艺术及其他

---

① 《东亚考古学协会》，《文字同盟》第 1 号，1927 年 4 月。
② 《东方考古学协会公开讲演会》，《史学杂志》第 38 编第 6 号，1927 年 6 月。
③ 《汇报：参观》，《京城帝国大学学报》第 2 号，1927 年 5 月。
④ 天行：《侨韩琐谈》之三《清云巫舞》、之四《雅乐》，《语丝》第 134、137 期，1927 年 6 月 4 日、26 日。
⑤ 《研究所国学门通告》，《北京大学日刊》第 2134 号，1927 年 6 月 25 日。

七组，导师增至 29 人。①

1928 年 4 月 28 日至 29 日，东亚考古学会在京都召开第二次总会，并举行公开讲演会，中方亦派北京大学国学馆导师马衡、刘复以及馆长叶恭绰的代理阙铎等人出席。会期第一天为东亚考古学会总会，于乐友会馆召开，报告该会进行的事业，并观看貔子窝发掘以及朝鲜庆州古迹调查实况的电影。次日上午到京都大学考古学研究室参观貔子窝发现遗物，午后举行公开讲演。马衡、刘复的讲题分别为"戈戟之研究"、"新嘉量之校量及推算"，日方演讲者高桥健和小川琢治（代法国学者 E. Licent 宣读从天津寄来的论文）的讲题分别为"日本上代の马具より见たる大陆との交涉"、"Ordos 河畔に於ける旧石器时代遗迹并びに东蒙古に於ける新石器时代遗迹に关する调查报告"。②

1929 年 10 月 19 日，东方考古学协会在北京召开第三回总会，并举行讲演会，由滨田耕作、梅原末治、徐炳昶、张星烺分别演讲"世界各国研究东亚考古学的现势"、"Seythai 文化在欧亚考古学的意义"、"中国西北科学考查团考古工作之概略"、"中国人种中之印度日耳曼种分子"。③

在东方考古学协会的名义下，中日象征性地共同进行了几次考古发掘与调查的合作。1927 年 4 月下旬至 5 月中旬，东亚考古学会和关东厅博物馆联合进行貔子窝发掘，东京大学原田淑人、田泽金吾、驹井和爱、宫坂光次、京都大学滨田耕作、小牧实繁、岛田贞彦、关东厅博物馆内藤宽、森修、朝鲜总督府博物馆小泉显夫以及东亚考古学会干事岛村孝三郎、小林胖生等，中方的马衡、陈垣、罗庸、董光忠中途前来参观，并在其中一处亲自发掘。所以滨田耕作称此项发掘虽由东亚考古学会单独进行，却可以作为日中两国学会亲和的一个事例。

---

① 退庵汇稿年谱编印会：《叶退庵先生年谱》，同会 1946 年出版。另据日本《史学杂志》第 39 编第 5 号（1928 年 5 月）《北京に於ける考古学研究机关》，研究部分六组，无其他一组。

② 《东亚考古学会第二回总会》，《史学杂志》第 39 编第 6 号，1928 年 6 月。

③ 《东方考古学协会讲演会》，《北京大学日刊》第 2259 号，1929 年 10 月 19 日。

将来北大考古学会和东亚考古学会不断重复同样的行为，则成立东方考古学协会的效果，将不仅体现于学会本身的事业。①

1928 年 10 月东亚考古学会发掘牧羊城，北大考古学会派助教庄严前来参加发掘一周。作为还礼，1930 年北京大学发掘河北易县燕下都、老姆台时，也请日方学者参加。双方还协议互派留学生。从 1928 年起，日方每年一人，先后派到中国留学的有驹井和爱、水野清一、江上波夫、田村实造、三上次男。中方因经费困难等原因，派往日本的仅有 1928 年度的庄严。1930 年 3 月，原田淑人由东方文化事业部出资，到北京大学和清华大学讲学两个月，具体担任考古学课程的讲授②，在清华还担任讲师，另外再与蒋廷黻、孔繁霬、刘崇鋐等人分任"西洋史家名著选读"课程③，其间与北大、清华、燕京等大学及中央研究院史语所的学者广泛交流④，原田是另一位给中国学人留下深刻印象的讲演者，此行他在北大、清华等校举行系列讲演"从考古学上看古代中日文化关系"时，因前来听讲的学生人数太多，不得不换到大教室。⑤

三、分歧与影响

日方在东方考古学协会成立后表示："考古学——特别是研究东亚考古学，实为东方诸学者所负一大人类义务。这是数千年栖息于此、有悠久传统和众多遗产的亚细亚民族的特权。日中两国学者合组的东方考古学协会，可使此'亚细亚之光'于人类文化史上灿然生辉"，以

---

① ［日］滨田青陵：《东方考古学协会と东亚考古学会》，《民族》第 2 卷第 4 号，1927 年 5 月。

② 《史学系课程》，《北京大学日刊》第 2237 号，1929 年 9 月 23 日。

③ 齐家莹编撰，孙敦恒审校：《清华人文学科年谱》，87～88 页。

④ 《史学系通告》，《史学系教授会通告》，《北京大学日刊》第 2341、2367 号，1930 年 2 月 18 日、3 月 21 日。

⑤ 《学问の思い出——原田淑人博士を围んで》，《东方学》第 25 辑，1963 年 3 月。

此为该会存立的意义并预祝其未来的发展。① 而中国学者显然也有借此光大本国文化和发展学术的期望。只是双方对于如何利用这一共同机缘并发挥各自的作用，想法并不一致。

日方动议日中合组考古学机构，公开声称是"为促进东亚诸地的考古学研究，与各国特别是邻邦中华民国考古学界增进友谊，交换知识"，实际上主要目的有二：一是利用合作名义，便于在中国境内进行调查发掘活动，尤其想参与举世瞩目的殷墟发掘。二是派遣留学生来华学习和考查。此举与日本的大陆政策以及风尚转向东方主义相吻合，因而得到日本政府的支持，其发掘考查及派遣留学生，均由外务省、关东厅和朝鲜总督府提供资助。东方考古学协会作为日本"对支文化事业"的一环，虽以"提携日中两国间的精神与文化"为目的，实际上日本官方一开始就视为"帝国政府的事业由帝国单独实施"，只是鉴于该事业主要在中国境内进行，须与中国人合作，才要尊重中国朝野的希望和意向。② 而中方虽然也有引进外国财力和技术的愿望，以落实长期不能付诸实现的实地考古发掘设想，却较少政府意愿，并限于学术本身。因此，在东方考古学协会的旗号之下，双方的不和谐时有表露。

首先，在名义上，东方考古学协会与东亚考古学会时有混淆。如1927年在东京举行的大会，既是东方考古学协会第二次年会③，又是本应成立于前的东亚考古学会的第一届总会。而1926年、1929年的北京会议和1928年的京都会议，则分别为东方考古学协会的第一、三回总会和东亚考古学会第二回总会。④ 两会的交错和中日双方各自强调与己关系密切的一面，使得社会上乃至学术界本身误传甚多。关于

① 《东方考古学协会公开讲演会》，《史学杂志》第38编第6号，1927年6月。

② 《大正十二年朝冈事务官ノ上海ニ於ケル文化事业谈》，《东方文化事业关系杂件》，外务省外交史料馆藏缩微胶卷分类号 H-0-0-0-1。引自［日］吉村日出东：《东京帝国大学考古学讲座的开设——国家政策と学问研究の视座から》，日本历史学会编集：《日本历史》1999年1月号。

③ 《新书介绍：考古学论丛》，《北平图书馆月刊》第1卷第5号，1928年9、10月。

④ 刘复：《新嘉量之校量及推算》，《辅仁学志》第1卷第1期，1928年12月。

第一次貔子窝发掘的主办者，1927 年 8 月日本《史学杂志》第 38 编第 8 号刊登消息《貔子窝の发掘》，声称系以东方考古学协会名义组织，桥川时雄主办的《文字同盟》第 3 号报道此事，也以《中日学者合作之发掘古物》为题，称"日方好古之士，与中国国立北京大学考古学会、国立历史博物馆代表陈垣、罗庸、董光忠、马衡等四人共参其事"。"发掘所得，暂由京都帝大运回整理。俟整理后，运送北京一部分，交北大考古学会及历史博物馆陈列。"而后来日方撰写报告书时，则以东亚考古学会和关东厅博物馆的名义，并得到外务省文化事业部和关东厅的援助。报告书出版时也标名为"东亚考古学会的东方考古学丛刊甲种第一册"。亲历其事的庄尚严后来回忆，组织东方考古学会除互相观摩、交换学生外，还"互相参加两国自己举办的考古发掘工作"。① 滨田耕作专文介绍两会的联系与区别，立意之一，当也在澄清误会。

　　然而，名义上的不协调反映了双方实际利益和态度的差异。在此期间，中日关系以及东方文化事业经历了重大风波。1928 年 4 月，日本第二次出兵山东，并于 5 月 3 日制造了济南事变，东方文化事业总委员会中的中国委员鉴于日本暴行，全体辞职以示抗议。日方虽未废止原订计划，但将发展重心转到在国内创办东方文化学院。② 形势逆转之下，1929 年北京的讲演会虽仍使用东方考古学协会之名，可是预定发表演讲的东方考古学协会委员朱希祖不仅未做报告，还于前一天分别致函北京大学考古学会和东方考古学协会，提出辞职，理由是："本会自成立以来，进行重大事务，如发掘貔子窝牧羊城古物事件，均未经本会公开讨论，正式通过，致有种种遗憾。委员仅属空名，协会等于虚设。希祖忝为委员之一，对于上列重要事件，其原委皆不预闻，

---

　　① 庄尚严：《妙峰山·跋》，转引自郑良树编著：《顾颉刚学术年谱简编》，65 页，北京，中国友谊出版公司，1987。

　　② 黄福庆：《近代日本在华文化及社会事业之研究》，156、178 页，台北，"中央研究院"近代史研究所专刊（45），1982；［日］山根幸夫：《东方文化学院の设立とその展开》，《近代中国研究论集》，东京，山川出版社，1981。

谨辞去委员，以明责任。"① 由此可见，日方在中国东北进行的各项考古发掘，对其国内虽然坚持声称以东亚考古学会的名义，但在中国境内，为了活动以及与中国同行交流的方便，确实借用了东方考古学协会的名义而未经双方具体协商。朱希祖的辞职，代表了参与其中的中国学者对于日方诚意的怀疑和对其行为的强烈不满。

不过，在学术范围内，日方的参加者还能保持的学术良知与真诚，没有凭借武力进行掠夺性发掘，其活动以合同方式进行，必须有中国学者到场，且事后须返还发掘品，日方只保留照片。在合作的名义下，日本考古学界独自举办的考古发掘顺利进行，还趁机广交中国学者，密切彼此关系，来华留学和访问的日本考古学者学生因而获见《宋会要》稿本、《皇明实录》等珍稀秘籍，参观中国学术机构在殷墟等地的发掘现场，甚至集体深入蒙古、绥远、察哈尔，考察古长城和细石器文化遗迹，收集匈奴时代的青铜器。1930 年 4 月来华留学的江上波夫，一年内先后到察哈尔、山东、旅顺、绥远、内蒙考察，活动完成，留学生活也告结束。② 东方考古学协会解体后，东亚考古学会仍在中国境内进行了大量考古发掘活动，战争期间更有依靠军部从事掠夺性探险发掘的劣迹，成为日本实行大陆政策的工具。③

东方考古学协会的组成及活动，对于中国现代考古学事业产生了影响。在此之前，从事考古活动的中国学者乃至来华进行探险发掘的多数欧美学者，大都半路出家，并非考古专门出身。滨田、原田等日本学者，曾在欧洲接受正规的考古学训练，使用的方法十分精密，在乐浪汉墓发掘中实际运用，令前来参观的中国学者颇受启发，而"此种考古途径，在我国尚未有人着手提倡也"④，促使中国的旧式金石学加速向近代考古学转化。马衡回国后即派国学门事务员董作宾赴上海

---

① 《东方考古学协会委员朱希祖先生辞职书》，《北京大学日刊》第 2260 号，1929 年 10 月 21 日。

② 《学问の思い出——江上波夫先生を囲んで》，《东方学》第 82 辑，1991 年 7 月。

③ 参见［日］吉村日出东：《东京帝国大学考古学讲座の开设——国家政策と学问研究の视座から》，日本历史学会编集：《日本历史》1999 年 1 月号。

④ 《新书介绍：考古学论丛》，《北平图书馆月刊》第 1 卷第 5 号。

请蔡元培组织殷虚和汉太学遗迹等处的发掘工作。以后又与北平研究院携手，亲自担任易县燕下都考古团团长，发掘老姥台。①

1926 年 10 月，与北大国学门渊源甚深的厦门大学国学研究院"顷闻北京大学考古学会与日本东京京都两帝国大学之东亚考古学会，共同组织一东方考古学协会，为国际的研究考古学机关"，要求校方"一面推举代表，参加该会，一面由本校组织一发掘团"，声称"非实行探险发掘，不足以言考古学的研究"，欲借此使中国的考古学"于世界学术界中占一位置"。② 后来又计划与北京大学联合进行风俗调查和古物发掘，"南方风俗则本校担任调查，北方发掘则请北大担任招待，如是既省经费，而事实上亦利便多多"。③

不过，中日双方在东方考古学协会内部的分歧，最终还是削弱了日本对中国考古学的影响力，与之关系最为密切的北京大学考古学会，成就和影响反而不及清华研究院。日方重视北京大学国学门考古学会，原因之一，是后者在北京的考古学机关中具有官学至尊的地位，这被看重政府行为的日本学者认为是对华施加影响的有力支撑。与此相对，他们视美国系的清华学校国学研究院中的考古学机构为"私学"的代表。清华研究院以人类学讲师李济为主，设有考古学陈列室和考古学室委员会，由李济担任主席。④ 凭借较多的资金以及和美国考古学家的有效合作，清华研究院的考古学稳步发展，成效明显，后来成为中央研究院历史语言研究所考古组的台柱。该所成立时，主持北京大学研究所国学门考古学的马衡曾主动提出想参加考古组，遭到傅斯年的拒绝。在傅的心目中，志同道合的理想人选是从事过新兴考古学的李

①　傅振伦：《马衡先生传》，《傅振伦文录类选》，595 页，北京，学苑出版社，1994。

②　《厦门大学国学研究院发掘之计划书》，《厦大周刊》第 158 期，1926 年 10 月 9 日。

③　《国学研究院成立大会纪盛》，《厦大周刊》第 159 期，1926 年 10 月 16 日。

④　《北京に於ける考古学研究机关》，《史学杂志》第 39 编第 5 号，1928 年 5 月。

济而非金石学家马衡。① 在交往过程中，日方似乎察觉到开始的偏颇，注意加强与清华研究院等机构的联系，以图调整弥补。但预期通过组建东方考古学协会达到参与殷墟发掘的目标，因其事属中央研究院历史语言所承担，而该所负责人傅斯年素有"义和团学者"之称，李济等人又先此与美国的毕士博合作，日方虽曾通过来访的北京图书馆金石学研究室研究人员刘节了解有关情况，并派梅原末治、内藤乾吉、水野清一、长广敏雄等人前往参观②，始终未能实际参与。

20 世纪 20 年代，中国学术界在疑古风潮的涌动下，对上古文献大胆怀疑，而将信史的重建留待考古学事业的发达。早在 1921 年 1 月，胡适就宣布其古史观为："先把古史缩短二三千年，从《诗三百篇》做起。将来等到金石学、考古学发达，上了科学轨道以后，然后用地底下掘出的史料，慢慢地拉长东周以前的古史。"③ 1924 年年底，李宗侗（玄伯）在《现代评论》第 1 卷第 3 期发表文章，认考古学为解决古史的唯一方法。顾颉刚虽然指其"颇有过尊遗作而轻视载记的趋向"，但只是针对有史时代，总体上则承认其所说"确是极正当的方法"。④ 当时王国维以著名的二重证据法重建古史，得到中外学术界的极高赞誉。其实，王国维的所谓地下资料，仍是传统金石铭文的继续，而非正规的考古发掘，更不是实物形制研究。

北京大学研究所国学门自成立之日起，就认定实物与遗迹较载籍之于上古史更为重要，只是一直困于财政与技术，加上其中的专家还有金石彝器的本行，迟迟未将考古发掘付诸实践。在此期间，北京大学虽然在中国学术界与瑞典学者斯文赫定（Seven Hedin）联合组织的西北考察团中扮演要角，仍然重采集轻发掘。与日本东亚考古学会的合作，本来未必不是良好机缘，可以在重建古史的活动中占据重要位置。因为这恰好也是中国现代考古学从发端而初盛的时代。以成果卓

---

① 杜正胜：《无中生有的志业——傅斯年的史学革命与史语所的创立》，《中央研究院历史语言研究所七十周年纪念文集：新学术之路》，33～34 页。

② 《北支史迹调查旅行日记》，《东方学报》（京都）第 7 册，1936 年 12 月。

③ 顾颉刚编著：《古史辨》（一），22 页，上海，上海古籍出版社，1982。

④ 顾颉刚编著：《古史辨》（一），268～275 页。

著的殷墟发掘为代表的中央研究院历史语言研究所而论，其观念宗旨的渊源明显由北京大学国学门、厦门大学国学院、中山大学语言历史研究所一脉相承，但具体事业却主要继承清华研究院国学科，以至于后人不免误解抹杀，将北大国学门视为单纯疑古。而北大在实行考古发掘方面陷入困顿，其他原因之外，作为合作伙伴的以日本东西两京帝大合组的东亚考古学会难辞其咎。正是在与之合作的过程中，北大坐失了天时地利的良机，最终不得不将首席国立大学在这一至关重要领域的应有地位拱手让人。

第六章　陈寅恪与清华研究院

　　各民族相传之上古史，大都有逐层增建的过程，如筑塔，如积薪，时间越后，附加越多，虚伪成分越甚，真相反不易得。古史辨派的疑古理论，用于上古神话传说大体不错。其偏在于治古史时一味破坏，疏于建设，不能从伪材料中发现真历史。陈寅恪研究蒙古史源流，层累迭加的一面也基本接受。然而，类似现象在近现代史中同样大量存在，学人却未予特别注意，使得不少以讹传讹之事成为基本或重要依据。由此立论，并加以引申，不仅令史实失真，还往往导致对于时代风尚的错误观念。关于陈寅恪与清华研究院关系的种种说法，即为显著一例。

一、入院因缘

　　陈寅恪以无任何资历著述的后进，而与梁启超、王国维等名满天下的大师同被聘为清华研究院导师，除自身功力使然，关键在于有力人物的推荐。对于推荐者目前有三说，即梁启超、胡适、吴宓。陈哲三《陈寅恪先生轶事及其著作》持第一说：

　　　　十五年春，梁先生推荐陈寅恪先生，曹（云祥）说："他是哪一国博士？"梁答："他不是学士，也不是博士。"曹又问："他有没有著作？"梁答："也没有著作。"曹说："既不是博士，又没有著作，这就难了！"梁先生生气了，说："我梁某也没有博士学位，著作算是等身了，但总共还不如陈先生寥寥数百字有价值。好吧，你不请，就让他在国外吧！"接着梁先生提出了柏林大学、巴黎大学几位名教授对陈寅恪先生的推誉。曹一听，既然外国人都推崇，就请。①

---

① 《传记文学》第 16 卷第 3 期。所记为蓝文征的追忆。

牟润孙大概是第二说的始作俑者，其《发展学术与延揽人才——陈援庵先生的学人风度》一文称：

> 清华办国学研究院请胡适去主持，胡适推辞了，却举荐章太炎、梁任公、王静庵、陈寅恪四位先生。四个人之中，大约只梁任公与胡氏有来往，其余三人对胡不仅没有交谊，而且论政论学的意见都相去很远，而胡适之推荐了他们。在当时社会上，章、梁二人名气最高；静庵先生虽已有著作出版，一般人很多对他缺乏认识；寅恪先生更是寂寂无名，也未曾有一篇著作问世。如果以高级学位为审查标准，四位先生无一能入选。若凭著作，寅恪先生必被摈诸门外。胡先生这次推荐，虽遭太炎先生拒绝，梁、王、陈三先生则都俯就了，……胡适之援引学人与蔡子民似乎不同。他介绍陈寅恪到清华研究院，请钱穆教北大本科，他的尺度的确掌握得很有分寸。①

在此之前，牟氏说得较笼统，但有推测性分析：

> 听说清华想办国学研究院，去请教胡适，胡推荐这几个人给清华。分析起来，一是因为北大没有钱，清华则经费充足，所以清华能请而北大不能请。二是北大原有教员结成势力，很排挤新人。陈垣靠沈兼士之力进入研究所国学门，而不能在本科作专任教授，就是一个证明。三是胡适对于梁启超，可能认为他能对青年还有号召力，何况梁启超也很捧胡。对王国维，则认为金文、甲骨文是一门新兴的学问，而王氏造诣很高。对陈寅恪，则因为陈是出洋留过学，真正懂得西方"汉学"那一套方法的。②

至于吴宓说，见其自编年谱：

> （民国十四年元月）清华国学研究院开始筹备，宓为主任。……研究院教授四位，已定王国维、梁启超、赵元任。宓特

---

① 《明报月刊》第 241 期，1986 年 1 月。
② 《清华国学研究院》，《大公报》（香港），1977 年 2 月 23 日。

荐陈寅恪。①

三说之中，第一说时间、人物、地点均不合。梁与陈家可谓故交②，但陈寅恪是晚辈，又长期求学于欧美，对其学问人品，似无从了解；所谓德、法等国名教授推崇之语，没有旁证。梁与陈所结识的欧洲学者，并非同一类型，前者多为思想哲人，后者则为东方学者或汉学家，担任过陈氏课程者，与梁并不相识；除几封信函外，当时陈尚无只字面世。在此情况下，梁不会大拍胸脯，极力举荐。此外，尽管梁启超此前十年间数次到清华演讲，关系久密，1922年后又常在清华兼课，1924年清华研究院已决定聘他任教，但直到1925年2月22日，吴宓才持聘书赴天津访梁，正式聘请。而该院决定聘陈寅恪，则在六天之前，即2月16日已由校长曹云祥做出。③

第二说有一定根据。曹云祥筹办研究院之初，确曾与胡适磋商，并请他担任导师。胡表示："非第一流学者，不配作研究院的导师。我实在不敢当。你最好去请梁任公、王静安、章太炎三位大师，方能把研究院办好。"④ 梁与章是当时中国南北学术界的泰山北斗，尽管胡适对两人的学问不见得从心底佩服，对梁尤有保留甚至批评⑤，但要号召天下，不能不有所借重。至于王国维，却是胡适衷心敬佩的第一流学者。王在学术圈内声望极高，新旧各派均交口赞誉，但社会上名头不响，尤其是政要大员们，对其所知甚少。据说王死后梁启超曾请国

---

① 吴宓著，吴学昭整理：《吴宓自编年谱》，260页，北京，生活·读书·新知三联书店，1995。

② 陈寅恪：《读吴其昌撰〈梁启超传〉书后》，《寒柳堂集》，148～150页。

③ 孙敦恒：《清华国学研究院纪事》，葛兆光主编：《清华汉学研究》第1辑，270页，北京，清华大学出版社，1994。

④ 蓝文征：《清华大学国学研究院始末》，张杰、杨燕丽选编：《追忆陈寅恪》，79页，北京，社会科学文献出版社，1999。

⑤ 1929年2月2日，胡适在梁病故后于日记中记道："任公才高而不得有系统的训练，好学而不得良师益友，入世太早，成名太速，自任太多，故他的影响甚大而自身的成就甚微。近几日我追想他一生著作最可传世不朽者何在，颇难指名一篇一书。"这种看法胡适当年似乎有所流露，因而有传闻在北京时，梁启超来看望，胡只送到房门口，王国维来则送至大门口（胡颂平编：《胡适之先生晚年谈话录》，85页，北京，中国友谊出版公司，1993）。

务总理顾维钧提出阁议，由北洋政府予以褒扬，"结果因为多数阁员根本不识'王国维'其人名姓，未被通过"。①

1922 年，上海《密勒氏评论报》（The Week by Review）举办征求读者选举"中国今日的十二个大人物"的活动，每周公布一次结果。胡适对 11 月上中旬的两次评选十分不满，指责举办者"不很知道中国的情形"，并代拟了一份名单，其中第一组学者三人，为章炳麟、罗振玉、王国维，而将梁启超列入影响近 20 年全国青年思想的第二组四人之中。《密勒报》选举，梁、章、罗各得 105、73、4 票，王则一票未得。但在胡适看来，"章先生的创造时代似乎已过去了，而罗王两位先生还在努力的时代，他们两位在历史学上和考古学上的贡献，已渐渐的得世界学者的承认了。"② 胡推荐此三人，顺理成章。尤其是王国维的应聘，胡适显然起了相当关键的作用。曹云祥给王的聘约，系通过胡转交，而王对清华的要求与顾虑，也由胡代为申诉。没有胡的劝驾，王很可能依照对待北大先例，予以回绝。③

不过，清华聘请梁、王，是否全由胡的举荐，亦有可疑。据梁启超自称，他也是该院的倡议者。④ 清华设立国学研究院，就学校言，是为了改变不通国文的公共形象，适应民族独立意识渐强的时势；就

---

① 吴其昌：《王国维先生生平及其学说》，《子馨文在》第 3 卷《思桥集》，沈云龙编：《中国近代史料丛刊》续编第 81 辑之 808，484～485 页，台北，文海出版社，1981 年影印。

② 《谁是中国今日的十二个大人物》，《努力周报》第 29 期，1922 年 11 月 19 日。同年 8 月 28 日，胡适在日记中更加突出王国维："现今中国学术界真凋敝零落极了。旧式学者只剩王国维、罗振玉、叶德辉、章炳麟四人；其次则半新半旧的过渡学者，也只有梁启超和我们几个人。内中章炳麟是在学术上已半僵了，罗与叶没有条理系统，只有王国维最有希望。"（中国社会科学院近代史研究所中华民国史研究室编：《胡适的日记》，440 页）。

③ 耿云志、欧阳哲生编：《胡适书信集》上册，353、356 页。与此相关的还有顾颉刚致函胡适，动议荐王国维入清华研究院之说（顾潮编著：《顾颉刚年谱》，101 页）。以顾当时的地位及其与清华的关系，只能是表示态度，难以起到决定性作用。

④ 1925 年 5 月 8 日，梁启超致函蹇念益，说："院事由我提倡，初次成立，我稍松懈，全局立散。"（丁文江、赵丰田编：《梁启超年谱长编》，1029 页）

学术言，则隐含对抗北大国学门之意。在外界看来，"北大党派意见太深，秉事诸人气量狭小，其文科中绝对不许有异己者。而其所持之新文化主义，不外白话文及男女同校而已。当其主义初创时，如屠敬山等史学专家皆以不赞同白话文而被摈外间，有知其内容者皆深不以其事为然"。因此当日本打算以庚款在北京设立人文科学研究所，而北大欲独占所长及图书馆长位置时，不少人坚决反对，主张由柯劭忞或梁启超担纲。① 其矛头虽泛指北大，胡适亦为代表人物之一。牟润孙将胡与其他人相区别，至少在这点上有所出入。

担任清华国学研究院筹备主任的吴宓，即与胡结怨甚深。吴所办《学衡》杂志，锋芒所向，主要就是提倡西方科学，其实不过旁门左道的胡适一派。双方在古音研究、文学标准、上古史及新诗等一系列问题上多次正面冲突，大打笔墨官司。若干年后，胡适听说由吴宓主持的《大公报·文学副刊》被停办，还道："此是'学衡'一班人的余孽，其实不成个东西。甚至于登载吴宓自己的烂诗，叫人作恶心！"② 这在胡适是极少有的失态，可见积怨之深。

考虑到梁启超也可能参与筹办的酝酿，则胡适被问及，不过是咨询性质。只有王国维是其力荐。清华研究院后来所请之人，均与北大无关，亦可反证。即使胡适的确在举荐方面起到关键作用，所荐诸人也不包括陈寅恪。因为要了解这位无学位无著作无名望的"三无"学人，需要通过各种管道甚至亲身接触，而胡、陈二人并无此机缘。

剩下的只有吴宓说，较为可信。据《吴宓日记》，1925 年 2 月 9 日他对校长曹云祥提出委以研究院筹备主任名义，拥有办本部分之事的全权，并负专责，得到允准。2 月 12 日筹备处成立，次日吴宓即向校长曹云祥和教务长张彭春提出聘请陈寅恪担任研究院导师，获准。

---

① 1926 年 4 月 25 日张星烺来函，陈智超编注：《陈垣来往书信集》，209 页。此事原拟推王国维为研究所主任，被王拒绝（吴泽主编，刘寅生、袁英光编：《王国维全集·书信》，393 页）。或以为王所拒之职为北京大学国学所主任，误（袁光英、刘寅生：《王国维年谱长编》，414 页，天津，天津人民出版社，1996）。

② 中国社会科学院近代史研究所中华民国史研究室编：《胡适日记》手稿本1933 年 12 月 30 日。

两天后，因议薪未决，"寅恪事有变化"。2 月 16 日，吴宓与张鑫海（?）一起再见曹云祥，终于谈妥，即时发电聘之。① 1925 年 4 月 27 日，陈寅恪致函吴宓，告以因"（一）须多购书，（二）家务，不即就聘"。吴叹道："介绍陈来，费尽气力，而犹迟惑，难哉！"② 为此深怪陈"疏脱不清"。③ 后再函劝陈应聘，始得允诺。吴、陈在哈佛同学，据说与汤用彤一起，被誉为"哈佛三杰"，有了解其学行的条件。而且吴对陈的学问佩服之至。他后来说："始宓于民国八年在哈佛大学得识陈寅恪，当时即惊其博学而服其卓识。驰书国内友人，谓'合中西新旧各种学问而统论之，吾必以寅恪为全中国最博学之人'。"④

　　吴宓说的可信，还在于他道出了能够了解陈氏学问功底的重要途径。与之经历、看法相同或相似的，至少还有俞大维、傅斯年、姚从吾等人。俞是陈的姑表兄，为哈佛研究生院自费生，治学极聪明，到院两月，即通当时最时新的数理逻辑学，其他各科皆优。俞对吴在师友之间，曾为尚在本科的吴宓单独讲授《西洋哲学史大纲》，并引导其社交活动。陈寅恪还在欧洲时，俞就向吴介绍其"博学与通识，并述其经历。宓深为佩仰"。陈到美后，又由俞为吴介见。"以后宓恒往访，聆其谈述，则寅恪不但学问渊博，且深悉中西政治、社会之内幕。"⑤ 可见吴对陈的印象，有俞先入为主的因素在。傅斯年则对刚到德国留学的北大同学毛子水说："在柏林有两位中国留学生是我国最有希望的读书种子，一是陈寅恪，一是俞大维。"⑥ 另一位北大毕业派遣留德的姚从吾（士鳌）于 1924 年 3 月 12 日写信给母校汇报留学情况，介绍在柏林的中国留学生，如罗家伦、陈枢，及俞大维、傅斯年等，称后二人"博通中西，识迈群流"，对陈寅恪尤为推崇，指其：

---

　　① 吴宓著，吴学昭整理注释：《吴宓日记》第 3 册，4～6 页。

　　② 吴宓著，吴学昭整理注释：《吴宓日记》第 3 册，19 页。

　　③ 1925 年 5 月 4 日吴宓致吴芳吉函，周光午选辑：《吴芳吉先生遗著续篇》，《国风》半月刊第 5 卷第 11、12 期合刊，1934 年 12 月。

　　④ 《吴宓诗集·空轩诗话》，引自吴学昭《吴宓与陈寅恪》，79 页。

　　⑤ 吴宓著，吴学昭整理：《吴宓自编年谱》，188 页。

　　⑥ 毛子水：《记陈寅恪先生》，《传记文学》第 17 卷第 2 期。

能畅读英法德文，并通希伯来、拉丁、土耳其、西夏、蒙古、西藏、满洲等十余国文字，近专攻毗邻中国各民族之语言，尤致力于西藏文。印度古经典，中土未全译或未译者，西藏文多已译出。印度经典散亡，西洋学者治印度学者，多依据中国人之记载，实在重要部分，多存西藏文书中，就中关涉文学美术者亦甚多。陈君欲依据西人最近编著之西藏文书目录，从事翻译，此实学术界之伟业。陈先生志趣纯洁，强识多闻，他日之成就当不可限量也。又陈先生博学多识，于援庵先生所著之《元也里可温考》《摩尼教入中国考》《火祆教考》、张亮丞先生新译之《马可孛罗游记》均有极中肯之批评。

此函载于 1924 年 5 月 9 日《北京大学日刊》第 1465 号，是当时国内公开见到关于陈寅恪的重要信息。

俞、傅、姚、吴等人当时地位不高，却极为重要。一则由于胡适一派提倡科学方法，使融贯中西的留学生在社会上居于有利位置，姚从吾后来得到陈垣的帮助获取哈佛燕京社资助，便是由于后者看重其学习地道的西方史学方法和以外文专攻蒙古史，可补中国旧学者的不足；二则四人在留学生中均属出类拔萃之辈，如傅斯年，在北大时既是学生中的第一旧学权威，又是新文化运动的领袖，至少对同辈人很有号召力。得到他们的推重，长辈的大师们就容易首肯。陈垣是被欧洲和日本汉学界公认的世界级学者，陈寅恪能够对其力作提出中肯的批评而为专攻同行的姚从吾赞赏，在位居中国学术中心的北大当有积极反响。从未踏足国门之外的古史辨派发端者顾颉刚，在姚从吾函发表一个多月后对学生演讲国学大势，区分当时国学研究者为五派，考古学派的代表是罗振玉、王国维，地质学派的代表是丁文江、翁文灏、章鸿钊，学术史派的代表是胡适、章炳麟、梁启超，民俗学派的代表是周作人、常惠，而将陈寅恪和伯希和、斯坦因、罗福成、张星烺、陈垣等中外学人并列为东方古言语学及史学派，依据当来自姚函或其他留德同学的私信。①

---

① 1924 年 7 月 5 日与履安信，顾潮编著：《顾颉刚年谱》，96～97 页。

　　此外，极少有音韵学专论的陈寅恪，不仅后来写过《四声三问》《东晋南朝之吴语》等名篇，还在欧洲留学之际，就发表过关于中国古音的高论。1922 年，在巴黎大学治实验发音学的李思纯游柏林，与陈寅恪讨论中国古语无纯粹 a 音问题，"陈君慨然谓世界古语多 a 音，中国不能自外"。李"颇承认其言"。① 而汪荣宝在北大《国学季刊》载文《歌戈鱼虞模古读考》，以相同结论引起语言学界关于古音学的第一次大辩论，时间尚在一年之后。加上吴宓等人归国后在各院校研究机构担任要职，极力推崇之下，不仅使陈寅恪得以和梁启超、王国维、赵元任等人的身份持平，更造就了顺利发展的环境因素。尽管如此，要说服校方接受没有任何资格证明的陈寅恪，还是让吴宓"费尽气力"，则世俗眼光依然起作用。

二、师生名分

　　陈寅恪后来名震海内，桃李满天下，清华研究院的学生都尊之为师。然而，这只是广义而言。严格说来，依照该院制度，可以说无一人是陈的嫡传。

　　清华研究院"学生研究之方法，略仿昔日书院及英国大学制度，注重个人自修，教授专任指导，分组不以学科，而以教授个人为主"。其课程分普通演讲和专题研究两种，后者为学生专门研究学科，共 23 类，即经学、小学、中国史、中国文化史、中国上古史、东西交通史、史学研究法、中国人种考、金石学、中国哲学史、儒家哲学、诸子、宋元明学术史、清代学术史、中国佛教史、佛经译本比较研究、中国文学史、中国音韵学、中国方言学、普通语音学、东方语言学、西人之东方学、中国音乐考。"学生报考时，即须认定上列任何一类，为来校后之专门研究，考入后不得更改。本院廾学日，各教授将所担任指导范围公布，学生与导师自由交谈，就志向兴趣学力所近，于该范围

　　①　李思纯：《读汪荣宝君〈歌戈鱼虞模古读考〉书后》，《学衡》第 26 期，1924 年 2 月。

择定研究题目为本学年专门研究"。①

考虑到教授与学生的专精和兴趣不免重复，该院章程第六项"研究方法"特规定："教授所担任指导之学科范围，由各教授自定。俾可出其平生治学之心得，就所最专精之科目，自由划分，不嫌重复；同一科目，尽可有教授数位并任指导，各为主张。学员须自由择定教授一位，专从请业，其因题目性质，须同时兼受数位教授指导者亦可为之；但既择定之后，不得更换，以免纷乱。"② 由此可见，该院学生在考试前必须确定自己将入哪位先生门下受业。

清华研究院共有教授 4 人，讲师 1 人，助教 3 人，教授和讲师可以招生。1925 年和 1926 年，各人所担任的指导学科如下：王国维：经学、小学、上古史、金石学、中国文学；梁启超：诸子、中国佛学史、宋元明学术史、清代学术史、中国文学、中国文学史、中国哲学史、中国史、史学研究法、儒家哲学、东西交通史；赵元任：现代方言学、中国音韵学、普通语言学、中国乐谱乐调、中国现代方言；陈寅恪：年历学、古代碑志与外族有关系者之研究、摩尼教经典回纥译本之研究、佛教经典各种文字译本之比较研究、蒙古、满洲书籍及碑志与历史有关系者之研究；李济：中国人种考。③

据该院颁布的"选考科目表"，报考的专修学科即前引之专题研究的 23 类，其中经学、小学、中国上古史、金石学为王国维指导，中国音韵学、中国方言学、普通语音学、中国音乐考为赵元任指导，中国人种考为李济指导，佛经译本比较研究、东方语言学、西人之东方学为陈寅恪指导，其余 11 类为梁启超指导。考试门类包括经学甲乙、小学甲乙、中国史甲乙、中国哲学甲乙、中国文学甲乙、普通语音学、声学、数学、心理学、世界史、统计学、人类学、西洋哲学、乐谱知

---

① 《研究院现状》，《清华周刊》第 408 期。

② 《清华周刊》第 360 期。

③ 《清华周刊》第 351、408 期；《国学论丛》第 1 卷第 1 号，1927 年 6 月。另据《清华周刊》第 352 期《讲师指导范围》，李济的具体指导题目为："一、北方民族汉代之程序。二、族谱之兴废与人种之变迁。三、各省城墙建筑年月考。四、各省废城考。五、云南人文考。六、中国人之鼻型。七、头形之遗传。八、金之沿革。"

识及英法德日等外国语（英法德又各分甲乙）。每位考生所选专修学科，均须包括 6 门考试科目。这些规则，从该院创立直到解散，虽然其间人事变动，却始终没有更改。① 据统计，1925 年、1926 年两年该院学生所选专修学科范围如下：

以上共 17 类，与规定科目相比较，其中目录学为后来增设，中国音乐考、中国音韵学、中国方言学、普通语音学、佛经译本比较研究、东方语言学、西人之东方学等 7 类无人报考，这 7 类均为赵元任和陈寅恪的指导范围。②

学科类别 \ 选修人数 \ 年份	1925	1926
小学	9	6
中国文学史	1	4
经学	4	3
中国哲学史	1	3
宋元明学术史	2	3
诸子	1	3
中国史	4	2
儒家哲学	2	2
中国上古史	2	2
史学研究法	1	2
中国文化史	1	2
清代学术史	1	1
金石学		1
中国人种考		1
东西交通史	1	1
中国佛教史	1	
目录学		1

依照规定，每一专修学科应考 6 门课程，由各科导师预先设定，

① 《研究院学生招考规程》，《清华周刊》第 374 期、441 期。
② 《本院学生专修学科范围统计》，《清华周刊》第 408 期。

"考生报考之时，应先自问所拟研究之专题属于本表中某科之范围，即行择定该科，然后应考本表中该科下所指定之六门，决不可倒因为果，妄测各门内容题目之难易，希冀考取，因而改定专研之学科及题目"。尽管院方特意声明"实则分配均匀，各门之难易皆相等"，但考生的知识结构毕竟受时代局限，不得不有所权衡取舍。

该院 1925 年、1926 年共录取学生 60 人（含备取 6 人），以母校计（不含 1926 年度备取生 4 人），从私人受业者 15 人，东南大学毕业 8 人，北大 3 人，北师大、上海南方大学、山西大学、无锡国学专学馆各 2 人，南开大学、上海国民大学、湖南群治大学、南京高师、成都高师、湖南高师、两湖师范、直隶高师、武昌师大、湖南省一师、河南公立初级师范、东京成城中学、奉天公立文学专门学校、北京通才商业专门学校、天津公立工业专门学校、湖南私立达材法政专门学校各 1 人，无校籍 7 人。[①] 以职业论（含 1926 年度备取生），中学校长 2 人，中学教员 27 人，家庭教师 3 人，教育局长及职员 2 人，小学校长 1 人，劝学所长 1 人，图书管理人员 2 人，报馆杂志编辑 2 人，政界 1 人，大学高师毕业 5 人，大学专门肄业 11 人，师范毕业 1 人，清华学校毕业 3 人。[②]

考生中不少人的外语程度不高。在全部 23 类专修学科中，须考试外语者共 10 类，其中佛经译本比较研究、东方语言学要求 4 门外语，东西交通史、西人之东方学 3 门，中国人种考、中国音韵学、中国方言学、普通语音学 2 门，中国佛教史、中国音乐考 1 门。1925 年、1926 年两年间，上述各门只有东西交通史每年录取 1 人，中国佛教史 1925 年录取 1 人，中国人种考 1926 年录取 1 人，其余均空缺。陈寅恪担任的 3 门专修学科，两门要求考 4 门外语，1 门要求考 3 门外语，尽管校方规定一种外语的甲乙算两门，但对于当时的考生，会两种以上外语者已是凤毛麟角，懂外语而欲其有兴趣学治国学，更加难得。

---

① 《民 14 录取研究院新生母校表》《民 15 录取研究院新生母校表》，《清华周刊》第 416 期，1927 年 10 月 14 日。其中 1925 年度录取的杨鸿烈因经济困难当年未入学，1926 年度入学，计算时实际重复 1 人。

② 《研究院纪事》，《国学论丛》第 1 卷第 1 号，1927 年 6 月。

陈寅恪虽于 1925 年 2 月即由清华研究院决定聘请，6 月复函同意应聘，明春到校，实际上迟至 1926 年 7 月 8 日才到任。其羁留欧洲，一为购书，一因家务。早在 1923 年，陈在《与妹书》中就表示：

> 因我现必需之书甚多，总价约万金，最要者，即西藏文正续藏两部及日本印中文正续大藏，其他零星字典及西洋类书百种而已。若不得之，则不能求学。我之久在外国，一半因外国图书馆藏有此项书籍，一归中国，非但不能再研究，并将初着手之学亦弃之矣。我现甚欲筹得一宗巨款购书，购就即归国。此款此时何能得，只可空想，岂不可怜。①

此愿望两年后仍未能实现。陈到校的前 13 天，该院第一届学生已经举行了毕业典礼。其中有 15 人根据章程规定，申请留校继续研究一年，获得批准，但后来实际注册者仅 7 人。这一届毕业生共 29 人，除继续留校的 7 人，其余 22 人连陈寅恪的课也没有听过。1926 年 8 月研究院议决录取新生，本年度正考、补考连同上届未入学者，共有新生 29 人。陈寅恪虽于 7 月归国到校，但该院新生招考于 5 月已经进行，据选定科目，仍无人投考其门下。不过，陈在清华研究院还担任普通演讲课程，先开设"西人之东方学之目录学"，1927 年后又加授"梵文"一科。此类课程"所讲或为国学根柢之经史小学，或治学方法，或本人专门研究之心得"。开始规定所有普通演讲课程，"凡本院学员，均须到场听受"。后来门类增多，改成"为本院学生之所必修，每人至少选修四门。由教授择定题目，规定时间，每星期演讲一次或两次。范围较广，注重于国学上之基本知识"。② 该院普通演讲先后开过 9 门，至少部分学生选修了陈的课程。

1927 年 6 月 2 日，王国维自沉于昆明湖，这时当年的招考章程已经颁布。上届学生除一人中途退学，一人后来补齐成绩外，合格毕业者 30 人，其中 11 人申请留校继续研究。8 月初，在陈寅恪缺席的情况下，该院教务会议决定录取新生 11 人，加上 1925 年、1926 年录取

---

① 《学衡》第 20 期，1923 年 8 月。
② 《国学论丛》第 1 卷第 1 号，1927 年 6 月。

而未入学的 2 人，以及留校生，共有学生 24 人。本来以王国维名义招入的学生不得不改由他人分担指导，或改换研究题目。同时，该院将第一年毕业的王氏弟子余永梁聘为助教，以继承王的甲骨文钟鼎文绝学，并添聘通信指导员和讲师。

不过，王国维缺阵引起研究院学术权威地位的动摇，不是轻易能够补救。加上梁启超长期因病不能到校上课，师资分量明显减弱。1927 年 10—11 月，遂发生因要求添聘教授而起的风潮。尽管此事背后另有权力斗争的伏线，最终迫使校长曹云祥和发难的大学部教授朱君毅（教育系主任，吴宓的挚友，后到厦门大学任教）、研究院学生王省辞职退学，但增聘教授以巩固权威之事也加紧进行。梁启超考虑过章太炎、罗振玉和张尔田，前者创建时即已提出而遭拒绝，后梁"曾以私人资格托友人往询，章以老病且耳聋辞，不愿北来"。以后该院虽"决拟聘章太炎为教授"，但考虑到校评议会不能通过，没有提出，并委托陈寅恪于赴沪途经天津时向梁启超说明及互商办法。① 直到 1928年度的新生招考，该院仍继续沿用原有规程。评议会虽议决"范围应缩小，应就教师所愿担任指导之范围招生，各科人数亦应酌情限制"，但选考科目一切照旧，只是命题方面，过去由王国维担任部分改由梁启超负责。

是年该院有毕业生 22 人，其中 10 人留校继续研究，另招新生 3人。由于王故梁去（梁于 1928 年 6 月辞去清华一切职务），而赵元任

---

① 陈守实：《学术日录［选载］·记梁启超、陈寅恪诸师事》1928 年 2 月 8日、22 日，《中国文化研究集刊》第 1 辑，复旦大学出版社，1984；刘桂生、欧阳军喜：《陈寅恪先生编年事辑补》，王永兴编《纪念陈寅恪先生百年诞辰学术论文集》，433 页。据吴其昌《梁任公先生晚年言行记》：梁"命其昌辈推举良师，其昌代达诸同学意，推章太炎先生、罗叔言（振玉）先生。先师欢然曰：'二公，皆吾之好友也。'……其昌因奉校命，北走大连，谒罗先生于鲁诗堂，南走沪，谒章先生于同孚里第。""初时罗章二先生均有允意，章先生拈其稀疏之须而笑：'任公尚念我乎！'且有亲笔函至浙报'可'。然后皆不果。罗先生致余书，自比于'爱君入海'，章先生致余书，有'衰年怀土'之语。"（《子馨文在》第 3 卷《思桥集》，沈云龙编：《中国近代史料丛刊》续编第 81 辑之 808，449～450 页，台北，文海出版社，1981 年影印）

"担任功课极少（新旧制均无课，仅每周研究院演讲吴语一小时）"①，陈寅恪不得不担起重任，无论是否正式弟子，也要负指导之责。加上该院规定，同一科目，教授可以分任而主张不同，学生也可由几位教师同时指导，而陈又博通古今中外，尤其对魏晋至明清的历史研究极深，虽因选科太专、考项太难而无人敢于报考，进院后的学生却时有请益。如陈守实研究明史，为梁启超弟子，却对陈钦佩之至。有的则受其影响调整研究领域，如吴其昌在院三年，随梁启超研究宋代学术史，后在该院所办《国学论丛》第 2 卷第 1 号发表《殷周之际年历推证》，又著《金文历朔疏证》，显然与这时已代生病的梁启超主持该论丛的陈寅恪有关。研究院结束后，陈寅恪还向陈垣力荐吴。② 所以，1928 年 6 月以后留院的学生，无论是否陈氏门下，都受过其教益。但从各人的选题及后来的研究方向看，仍然无人直接投考陈门。学术界公认可能继承其衣钵者，都是研究院以后的学生。

三、讲学与研究

陈寅恪被誉为教授的教授，当在清华研究院结束之后。在此期间，他的学问虽好，名气却不够大。而一般人恰好是根据名气而非学问来衡量学者的地位，重耳学而轻眼学，学术界也鲜有例外。

清华研究院所出各种文书，导师的排名一般是王国维、梁启超、赵元任、陈寅恪。据说王位居首席是由于梁的谦让与推崇，吴其昌回忆道："先生之齿，实长于观堂先师，襃然为全院祭酒。然事无钜细，悉自处于观堂先师之下。"③ 而陈屈居末席，则并非由于他到校最晚。

---

① 《行有余力，则以学琴》，《清华周刊》第 415 期。

② 1929 年 9 月 13 日陈寅恪来函，陈智超编注：《陈垣来往书信集》，373 页。钱穆 1953 年致函徐复观称："昔在北平吴其昌初造《金文历朔疏证》，惟陈寅恪能见其蔽，而陈君深藏，不肯轻道人短长，因此与董君同事如此之久，而终无一言相规，则安贵有贤师友矣！所谓老马识途，贵在告人此路不通，则省却许多闲气力。胡氏之害在意见，傅氏之害在途辙，别有一种假痴聋人，亦不得辞后世之咎耳。"（《钱宾四先生全集》第 53 册，331 页）。

③ 《梁任公先生晚年言行记》，《子馨文在》第 3 卷《思桥集》，449～450 页。

陈的辈分较梁、王低，称梁为"世丈"。他所担任的指导科目，固然无人报考，就连主讲的两门普通演讲课程，能够心领神会者也是寥寥无几。牟润孙这样描述道：

> 当时梁启超名气很高，许多学生都争先恐后围绕着他。梁很会讲书，才气纵横，讲书时感情奔放，十分动人。王国维的研究工作，虽然作的很笃实，但拙于言词，尤其不善于讲书。在研究院中讲授《说文》和《三礼》，坐在讲堂上，神气木讷，丝毫不见精采。……一般研究生对他并不欣赏，很怕听他的课。

> 另一位导师陈寅恪，刚从国外回来，名气不高，学生根本不知道他学贯中西，也不去注意他。陈在清华大学讲书，专讲个人研究心得，繁复的考据、细密的分析，也使人昏昏欲睡，兴味索然。所以真正能接受他的学问的人，寥寥可数。……王、陈二人既然门可罗雀，在研究院中日常陪着他们的只有两位助教。

据牟润孙分析：

> 总起来看，梁、王都在研究院中有影响，而陈则几乎可以说没有。推想起来，大约由于那时陈讲的是年代学（历法）、边疆民族历史语言（蒙文、藏文）以及西夏文、梵文的研究，太冷僻了，很少人能接受。①

此话前半未必尽然，后半却不无道理。

陈寅恪在清华研究院所讲西人之东方学之目录学和梵文（1928年度改讲梵文文法和唯识二十论校读），前者"先就佛经一部讲起，又拟得便兼述西人治希腊、拉丁文之方法途径，以为中国人治古学之比较参证"。② 学生的普遍感觉是听不懂。姜亮夫回忆道：

> 陈寅恪先生广博深邃的学问使我一辈子也摸探不着他的底。

---

① 《清华国学研究院》，《大公报》（香港），1977年2月23日。
② 《教授来校》，《清华周刊》第359期。汪荣祖《陈寅恪评传》（南昌，百花洲文艺出版社，1992）称其在清华研究院首开课程为佛经翻译文学，实该课程为清华大学时期所开设。

他的最大特点：每一种研究都有思想作指导。听他的课，要结合若干篇文章后才悟到他对这一类问题的思想。……听寅恪先生上课，我不由自愧外国文学得太差。他引的印度文、巴利文及许许多多奇怪的字，我都不懂，就是英文、法文，我的根底也差。所以听寅恪先生的课，我感到非常苦恼。

陈的梵文课以《金刚经》为教材，用十几种语言比较分析中文本翻译的正误。学生们问题成堆，但要发问，几乎每个字都要问。否则包括课后借助参考书，最多也只能听懂三成。① 蓝文征也说：

> 陈先生演讲，同学显得程度很不够。他所会业已死了的文字，拉丁文不必讲，如梵文、巴利文、满文、蒙文、藏文、突厥文、西夏文及古波斯文非常之多，至于英法德俄日希腊诸国文更不用说，甚至连匈牙利的马札尔文也懂。上课时，我们常常听不懂，他一写，哦！才知道那是德文，那是俄文，那是梵文，但要问其音，叩其义，方始完全了解。②

对于这些不解其义的课，学生叹服其高深而不免盲目，说是敬畏较佩服更加妥帖。

一般而论，清华研究院学生的程度已达到相当水平。该院入学考试在当时出名的极难，以补考资格入学的姜亮夫所考内容为例，总共分三部：第一部普通国学，以问答形式，不限范围，包括十八罗汉的名字、二十几个边疆地名及汉语言学、哲学思想史等。第二部作文，由梁启超出题《试述蜀学》，另有王国维所出有关小学的题目。第三部才是正式选考的 6 门课。③ 但学术毕竟有境界高下，对于他们，高深的学问仍有待于发蒙。据姜亮夫说，该院几位先生的课，除陈寅恪的听不懂外，对李济的考古学也不喜欢听，以致后来十分懊悔，发奋出国补学；对王国维的课则要到毕业出来教书研究后才越来越感到帮助

① 姜亮夫：《忆清华国学研究院》，王元化主编：《学术集林》卷一，237～239 页。
② 陈哲三：《陈寅恪先生轶事及其著作》，《传纪文学》第 16 卷第 3 期。
③ 《研究院学生招考规程》，《清华周刊》第 441 期，1928 年 5 月 18 日。

很大；而当时"最受益的是梁任公先生课"；从赵元任处"也得益非浅"。梁的普通演讲为儒家哲学和历史研究法，一度为适应形势需要，还改讲《从历史到现实问题》第 1 讲至第 5 讲《经济制度改革新问题》；赵所讲为音韵练习，均属于基础性质，而王、陈的讲授则很专深。以学生程度论，接受梁、赵表浅之新较领悟王、陈不着痕迹之新要容易得多。所以，他们印象最深的是梁启超的辨伪及其经常运用当代日、美、英等国人士关于各种问题的见解，和赵元任所讲描述语言学与传统声韵考古学的差异极大。

梁启超的名气大于学问，当时即成公论。对其学问，功力越深者评价似越有保留。他在研究院多次对学生讲演，吴宓听讲"指导之范围及选择题目之方法"后，以为"语多浮泛，且多媚态，名士每不免也"。① 其在清华讲演"王阳明知行合一之教"，研究院、大学部和旧制学生纷纷前往听讲，反应相当热烈。② 但讲辞在《国学论丛》创刊号发表后，日本京都大学的仓石武四郎在《支那学》第 4 卷第 3 号（1927 年 10 月）撰文评介《国学论丛》，对其中刊载的研究生论文颇有好评，唯独对卷首梁启超的文章相当不满，认为梁以通俗演讲聊为应付，应予整顿。这一点梁本人也有相当的自觉，坦承"启超务广而荒，每一学稍涉其樊，便加论列；故其所述著，多模糊影响笼统之谈，甚者纯然错误"，并以此留作爱女箴言："吾学病爱博，是用浅且芜，尤病在无恒，有获旋失诸。百凡可效我，此二无我如。"③

但梁启超又有自己的特长，一则博学，虽不深通，已强过一般学人；二则气量宽洪，能容人；三则有号召力和影响力；四则有学问的品味和鉴赏力，虽做不出，却看得出。他向研究院学生推崇王国维道：

> 教授方面，以王静安先生为最难得。其专精之学在今日几称

① 吴宓著，吴学昭整理注释：《吴宓日记》第 3 册，72 页。吴宓对于该院事务，相比之下与梁启超的共识反而较多。

② 齐家莹编撰，孙敦恒审校：《清华人文学科年谱》，43 页。

③ 《清代学术概论》，朱维铮校注：《梁启超论清学史二种》，73 页，上海，复旦大学出版社，1985。对于梁氏学问的粗浅博杂，胡适、周善培、容肇祖等人均有所议论。

绝学，而其所谦称为未尝研究者，亦且高我十倍。我于学问未尝
有一精深之研究，盖门类过多，时间又少故也。王先生则不然。
先生方面亦不少，但时间则较我为多，加以脑筋灵敏，精神忠实，
方法精明，而一方面自己又极谦虚，此诚国内有数之学者。故我
个人亦深以得与先生共处为幸，尤愿诸君向学亲师，勿失此机
会也。

对于辈份较晚的陈寅恪也表示钦佩，告诫研究生选题切忌空泛过
大，"与其大而难成，孰若其小而能精。例如陈先生寅恪所示古代碑志
与外族有关系者之类，此种题目虽小，但对于内容非完全了解，将其
各种隐僻材料，搜捡靡遗，固不易下手也"①。"陈先生的题目，比较
明了，我自己的题目，最是宽泛。"② 这与胡适颇为近似。其学问在研
究方面略显浅薄，教学上已经足用，尤其适合有待于循序渐进的半桶
水学生，因而启发甚大。待到后者进入各自专业的高深境界，梁的影
响力便日益减弱。所以，梁启超是蒙师而非导师，能提倡而鲜创造。

赵元任在研究院乃至整个清华大学的形象可谓众说纷纭。他在
《清华周刊》上的出镜率甚高，但事由多与学术无关，"功课极少，篆
刻甚多"，人称"吴语"教授。因闲暇无事，集合师生组织一琴韵歌声
会。校刊报道说："先生学问渊博，名震中西，对于语言学一门，尤多
研究，既善论理堂上催眠，复精小桥食社调味，巧手操琴，莺歌唱谱，
是以耳目口鼻，皆不能忘先生。"③ 很有些调侃意味。赵是语言天才，
任教哈佛的资历早于陈寅恪，所以开始地位还在陈之上。但胡适后来
的评价是："元任是希有的奇才，只因兴致太杂，用力太分，故成就不
如当年朋友的期望。"④ 赵为人有些怪异，与之大同乡的陈守实说，

① 《梁任公教授谈话记》，《清华周刊》第 352 期。
② 《指导之方针及选择研究题目之商榷》，《清华周刊》第 354 期。
③ 《欢送赵元任先生》，《清华周刊》第 416 期。赵妻杨步伟与人合作开一小
食店，原拟自用，后学生要求搭伙，颇受欢迎（参见杨步伟：《杂记赵家》，55～
58 页，沈阳，辽宁教育出版社，1998）。
④ 中国社会科学院近代史研究所中华民国史研究室编：《胡适日记》手稿本
1939 年 9 月 22 日。

"此人无学问而滥竽院中"，或许是气话。该院师生为王国维募捐修建纪念坊，各人均认捐，而赵分文不予，令后辈动气。

陈寅恪在清华研究院讲授和指导的科目，均为地道的欧洲汉学。由于胡适等人的倡导，整理国故风行科学主义，所谓国学，其实有一西方汉学的影子在。但真正的科学方法，非长期艰苦学习不易获得。陈氏讲课的反响，显示了中国学术界主张与实际的明显反差。对此，他不得不加以调整。1926 年年底，陈被聘为北京大学研究所国学门导师，1928 年春，北大请其兼任佛经翻译文学课程，秋季又改为蒙古源流研究。前者"因为同学中没有一个学过梵文的，最后只能得到一点求法翻经的常识，深一层了解没有人达到"。后者因部分学生对元史有所准备，尚能应付。①

清华研究院结束后，陈在清华大学的文史两系任教，所讲课程已较研究院时期降低难度，学生仍然不能适应。1934 年，该校文学院代院长蒋廷黻总结历史系近三年概况时说："国史高级课程中，以陈寅恪教授所担任者最重要。三年以前，陈教授在本系所授课程多向极专门者，如蒙古史料、唐代西北石刻等，因学生程度不足，颇难引进。近年继续更改，现分二级，第一级有晋南北朝及隋唐史，第二级有晋南北朝史专题研究及隋唐史专门研究。第一级之二门系普通断代史性质，以整个一个时代为对象；第二级之二门系 Seminar 性质，以图引导学生用新史料或新方法来修改或补充旧史。"② 可见其调整课程实有适应学生程度的不得已的苦衷。

清华研究院时代，恰值中国政局发生翻天覆地的大动荡，青年学生倍受时局刺激，难以安于学业。吴宓抱怨道："此间一二优秀学生，如张荫麟、陈铨等，亦皆不愿习文史之学，而欲习所谓实际有用之学科，以从事于爱国运动，服务社会。"③ 研究生虽被一般学生视为老先

① 劳干：《忆陈寅恪先生》，《传记文学》第 17 卷第 3 期。

② 刘桂生、欧阳军喜：《陈寅恪先生编年事辑补》，王永兴编：《纪念陈寅恪先生百年诞辰学术论文集》，436 页。其在中文系所开课程为佛经翻译文学、敦煌小说选读、世说新语研究、唐诗校释等。

③ 吴宓著，吴学昭整理注释：《吴宓日记》第 3 册，53～54 页。

生，也难免世风熏染。梁启超说该院有共产党二人，国民党七八人，国家主义青年团也将研究院学生列为运动对象，周传儒、方壮猷等还想组织一精神最紧密的团体，一面讲学，一面做政治运动。① 这在主张学术自由人格独立的陈寅恪当不以为然。

此外，清华相对于北大独树一帜的学风，因其严谨而令学子们难以坚守。加上梁启超对于疑古辨伪颇有共鸣，后学者又因古史辨派的轰动效应易于附和，部分学生与外校学生共组述学社，反对信古媚古，有的甚至同时又将成绩提交北大国学门。② 政治与学风交相作用的浮躁心情，也影响了在一般同学看来已是兄长甚至叔叔辈的研究生们潜心向学。对于陈寅恪以学术为目的的纯粹学问，更难引起兴趣和共鸣。

陈寅恪一生治学，虽文史兼修，而重在治史，语言方面的训练，在他只是工具。研究院学生及时人震慑于此，可谓本末倒置。早在1923 年，他在致妹书中就说：

> 我今学藏文甚有兴趣，因藏文与中文系同一系文字，如梵文之与希腊拉丁及英俄德法等之同属一系。以此之故，音韵训诂上，大有发明。因藏文数千年用梵音字母拼写，其变迁源流，较中文为明显。如以西洋语言科学之法，为中藏文比较之学，则成效当较乾嘉诸老，更上一层。然此非我所注意也。我所注意者有二：一历史。（唐史、西夏）西藏（即吐蕃）藏文之关系不待言。一佛教。

后来他基本放弃语言学关系较重的研究，实在因为条件有限，而其治学又不甘为牛后。欧洲汉学界中，会十几种外文的人并非屈指可数。巴黎学派正统领袖沙畹的高足、曾参与厦门大学国学院筹备事宜的法国学者戴密微，就"通十数国言文，而习中国书已十载"。③

---

① 丁文江、赵丰田编：《梁启超年谱长编》，1118、1129 页。
② 刘桂生、欧阳军喜：《陈寅恪先生编年事辑补》，王永兴编：《纪念陈寅恪先生百年诞辰学术论文集》，433 页。
③ 缪子才：《送戴密微教授归省序》，《厦大周刊》第 152 期，1926 年 5 月29 日。

不过，如果将陈寅恪致妹书作为其一生治学的纲要，历史一面不当囿于中古。陈寅恪推崇宋代史学，除别有深意外，要在宏通与专精相通相济，决非一般人以为的撰述通史之类。关于中国历史，陈认为："研上古史，证据少，只要能猜出可能，实甚容易。因正面证据少，反证亦少。近代史不难在搜辑材料，事之确定者多，但难在得其全。中古史之难，在材料之多不足以确证，但有时足以反证，往往不能确断。"① 他自称"不敢观三代两汉之书，而喜谈中古以降民族文化之史"②，原因在此。但他对明清以降的近代史，却很早就予以关注。在清华研究院的指导学科，已包含满洲书籍及碑志与历史有关系者。1926 年担任北大研究所国学门导师，在该门提出的研究题目四项，由本科三年级以上学生选修，四题为：1. 长庆唐蕃会盟碑藏文之研究（吐蕃古文）。2. 鸠摩罗什之研究（龟兹古语）。3. 中国古代天文星历诸问题之研究。4. 搜集满洲文学史材料。③

原来随梁启超研究明史的陈守实，毕业后到天津南开中学高中部任国文教员，常回校向"寅恪师"请益，"谈明清掌故颇久。师谙各国文字，而于旧籍亦翻检甚勤，淹博为近日学术界上首屈一指之人物"。陈寅恪指出《清史稿》诸多弊病，所论涉及外交档案、外人著述、军事情报、内阁档案等，无一不是当时研究清史的大道要津。他搜集满洲文学史料，正是准备编写满洲《艺文志》。

1927 年冬，恰好有由李盛铎保存的七千麻袋内阁档案因存放困难急于出售，陈寅恪闻讯，认为"内阁档案，有明一代史料及清初明清交涉档案，极为重要，……研究院如能扩充，则此大宗史料，实可购而整理之"。④ 这些档案，原为清内阁大库所存，宣统年间，装成八千麻袋移置国子监，民初以烂字纸低价出售给商人做造纸材料。除北大

① 杨联陞：《陈寅恪先生隋唐史第一讲笔记》，《清华校友通讯》1970 年 4 月 29 日。

② 《陈垣元西域人华化考序》，《金明馆丛稿二编》，239 页。

③ 《研究所国学门通告》，《北京大学日刊》第 2000 号，1926 年 12 月 8 日。该通告写于 12 月 2 日，则陈寅恪担任北京大学国学门导师的时间较以前所说为早。

④ 陈守实：《学术日录［选载］·记梁启超、陈寅恪诸师事》，《中国文化研究集刊》第 1 辑。

得一小部分，罗振玉以三倍价将其余七千麻袋购回，因财力不足，拟转售外人。李盛铎急以一万八千元（一说一万六千元）买回，月出 30 元租一房贮存。因其无暇整理，而所租房屋上雨旁风，欲再度出售，索价两万。先此，罗振玉将这些档案整理了两册，刊于东方学会，"即为日本、法国学者所深羡，其价值重大可想也"。日本满铁公司闻讯，即与李氏订立买约。马衡等人听说后大闹，不使出境，并请傅斯年等设法。因款项不易筹措，未果。清华研究院原来全年预算共 5 万元，王国维去世后，压缩一半，也无法购置。此后又有燕京大学购买之说。陈寅恪对此一直关注，1928 年 9 月，他和胡适、傅斯年等人谈及，"坚谓此事如任其失落，实文化学术上之大损失，明史、清史，恐因而搁笔，且亦国家甚不名誉之事也"。① 后终于由傅斯年转请蔡元培以两万元购回，存于中央研究院历史语言研究所。

　　1928 年 10 月，中研院史语所成立于广州，陈寅恪即被聘请为研究员，以秘书代行所长职务的傅斯年希望他就近在北京负责整理内阁大库档案。② 陈所属史语所第一组的研究标准是，以商周遗物，甲骨、金石、陶瓦等，为研究上古史对象；以敦煌材料及其他中亚近年出现的材料为研究中古史对象；以内阁大库档案，为研究近代史对象。第一项分别由傅斯年、丁山、容庚、徐中舒负责，第二项由陈垣负责，陈寅恪本人负责整理明清两代内阁大库档案史料，政治、军事、典制搜集，并考定蒙古源流及校勘梵番汉经论。③ 由此可见，至少从清华研究院时期起，陈寅恪的研究重心之一，已经转向明清史，并有整理内阁档案的愿望。只是开始尚偏重倚靠异族域外语言的民族文化关系一面。

　　陈寅恪在《冯友兰中国哲学史下册审查报告》中表示"平生为不

　　① 　1928 年 9 月 11 日傅斯年致蔡元培函，高平叔编：《蔡元培全集》第 5 卷，285～286 页，北京，中华书局，1988。

　　② 　王汎森、杜正胜编：《傅斯年文物资料选辑》，64～65 页。陈于 1929 年正式应聘。

　　③ 　《中央研究院过去工作之回顾与今后努力之标准》，《蔡元培全集》第 5 卷，371 页；《三十五年来中国之新文化》，高平叔编：《蔡元培全集》第 6 卷，85 页，北京，中华书局，1988。

古不今之学"，或以为"不古不今"指国史中古一段①，与陈的内心追求不相吻合。陈因家世关系回避晚清史可以理解，但志在宋代史学的通达，必不肯自囿于所谓中古一段。综观其一生治学，上自魏晋，下迄明清，均有极其深入而影响重大的成就。即使对先秦两汉和晚清史，虽鲜有专文，但偶尔涉及的二三论断，较一般专门研究者尤胜一筹，如对先秦各家影响社会的作用分析、晚清变法派不同之二源、梁启超不能绝缘于腐恶政治的原因理解等。《寒柳堂记梦》论述晚清史实，更有入木三分之功力。深入理解其关于清流浊流的冷静分析，大概不会产生陈氏对张之洞情有独钟的误解。

1933 年，张荫麟撰文称龚自珍作于道光二年（1822）的"汉朝儒生行"诗中某将军指岳钟琪，陈阅后，托容庚转告张"所咏实杨芳事"。张荫麟思考再三，接受其意见，并复函道：

> 因先生之批评之启示，使愚确信此诗乃借岳钟琪事以讽杨芳而献于杨者。诗中"一歌使公愳，再歌使公悟"之公，殆指杨无疑。杨之地位与岳之地位酷相肖似也。杨以道光二年移直隶提督，定庵识之，当在此时，因而献诗，盖意中事。次年定庵更有"寄古北口提督杨将军芳"之诗，劝其"明哲保孤身"也。本诗与杨芳之关系，愚以前全未涉想及之，今当拜谢先生之启示，并盼更有以教之。②

张荫麟是当时新旧各方公认的才子，没有极深功力，岂能轻易从他笔下看出破绽？可见陈寅恪此时亦能在晚清史解释今典，一展其同情式以诗证史的绝技。

陈寅恪晚年治史由中古转向明清，方法又由外族语言转向本位汉语，都有其前因与必然。没有这种站在本来民族地位上对外来学说尽力吸收后对于传统和西学的超越，其自成系统、有所创获的治学方法就难以完善，近代中国史学就无法在宋代的高峰之后再创新高，与国

---

① 汪荣祖：《陈寅恪评传》，81 页。
② 1934 年 3 月 7 日《与陈寅恪论汉朝儒生行书》，《燕京学报》第 15 期，1934 年 6 月。

际学术巨匠引导的主流并驾齐趋。对于陈寅恪晚年转向的误解，受影响的绝不仅仅是对其个人的评价，而是对民族文化命脉与价值的理解。就此而论，清华研究院时期不仅展示了陈寅恪的学术文化抱负，也显示了其一生学问的大体和脉络。他与其余几位教授及讲师关系的疏密和学行的异同，则在一定程度上浓缩了那一时代国学界的共相与变相。

第七章　陈寅恪与中国近代史研究

陈寅恪治学求通，即以史而论，上自魏晋，下迄明清，均有深入而精当的论述。其"不敢观三代两汉之书"，原因甚多。有心超越前贤及同辈，个人训练不在上古文字，均为要因。最关键的，还在他认为上古史料遗留不足，难以坐实。至于不治晚清历史，则是要避免感情牵连，立论不公。不过，陈家祖孙几代，与一部近代中国史渊源深广，其论人论事，不免时常涉及有关史实。陈寅恪晚年亲撰《寒柳堂记梦》，欲以"家史而兼信史"，更被视为"已改变往昔不研究晚清政局之初衷，决心在晚年亲自着手阐明所知晚清史事真相，自信已能'排除恩怨毁誉'，作出经得起审查的公正论述，以存信史而待后之识者"。① 尤其重要的是，探究陈寅恪与近代史研究的关系，有助于深入理解和把握其晚年学术思想与方法的发展，为学术研究特别是近代史研究开辟新的境界。

一、不古不今

陈寅恪虽然在 20 世纪 40 年代声称其不治晚清史，但晚清史的概念在当时并不等于近代史。而陈寅恪的主要研究领域在相当长的时期内至少包含时人公认的近代史。

陈寅恪关于近代史的看法，为人引述最多者，恐怕要数写于 1933 年的《冯友兰中国哲学史下册审查报告》所谓："寅恪平生为不古不今

---

① 石泉：《甲午战争前后之晚清政局·自序》，3 页，北京，生活·读书·新知三联书店，1997。

之学，思想囿于咸丰同治之世，议论近乎曾湘乡张南皮之间。"① 这段话乍看意思显然，其实玄机隐伏，不易理解。如"不古不今之学"，有学者认为"指国史中古一段，也就是他研究的专业"。② 具体而言，即佛教史、唐史、诗史互证和六朝史论。此说虽然有 1923 年陈寅恪亲笔的《与妹书》，以及后来（约 1935 年）杨联陞笔录的隋唐史第一讲笔记等资料佐证③，似与史实大有出入。

陈寅恪号称不治上古及晚清历史，只是不写论著而已。即使以其平生撰述为范围，自魏晋迄明清，均有精深的研究，很难以"国史中古一段"来界定。20 世纪 30 年代以后，他虽然将主要精力集中于魏晋隋唐史和唐代诗文，仍然重视宋以后的历史。他为邓广铭《宋史职官志考证》作序，很大程度是为了倡导以良法治宋代历史文化的"新宋学"。尤其是对明清史的研究，不仅始终未曾忽视，而且一直没有停止。他在清华研究院担任的指导学科之一，是蒙古、满洲书籍及碑志与历史有关系者之研究④；1926 年担任北京大学研究所国学门导师，提出的四项研究题目中，包括搜集满洲文学史材料⑤；1928 年中央研究院历史语言研究所在广州成立，陈寅恪被聘请为研究员，以秘书代行所长职务的傅斯年希望他就近在北京负责整理内阁大库档案。⑥

历史语言研究所迁往北平后，其下设的第一组即历史组的工作内容为关于史学各方面及文籍考订，具体研究标准为：

> 一、以商周遗物、甲骨、金石、陶瓦等，为研究上古史的对象；二、以敦煌材料及其他中亚近年出现的材料为研究中古史的对象；三、以内阁大库档案，为研究近代史的对象。⑦

---

① 《陈寅恪史学论文选集》，512 页。

② 汪荣祖：《陈寅恪评传》，81 页。

③ 陈寅恪与妹书称："我所注意者有二：一历史，唐史、西夏、西藏即吐蕃藏文之关系不待言；一佛教……"（《学衡》第 20 期，1923 年 8 月）此说人多解为陈寅恪指明自己的治学志向，然细察上下文意，所说实为习藏文的目的不在语言文字，而在历史与佛教，并非表明学术志向。

④ 《清华周刊》第 351、408 期；《国学论丛》第 1 卷第 1 号。

⑤ 《研究所国学门通告》，《北京大学日刊》第 2000 号，1926 年 12 月 8 日。

⑥ 王汎森、杜正胜编：《傅斯年文物资料选辑》，64～65 页。

⑦ 《三十五年来中国之新文化》，高平叔编：《蔡元培全集》第 6 卷，84 页。

可见这时一般的或正统的近代史概念，其上限起于明清，而不是现在通行的晚清。根据各人的研究课题，属于第一项上古史的为研究员傅斯年（古史中关于文学与制度）、丁山（殷契亡史之研究）、容庚（古器物书目）、编辑员徐中舒（中国古代人种史之研究）；属于第二项中古史的为陈垣（北平旧藏敦煌材料目录）；只有陈寅恪的研究课题属于第三项，并跨越第二项，具体为"整理明清两代内阁大库档案史料，政治、军事、典制收集，并考定蒙古源流、及校勘梵番汉经论"。也就是说，包括中古史和近代史的内容，而且似以近代史为主。① 所以，无论如何，不能以"不古不今"划定陈寅恪的治学范围，臆测为仅仅指国史中古一段。

陈寅恪的行为是其治学主张的体现。1935 年，他在为陈垣《元西域人华化考》所作序言中，对于"今日吾国治学之士，竞言古史，察其持论，间有类乎清季夸诞经学家之所为者"的现象痛加针砭，同时声言："寅恪不敢观三代两汉之书，而喜谈中古以降民族文化史。"② 由此可见，陈寅恪虽然自外于上古史领域，却从未将属于"中古以降"的近代史划出研究范围，而将自己局限于中古一段的狭境之中。尽管这绝不否认其对于唐史情有独钟。况且，依据刘桂生教授的见解，陈寅恪钟情于唐史的"更直接更重要的原因，则在于先生认为，近代中国国势与唐代极为相似，因而治唐史有助于了解近代中国这样一番道理"。③

值得注意的是，尽管陈寅恪担任的课程及其撰述多在中古时期，

---

① 《中央研究院过去工作之回顾与今后努力之标准》，《蔡元培全集》第 5 卷，371～372 页。

② 《陈寅恪史学论文选集》，506 页。

③ 刘桂生：《甲午战争前后之晚清政局·序》，2 页。据李涵 1944 年下半年听陈寅恪唐史课笔记，其第二节《如何研究唐史》称："首先应将唐史看作与近百年史同等重要的课题来研究。盖中国之内政与社会受外力影响之巨，近百年来尤为显著，……因唐代与外国、外族之交接最为频繁，不仅限于武力之征伐与宗教之传播，唐代内政亦受外民族之决定性的影响。故须以现代国际观念来看唐史，此为空间的观念。其次是时间上的观念。近百年来中国的变迁极速，有划时代的变动。对唐史亦应持此态度，如天宝以前与天宝以后即大不相同，唐代的变动极速，此点务须牢记。"石泉、李涵：《听寅恪师唐史课笔记一则》，北京大学中国中古史研究中心编：《纪念陈寅恪先生诞辰百年学术论文集》，34 页，北京，北京大学出版社，1989。

其关于清史的研究则一直亲自在实际进行之中，上述担任的各种指导、研究项目，绝非仅仅挂名而已。陈识满文，"在清华时不论天气多冷多热，他常乘车到大高店军机处看档案。清时机密都以满文书写，先生一本一本看，那是最原始史料，重要的随手翻译"①。他又好宋以下集部，留学期间，即好与曾琦等人谈清代掌故，于明清史实知之甚详。清华研究院毕业、专治明史的陈守实与之"谈明清掌故颇久"，赞叹道："师谙各国文字，而于旧籍亦翻检甚勤，淹博为近日学术界上首屈一指之人物。"对于新近告成的《清史》，陈寅恪极为不满，认为"草率"，"谓十六年告成，以清代事变之烦剧，断非仓猝间能将三百年之史实——整理者也"。陈守实痛斥"清史馆皆昏愦之徒"，"清代事变复杂，以昏愦之徒当之，十余年即成，不问可知为皆无俚文人之滥调恶套耳，不值得一观也"。陈寅恪也表示"首肯"。他收集整理研究清代史料的用意之一，便是打算编撰满洲《艺文志》，"此亦《清史》之一重要部分"。②

　　排除治学范围的时间限定，所谓"不古不今之学"，究竟何指？其今典显然与当时的一桩学术公案有关。1930 年以前，"故都各大学本都开设经学史及经学通论诸课，都主康南海今文家言"。这时的任课教师中虽然不少为章太炎的弟子门生，在经学方面，却大都由古文而趋今文。其实今古文之辩恰如汉宋之争，各执一端，不免偏蔽。尤其是今文学一脉，于近代思想史上影响极大。但就学术而言，则语多妖妄，不足征信。1930 年，由顾颉刚主编的《燕京学报》第 7 期刊登钱穆的《刘向歆父子年谱》，罗列康有为《新学伪经考》关于刘歆伪造经书说的 28 点不通之处，并详明因果。此论一出，反响强烈，"各校经学课遂多在秋后停开。但都疑余（即钱穆）主古文家言"。③

　　民国以后，学术领域的今古、汉宋之争表面上虽然逐渐淡化，其

———————————

　　①　陈哲三：《陈寅恪先生轶事及其著作》，《传记文学》第 16 卷，第 3 期，1970 年 3 月。

　　②　陈守实：《学术日录［选载］·记梁启超、陈寅恪诸师事》，《中国文化研究集刊》第 1 辑。

　　③　钱穆：《八十忆双亲·师友杂忆》，160 页。

精神则依然贯穿于新旧、中西、泥疑、考释、科玄等派分论辩之中。此种分歧的出现，根本源于人类社会为人的有意识活动与社会有规律运动的结合体，本来统一的客体反映于认识的主观，难免分裂为两面。欧美的科学主义与人本主义相互对垒，亦由于此。因此，钱穆在攻破今文家神话的同时，却被误解为古文家。而他的本意实在于破除今古，兼采汉宋，不分新旧，沟通中外。1933 年 2 月，钱穆应邀为罗根泽编著的《古史辨》第 4 册作序，表面替考据辩护，其实"着眼于中国民族文化之前途，颇有慨于现今大思想家的缺乏"。因而有评论称："这在北平的学术界里充满着'非考据不足以言学术'的空气之中，尤其是对症发药的文字。"① 是年 5 月，钱穆讲演龚自珍的思想与性格，朱自清敏锐地察觉到："盖钱意在调和汉宋，其志甚伟云。"②

不过，钱穆的主张及其学术成就似乎并未得到各方公认，如傅斯年的认可即止于《刘向歆父子年谱》。冯友兰关于老子年代的认识与钱穆大体一致，但对以史治经、子的做法似乎不以为然，对后者编年体的表述方式颇有异议。1932 年钱穆的《先秦诸子系年》完稿，经顾颉刚介绍，申请列入清华丛书。列席审查者三人，冯友兰"主张此书当改变体裁便人阅读"，陈寅恪则私下告人，"自王静安后未见此等著作矣"。③ 因为意见分歧，此书未获通过，后来于 1935 年由商务印书馆出版。陈寅恪对此结果相当不满，屡屡在不同场合赞扬钱著，以抱不平。如 1933 年 3 月 4 日在叶公超晚宴上：

> 谈钱宾四《诸子系年》稿，谓作教本最佳，其中前人诸说皆经提要收入，而新见亦多。最重要者说明《史记·六国表》但据《秦记》，不可信。《竹书纪年》系魏史，与秦之不通于上国者不同。诸子与《纪年》合，而《史记》年代多误。谓纵横之说，以为当较晚于《史记》所载，此一大发明。寅恪云更可以据楚文楚

---

① 《读书杂志》第 2 卷第 7 号，1933 年 4 月 10 日。

② 朱乔森编：《朱自清全集》第 9 卷，225 页，南京，江苏教育出版社，1997。

③ 钱穆：《八十忆双亲·师友杂忆》，160 页。

二主名及《过秦论》中秦孝公之事证之。①

次年 5 月 16 日，陈又对杨树达"言钱宾四（穆）《诸子系年》极精湛。时代全据《纪年》订《史记》之误，心得极多，至可佩服"。② 而这时钱穆的著作尚未出版。

不仅如此，陈寅恪对大约同时送审并获得通过的冯友兰《中国哲学史》下册不无微辞。叶公超宴会上，他于表彰未获通过的钱著的同时，"又论哲学史，以为汉魏晋一段甚难"。③ 这显然针对冯著下册而言。细读其审查报告，上册褒意明显，而下册贬辞时现。虽称下册"于朱子之学，多所发明"，实则作者"取西洋哲学观念，以阐明紫阳之学，宜其成系统而多新解"。陈认为秦以后思想演变"只为一大事因缘，即新儒学之产生，及其传衍而已"，而冯著于新儒家产生诸问题，犹有未发之覆在，并且为数不少，相当关键，则下册出版，与上册相较，于中国哲学史的形式备则备矣，内容却未必美。况且这种"取西洋哲学观念，以阐明紫阳之学"的做法，是否真能"自成系统，有所创获"，还要看其"吸收输入外来之学说"与"不忘本来民族之地位"的"相反而适相成之态度"④ 如何。就此而论，冯著恐怕有偏于今之嫌，与陈寅恪的见解不相凿纳，难逃愈有条理系统，去事实真相愈远之讥。

对于今古文经学，陈寅恪的看法与钱穆颇有相通之处。其祖父陈宝箴当年即"喜康有为之才，而不喜其学也"。他本人虽然不治经学，其实研究甚深，家法门户，源流脉络，了如指掌。⑤ 他认为："清代今文公羊学者唯皮锡瑞之著述最善，他家莫及也。"对今文家治边疆史

---

① 朱乔森编：《朱自清全集》第 9 卷，202 页。标点有所调整。

② 杨树达：《积微翁回忆录》，82 页。

③ 朱乔森编：《朱自清全集》第 9 卷，202 页。

④ 《陈寅恪史学论文选集》，510～512 页。至于冯著上册，陈寅恪于字里行间也有所不满。

⑤ 陈寅恪曾为吴宓"述中国汉宋门户之底蕴，程、朱、陆、王之争点，及经史之源流派别"。吴宓"大为恍然"，慨叹"为学能看清门路，亦已不易，非得人启迪，则终于闭塞耳"。吴宓著，吴学昭整理注释：《吴宓日记》第 2 册，28 页。

地，从来批评不少。至于影响民初学术甚大的康有为一派，则断为：

> 今日平心论之，井研廖季平、及南海初期著述尚能正确说明
> 西汉之今文学。但后来廖氏附会《周礼》占梦之语；南海应用
> 《华严经》中古代天竺人之宇宙观，支离怪诞，可谓"神游太虚
> 境"矣。①

对于古文经学同样不以为然。他批评"号称极盛"的清代经学虽
然吸引了一世才智之士，但"其谨愿者，既止于解释文句，而不能讨
论问题。其夸诞者，又流于奇诡悠谬，而不可究诘"。而且此风一直影
响到民国时期，"今日吾国治学之士，竞言古史，察其持论，间有类乎
清季夸诞经学家之所为者"。② 将今古文学的偏与邪一概推翻。

由此可见，所谓"不古不今之学"，实在并非指国史中古一段，更
不是当事人之一的冯友兰所讲"是说他研究唐史"③。此语应是借钱穆
著作涉及近代今古文学兴衰浮沉的一段因缘，针对当时学术界泥古与
趋时、墨守与洋化的普遍偏向，首先表明本人的治学处世态度绝不偏
于一端。借用杨树达的话说，即治学须"先因后创"，"温故而不能知
新者，其人必庸；不温故而欲知新者，其人必妄"。④ 其旨意也就是
1911 年王国维在《国学丛刊·序》中所说："余正告天下曰：学无新
旧也，无中西也，无有用无用也，凡立此名者，均不学之徒，即学焉
而未尝知学者也。"⑤

其次，则隐含批评冯友兰新著及其反对出版钱穆《先秦诸子系年》
之意。冯嫌钱著体裁不便于阅读，陈寅恪则相反，以为适作为教本。

---

① 石泉整理：《寒柳堂记梦未定稿（补）》，王永兴编：《纪念陈寅恪先生百
年诞辰学术论文集》，47 页。
② 《陈垣元西域人华化考序》，《陈寅恪史学论文选集》，503～504 页。
③ 冯友兰：《怀念陈寅恪先生》，《纪念陈寅恪先生诞辰百年学术论文集》，
18 页。
④ 杨树达：《积微翁回忆录》，129 页。
⑤ 《观堂别集》卷四，《王国维遗书》第三册，202 页。

他主张史学的表述于"文章之或今或古，或马或班，皆不必计也"。①
胡适从白话文、钱锺书从文言文的角度，都曾批评陈寅恪的文章不高
明。② 但陈的文章用以分析史料，显示史识，或许恰到好处，言简意
赅而内涵丰富、意味深长的警句层出迭现，往往令人不禁拍案叫绝。

民国尤其是新文化运动以来的学术界，延续今古、汉宋、中西、
新旧之争，加上伴随西学东渐日益扩大的科学与人本两大主义彼此攻
伐的影响，输攻墨守，各执一端，泥古或趋时的偏向严重。此于思想
文化方面的集中体现，为新文化派与《学衡》派的长期论争。在学术
领域，则有融合乾嘉朴学和欧洲东方学的主流派与其他非主流派的分
歧及明争暗斗。陈寅恪为各派共同赏识的少数例外，与双方代表人物
均保持良好交谊，学术主张则不仅在两派之间，更超越其上。他曾说：

> 以往研究文化史有二失：旧派失之滞。旧派所作中国文化
> 史，……不过抄抄而已。其缺点是只有死材料而没有解释。读后
> 不能使人了解人民精神生活与社会制度的关系。新派失之诬。新
> 派是留学生，所谓"以科学方法整理国故"者。新派书有解释，
> 看上去似很有条理，然甚危险。③

所谓不古不今，也有不新不旧（以当时语境而言）的意思在内。
进而言之，则是既不泥古亦不疑古，既不薄今亦不趋时。

陈寅恪与各派人际关系的紧密，其实多为各派引其为同道或同调，
而陈寅恪对各派的学识主张，则分别有相当的保留，不可妄断为挚友
知音。他衷心推崇的学人，如王国维、陈垣、杨树达等，大体均在各
派之外甚至之上。从学术史的角度看，主流派的脉络最具代表性的应
是从北京大学研究所国学门到中央研究院历史语言研究所一系。陈寅
恪虽然先后担任国学门导师和史语所研究员，得到新派领袖人物如胡

---

① 陈守实：《学术日录［选载］·记梁启超、陈寅恪诸师事》，《中国文化研
究集刊》第 1 辑。

② 汪荣祖：《胡适与陈寅恪》，《陈寅恪评传》，255 页。

③ 卞僧慧：《怀念陈寅恪先生》，引自蒋天枢：《陈寅恪先生传》，《纪念陈寅
恪先生诞辰百年学术论文集》，4 页。

适、傅斯年等人的高度评价，学术见解却有明显距离。国学门由留日的太炎门生及欧美留学生组成，陈寅恪对于其倡导以科学方法整理国故，实则用外来系统条理固有材料很不以为然，多次指陈其穿凿附会之弊。

史语所的宗旨见于傅斯年《工作旨趣》，虽有人以此为"新史学"发端的宣言，其实精神、主张和基本做法与北大国学门及其衍生出来的厦门大学国学院、中山大学语言历史研究所一脉相承。① 而傅斯年公开批评章太炎以及宣称治学不读书而专找材料，则在科学主义的路途上朝着国际汉学或东方学的方向走得更远。此举看似与陈寅恪等人治学的科学性相通，其实相当程度上脱离了中国学术的正轨。陈寅恪对钱穆著作的推崇和傅斯年对钱的不以为然，可以说是陈、傅治学主张不同的明证。尽管钱穆后来着重讲宋学，多少有违其"义理自故实出"② 的初衷，与陈寅恪一生坚持"讲宋学，做汉学"③ 有异，但他长期被排挤于学术主流之外，仍然反映了主流派的偏颇。所以1968年钱穆当选为中研院院士，严耕望称为"象征中国文史学界同异学派之结合，尤具重大意义"。④

陈寅恪与旧派的关系同样须从其他方面着眼，才能认识清楚。所谓旧派，也就是通常所称文化守成者，包括老辈与新人中的对新文化派持异议者。因家世渊源，陈与文化遗民乃至政治遗老都易于接近，加上与王国维交谊甚笃，罗振玉等对其期望甚殷。不过，陈寅恪的某些学术文化见解和态度做法，仍引起老辈的不满，如以对对子为清华国文考题，便招致非议，以致不得不公开答辩。他对老辈学人中的要角张尔田等人的学行，也不无异辞。这一派的新生代中，吴宓颇具典型性。陈之于吴，在师友之间，吴对陈的学问见识佩服得五体投地，

---

① 参见陈以爱：《中国现代学术研究机构的兴起——以北京大学研究所国学门为中心的探讨（1922—1927）》，360～392 页。

② 钱穆：《古史辨》第 4 册《序言》。

③ 据汪荣祖教授见告，为钱锺书对陈寅恪治学的评语。钱意别有褒贬，但转换角度理解，则相当贴切。

④ 严耕望：《钱穆宾四先生与我》，31 页。

但反过来则未必然。所以从吴宓的角度论证两人关系，所见多为吴宓的一厢情愿，而非彼此心心相印。吴宓日记中的陈寅恪，很大程度上也是吴宓眼中的陈寅恪，与后者的本相不无出入。其实，吴宓的学术诗文不仅难以得到陈寅恪的赏识，年轻一辈的张荫麟、浦江清等也微辞不少。

陈寅恪与吴宓的共鸣，在于不赞成一律白话文①、坚持本位文化、学术独立、思想自由、反对激进变革与社会动荡等方面。至于学术，则吴宓基本还是文士。他对好考据的中外学者不无偏见，喜欢旧体诗，却又无甚天赋。② 吴宓信奉白璧德的新人文主义，陈寅恪对此可称同道，但并非信徒。陈所主张实行者，在沟通科学与人本主义并跨越其上。其做汉学的一面，便与吴宓清楚分界。缘吴宓的见解认识陈寅恪，必然是经过主观判断过滤的片面。

二、咸同之世

因身世交游的关系，陈寅恪常常谈及近代历史的种种人事。他自称"对晚清历史还是熟悉的"③，则其看法并非兴之所至的任意评点，也不是一家一姓的是非恩怨，而是以论学治世态度深思熟虑而得出的"数十年间兴废盛衰之关键"。④ 仔细考察，更有前后一贯的系统性。

"思想囿于咸丰同治之世，议论近乎曾湘乡张南皮之间"，今人多

---

① 朱乔森编：《朱自清全集》第 9 卷，163～164 页。1932 年 10 月 3 日，浦江清与朱自清谈中国语言文字之特点和比较文学史方法，认为中国语为孤立语，异于印欧之屈折语和日本、土耳其之粘着语；为分析的，非综合的，乃语言之最进化者；一开始即与语离；中国文学当以文言为正宗等。朱自清称："浦君可谓能思想者，自愧弗如远甚。"其实浦的许多见识，显然来自陈寅恪。这在陈寅恪与历任助手的关系中，可谓异例。或者陈寅恪当时仍在少壮，与助手的年龄差距较小，论人论学，比较直白。

② 浦江清《清华园日记》13 页载："吴雨僧先生到校招余去谈，因观其《南游杂诗》百首，佳者甚少。吴先生天才不在诗，而努力不懈，可怪也。"

③ 石泉、李涵：《追忆先师寅恪先生》，《纪念陈寅恪教授国际学术讨论会文集》，57 页。

④ 《寒柳堂记梦未定稿》，《寒柳堂集》，168 页。

以中体西用及纲常名教定位，认真考究，也未必尽然。邓广铭教授即认为：

> 近四五十年内，凡论述陈先生的思想见解者，大都就把这几句自述作为陈先生的最确切的自我写照。既然自称"近乎曾湘乡、张南皮"，于是而就断定陈先生是一个主张"中学为体，西学为用"的人。我对于这样的论断却觉得稍有难安之处。因为，我在前段文字中所引录的《王观堂先生挽词》的《序》中的那段话，乃是陈先生自抒胸臆的真知灼见，而所表述的那些思想，岂是咸丰、同治之世所能有的？所发抒的那些议论，又岂是湘乡、南皮二人之所能想象的呢？

并且断言：陈先生的几句自述，实际上只是一种托词。"如果真有人在研究陈先生的思想及其学行时，只根据这几句自述而专向咸丰、同治之世和湘乡、南皮之间去追寻探索其踪迹与着落，那将会是南辕而北辙的。"①

陈寅恪重视纲常名教，源于他对民族文化史的深刻认识。他认为："中国古人，素擅长政治及实践伦理学"；"中国家族伦理之道德制度，发达最早。周公之典章制度，实为中国上古文明之精华。"② 这也就是后来所说"二千年来华夏民族所受儒家学说之影响，最深最巨者，实在制度法律公私生活之方面"③。但这是千古不变的一面，不仅限于咸丰同治之世。专门提出咸、同之世，曾、张之间，除了维护名教之外，必有其他新的因素。而且此节必然关系中国近代变化转折的关键。

冯友兰解释道：

> 咸丰、同治之间的主要思想斗争，还是曾国藩和太平天国之间的名教和反名教的斗争。曾国藩认为，太平天国叛乱是名教中的"奇变"。他所谓名教。就其广义说，就是中国传统文化。他认

---

① 《在纪念陈寅恪教授国际学术讨论会闭幕式上的发言》，《纪念陈寅恪教授国际学术讨论会文集》，33～34 页。

② 吴宓著，吴学昭整理注释：《吴宓日记》第 2 册，101～102 页。

③ 《陈寅恪史学论文选集》，511 页。

为，太平天国是用西方的基督教毁灭中国的传统文化。这就是所谓"咸丰、同治之世"的思想。曾国藩也是主张引进西方的科学和工艺，但是要使之为中国传统文化服务。这就是封建历史家所说的"同治维新"的主体。张之洞用八个字把这个思想概括起来，即"中学为体，西学为用"，这就是所谓"湘乡、南皮之间"的议论。①

此说之于社会常情及变态大体不错，但具体到个人殊境，则难免有不尽不实之处。

纲纪说见于 1927 年《王观堂先生挽词并序》，陈寅恪指出：

> 夫纲纪本理想抽象之物，然不能不有所依托，以为具体表现之用；其所依托以表现者，实为有形之社会制度，而经济制度尤其最要者。故所依托者不变易，则依托者亦得因以保存。……（道光以后）社会经济之制度，以外族之侵迫，致剧疾之变迁；纲纪之说，无所凭依，不待外来学说之掊击，而已销沉沦丧于不知觉之间；虽有人焉，强聒而力持，亦终归于不可救疗之局。盖今日之赤县神州值数千年未有之巨劫奇变；劫尽变穷，则此文化精神所凝聚之人，安得不与之共命而同尽。

这里虽然包含作者对中国文化的观念，但主旨在于了解同情王国维"不得不死"的立场，并不完全代表作者的态度。如果陈寅恪与王国维居于同一立场，如有人称之为"遗少"者，则其不与观堂一致行动，岂非苟活？陈家与清室，恩怨分明②，陈寅恪虽然不一定知其详，从其关于晚清史的诸多议论，很难看出多少恋清情结。即使文化遗民说，所谓明知不可为而为之，也与其具体行为不相吻合。

文化遗民说的重要支撑是中体西用观，1961 年吴宓日记："然寅恪兄之思想及主张，毫未改变，即仍遵守昔年'中学为体，西学为用'

---

① 冯友兰：《怀念陈寅恪先生》，《纪念陈寅恪先生诞辰百年学术论文集》，18 页。

② 详参拙文《甲午台湾内渡官绅与庚子勤王运动》，《历史研究》，1995（6）；《论庚子中国议会》，《近代史研究》，1997（2）。

之说（中国文化本位论）。"① 说陈寅恪坚持中国文化为本位，当属的论，但他的"中体西用"文化观的经典表述，仍是《冯友兰中国哲学史下册审查报告》所说：

> 其真能于思想上自成系统，有所创获者，必须一方面吸收输入外来之学说，一方面不忘本来民族之地位。此二种相反而适相成之态度，乃道教之真精神，新儒家之旧途径，而二千年吾民族与他民族思想接触史之所昭示者也。

这与晚清名臣张之洞的中体西用说精神虽无二致，内涵却有分别。尤其重要的是，如以中体西用说来诠释，则其议论当与张之洞相等，而不能说近乎湘乡、南皮之间。陈、吴二人交谊甚久，见识学问却差距甚大，即使推心置腹，吴也未必能理解到位。何况陈对吴的学行，心非之处不少。诉诸言论之外，别有隐辞。

陈寅恪治明清史事，极注意人物的身世交游。所谓咸、同之世与湘乡、南皮之间，与此也有密切关系。汪荣祖教授在新编《陈寅恪评传》中，已经发现，所谓"思想囿于咸丰、同治之世"，"当然不是要认同咸同时代的保守思想。事实上，不仅仅是咸同将相开创了'同治中兴'的新局，而且咸同时代的进步人士，特别是郭嵩焘、冯桂芬、以及陈宝箴，实为同光变法思想的先驱。度寅恪之意，他是要明变法思想的源流。"② 陈寅恪 1945 年《读吴其昌撰梁启超传书后》论及：

> （近代之）言变法者，盖有不同之二源，未可混一论之也。咸丰之世，先祖亦应进士举，居京师。亲见圆明园干霄之火，痛哭南归。其后治军治民，益知中国旧法之不可不变。后交湘阴郭筠仙侍郎嵩焘，极相钦服，许为孤忠闳识。先君亦从郭公论文论学，而郭公者，亦颂美西法，当时士大夫目为汉奸国贼，群欲得杀之

---

① 吴学昭：《吴宓与陈寅恪》，143 页。
② 汪荣祖：《陈寅恪评传》，27 页。傅璇宗的《陈寅恪文化心态与学术品位的考察》也指出："张之洞的中体西用说有着强烈的政治内涵，而陈寅恪则是借用，是用来说明他对中外文化相互交流和影响的看法。"（张杰、杨燕丽选编：《解析陈寅恪》，5~10 页，北京，社会科学文献出版社，1999）

而甘心者也。至南海康先生治今文公羊之学，附会孔子改制以言变法。其与历验世务欲借镜西国以变神州旧法者，本自不同。故先祖先君见义乌朱鼎甫先生一新《无邪堂答问》驳斥南海公羊春秋之说，深以为然。据是可知余家之主变法，其思想源流之所在矣。①

由此而论，咸同之世正是由历验世务而主张变法一派产生的时期，这也是陈宝箴变法思想的源流之所在。

尽管陈寅恪追究近代变法二源时声称"余少喜临川新法之新，而老同涑水迂叟之迂"，认为半世纪以来，社会退化，"是以论学论治，迥异时流，而迫于事势，噤不得发"。② 实则十余年前，显然仍是赞成先祖的变法主张和途径。而这种主张和途径，不仅时间发源于湘乡、南皮之间，内容也与二者近似而有所分别。

大体而言，近代知识人的变革图强主张，确有一激进化趋势。虽然各阶段的具体动因不一，共性则在为学人从一定的思想或主义出发，树立以外部为原型的理想化目标，再用以改造社会。因而在理想与现实之间，往往需要相当长的调整过程，才能逐渐磨去空想的成分，走向务实的正途。陈寅恪揭示近代变法不同之二源，其意义不仅限于戊戌之际，因为在康有为之后，变革派大致均不源于"历验世务欲借镜西国以变神州旧法者"之一脉。汪荣祖教授认为："所谓'二源'，并非思想本质有大异，而是稳健与冒进之别。冒进之失败，更感到未采稳健以达变法目的之遗憾。"③ 如以变法与否的新旧之别作为思想本质的权衡，当然没有大异，但在稳健与冒进的形式之下，二源的思想方式的确相去甚远。

不少学人已经注意到，"寅恪先生决不是一个'闭门只读圣贤书'的书呆子"，其满篇考证骨子里谈的都是成败兴亡的政治问题。④ 1919

---

① 《寒柳堂集》，148～149 页。

② 《寒柳堂集》，150 页。

③ 汪荣祖：《陈寅恪评传》，27 页。

④ 季羡林：《回忆陈寅恪先生》，《怀旧集》，198～199 页，北京，北京大学出版社，1996。

年吴宓与之相识于哈佛，"聆其谈述，则寅恪不但学问渊博，且深悉中西政治、社会之内幕"。① 如偶及婚姻之事，陈为其细述所见欧洲社会实在情形，竟能将贵族王公、中人之家和下等工人的情况分别详述，指出："西洋男女，其婚姻之不能自由，有过于吾国人。"并且进而申论："盖天下本无'自由婚姻'之一物，而吾国竟以此为风气，宜其流弊若此也。即如宪法也，民政也，悉当作如是观。捕风捉影，互相欺蒙利用而已。"②

这与五四以来东西文化的笼统类比，不啻天壤之别。1923 年至1924 年留学欧洲期间，他曾与积极组织政党活动的曾琦等人交往，"高谈天下国家之余，常常提出国家将来致治中之政治、教育、民生等问题：大纲细节，如民主如何使其适合中国国情现状，教育须从普遍征兵制来训练乡愚大众，民生须尽量开发边地与建设新工业等。"③ 后来他指责戊戌以来 50 年中国政治退化，依据之一即是以国会为象征的所谓民主政治。④ 陈寅恪虽然不曾主动参与政治活动，却有独立的态度和主张。他与新旧各派人物均维持关系，以致各方面都视之为同道，恰好显示了特立独行的治学处世态度，与康有为以后不同的学派政派之文化政治观念往往各走极端相异，而与其先祖的变法态度相通。相通的根据，则是对中国历史文化及社会现实的深刻认识。

立于戊戌以后各种政派学派之间的政治、文化观念，其精神主旨与中体西用的方向并无二致。但具体到曾国藩、张之洞其人，则只是"议论近乎"其间而已。曾国藩称陈宝箴为"海内奇士"，陈则目曾为

---

① 吴宓著，吴学昭整理：《吴宓自编年谱》，188 页。陈寅恪晚年的助手黄萱也有类似看法。

② 吴宓著，吴学昭整理注释：《吴宓日记》第 2 册，20～21 页。

③ 李璜：《忆陈寅恪登恪昆仲》，钱文忠编：《陈寅恪印象》，6 页，上海，学林出版社，1997；曾琦：《旅欧日记》，曾慕韩先生遗著编辑委员会编：《曾慕韩先生遗著》，407～418 页，台北，"中国青年党中央执行委员会"，1954。是时曾琦等人与周恩来、徐特立、郭隆真往来较多，陈寅恪之弟陈登恪参与其组党活动。

④ 《寒柳堂集》，149～150 页。陈寅恪对于西式议会政治的看法，与张之洞的《劝学篇》倒不无契合之处。

"命世伟人"。① 两家后来更辗转结为姻亲。陈寅恪之于曾国藩，似有敬意而无异辞。不过，曾国藩拯救名教则旗帜鲜明，借镜西国尚在开端。学术方面，曾主张复兴理学，与陈寅恪的学术路径大异其趣。

至于张之洞的人品学问，陈寅恪讽词不少。其《王观堂先生挽词并序》对张之洞相当推崇：

> 依稀廿载忆光宣，犹是开元全盛年。海宇承平娱旦暮，京华冠盖萃英贤。当日英贤谁北斗，南皮太保方迂叟。忠顺勤劳矢素衷，中西体用资循诱。总持学部揽名流，朴学高文一例收。②

张之洞自比司马光，陈寅恪也有"老同涑水迂叟之迂"的自况，当然是两人的相通之处。但挽词的本意似在移情于王国维的立场心境，而非发挥本人的旨趣。陈寅恪认为，在清末清流派中，张之洞先是外官的骨干，后为京官的要角③，而"同光时代士大夫之清流，大抵为少年科第，不谙地方实情及国际形势，务为高论。由今观之，其不当不实之处颇多。……总而言之，清流士大夫，虽较清廉，然殊无才实。浊流之士大夫略具才实，然甚贪污。其中固有例外，但以此原则衡清季数十年人事世变，虽不中亦不远也"。④

以清流不谙地方实情与国际形势而论，张之洞算是例外。陈寅恪引吴永《庚子西狩丛谈》述李鸿章之言：

> 天下事为之而后难，行之而后知。从前有许多言官，遇事弹纠，放言高论，盛名鼎鼎，后来放了外任，负到实在事责，从前芒角，立时收敛，一言不敢妄发，迨至升任封疆，则痛恨言官，更甚于人。当有极力讦我之人，而俯首下心，向我求教者。顾台

---

① 陈二立：《先府君行状》，陈三立著，钱义忠标点：《散原精舍文集》，70页，沈阳，辽宁教育出版社，1998。

② 《寒柳堂集·寅恪先生诗存》，7页。

③ 《寒柳堂记梦未定稿》，《寒柳堂集》，171页。

④ 《寒柳堂记梦未定稿（补）》，《纪念陈寅恪先生百年诞辰学术论文集》，36页。其文又称："吾人今日平情论之，合肥之于外国情事，固略胜当时科举出身之清流，但终属一知半解，往往为外人所欺绐。"（同书39页）

院现在，后来者依然踵其故步，盖非此不足以自见。

并且案道：

> 合肥所谓前为言官，后为封疆，当极力讦之者，当即指南皮。
> 合肥与渔川谈论时，实明言南皮之姓名，渔川曾受南皮知遇，故
> 其书中特为之讳耳。

张之洞的转变从积极方面看可谓与时俱进，但与历验世务欲借镜
西国以变神州旧法毕竟有别。况且清代士人尚气节者多憨直，得官爵
者则不免逢迎，与岑春煊的不学无术和袁世凯的不学有术相比，张之
洞虽被视为有学无术，但作为清流名士，却是宦术甚工，至少不在只
讲功利才能不论气节人品的浊流之下。此类不肖者巧者善于利用新旧
道德标准及习俗以应付环境，往往富贵荣显，身泰名遂，陈寅恪虽不
一定自居于贤拙之列，恐怕也不屑与之为伍。

此外，张之洞私淑陈澧，主张不分汉宋，曾作《书目答问》导人
以读书门径，所倡导鼓吹的学风弥漫大江南北，隐执晚清士林胜流之
牛耳。而陈寅恪对其学识颇有微辞。他虽然批评廖平、康有为的今文
学，却对张之洞《劝学篇》痛斥公羊之学为有取于孔广森之《公羊通
义》不以为然，认为孔"为姚鼐弟子，转工骈文，乃其特长。而《公
羊通义》实亦俗书，殊不足道"。[1] 这无疑是指张之洞见识不高。

进而论之，中体西用之说，经过数十年文化论争，偏蔽显而易见，
无法空言坚持。陈寅恪岂能作茧自缚？所以，无论于学理或时势，都
只能是议论近乎湘乡、南皮而不能等同。其说既揭示自己的政治学术
观念主张的家世流派渊源，又故意划清与当时新旧各派的界限。如果
牵强为与其中某一派系相同，则此一宣言的特立独行意义反而丧失
殆尽。

---

[1] 《寒柳堂记梦未定稿（补）》，《纪念陈寅恪先生百年诞辰学术论文集》，
44、47 页。

三、具有统系与不涉附会

对于清史尤其是晚清史的研究，陈寅恪从史料到史学一直有不少精辟而独到的见解。其治史强调要收罗古今中外公私敌我正史杂书各种资料，融会贯通。他曾针对仓促成书的《清史稿》谈及相关的史料与史学，认为：

> 史馆中史料残缺殊甚，某人任某门，则某门之史料即须某人以私人资格搜罗。微特浩如烟海之史料，难由一二私人征集，即自海通以还，一切档案，牵涉海外，非由外交部向各国外交当局调阅不可，此岂私人所能为者也？边疆史料，不详于中国载籍，而外人著述却多精到之记载，非征译海外著述不可。又如太平军之役，除官书外，史料亦多缺轶。曾氏初起时，曾遣人之粤侦伺洪氏内幕。此人备历艰险，作有详细报告，成一专书，名曰《贼情回报》①，今其书尚存，于太平军中诸领袖人物，皆为作略历，如小传，一切法制规例，皆详列靡遗。此类极有价值之史料，若不出重价购买，则于太平军内容，必难得其详。此事亦非私人所能了。又乾隆以前《实录》皆不可信，而内阁档案之存者，亦无人过问。清人未入关前史料，今清史馆中几无一人知之，其于清初开国史，必多附会。

1928 年，他为挽救由李盛铎保存、濒临毁坏的内阁档案向各处呼吁，认为其中"有明一代史料及清初明清交涉档案，极为重要，……（清华）研究院如能扩充，则此大宗史料，实可购而整理之"。② 后来日本满铁公司闻讯，订约购买。陈寅恪与胡适等人"坚谓此事如任其失落，实文化学术上之大损失，明史、清史，恐因而搁笔，且亦国家

---

① 当指《贼情汇纂》，实情略有不同。
② 陈守实：《学术日录［选载］·记梁启超、陈寅恪诸师事》，《中国文化研究集刊》第 1 辑。

甚不名誉之事也"。①

重视资料搜集之外，陈寅恪晚年的治学重心下移到明清史，其成就及方法对于近代史研究有极为重要的启示与示范作用。可惜此节尚未得到学术界的充分认识和重视。近代学者，承续清学余荫，竞相拥挤于古史狭境。"当时学术界凡主张开新风气者，于文学则偏重元明以下，史学则偏重先秦以上。"② 所以章太炎批评"今之讲史学者，喜考古史，有二十四史而不看，专在细致之处吹毛求瘢"。③ 1934 年 2 月赵万里与朱自清谈论"现在学术界大势"，慨叹："大抵吾辈生也晚，已无多门路可开矣。日本人则甚聪慧，不论上古史而独埋首唐宋元诸史，故创获独多也。"④ 其实不仅日本学者，近代史学界二陈（垣、寅恪），也都是不论上古史。陈寅恪为陈垣《元西域人华化考》作序，称"先生是书所发明，必可示以准绳，匡其趋向"，"关系吾国学术风气之转移者至大"，不仅路径须"脱除清代经师之旧染"，"合于今日史学之真谛"，而且领域应由"三代两汉"而"中古以降"。⑤

在民国时期竞言古史的学者看来，近代史至多只是余力所及的副业。几位大家慧眼独具，并不轻视近代史，但对于近代史的史料与史学，看法也不尽相同。陈垣自谦道：

> 近百年史之研究，仆为门外汉。史料愈近愈繁。凡道光以来一切档案、碑传、文集、笔记、报章、杂志，皆为史料。如此搜集，颇不容易。窃意宜分类研究，收缩范围，按外交、政治、教育、学术、文学、美术、宗教思想、社会经济、商工业等，逐类研究，较有把握。且既认定门类，搜集材料亦较易。⑥

---

① 1928 年 9 月 11 日傅斯年致蔡元培函，高平叔编：《蔡元培全集》第 5 卷，285～286 页。

② 钱穆：《八十忆双亲·师友杂忆》，169 页。

③ 诸祖耿记：《历史之重要》，《制言》第 55 期。

④ 朱乔森编：《朱自清全集》第 9 卷，282 页。

⑤ 《陈寅恪史学论文集》，506 页。

⑥ 约 1929 年 12 月 3 日致台静农，陈智超编注：《陈垣来往书信集》，380 页。

　　此法源自前数年上海《申报五十年纪念特刊》，其实也是陈垣受西洋科学主义影响，将研究领域细分化的一贯做法。他治明清各教历史，虽精于目录之学，亦知穷搜不易，可以视为经验之谈。

　　与领域广阔而论证精细的陈垣相比，胡适尤其是梁启超的风格则显得空泛而弘廓。有"上卷书作者"之称的胡适，中年以前虽有《红楼梦》《醒世姻缘传》等清代文学方面的考证文字，以及关于清代学术和思想史的不少著述，功夫还是下在古代。不过，胡适提倡的科学方法几乎是放之四海而皆准的常识，他虽然自称对于明史和近代史是"门外汉"、"全外行"，治明史的吴晗和治近代史的罗尔纲却颇得益于他的点拨。尤其是力劝罗尔纲勿仿旧式文人随口乱做概括论断，做大而无当的报章杂志文章，须做新式史学，排除主观见解，尽力搜求材料，重行构造史实①；又告诫吴晗要专题研究，小题大做，认识相当到位。但他虽不轻视近代史，内心仍不免愈古愈有学问的成见，认为：

　　　　秦、汉时代材料太少，不是初学所能整理，可让成熟的学者去工作。材料少则有许多地方须用大胆的假设，而证实甚难。非有丰富的经验，最精密的方法，不能有功。晚代历史，材料较多，初看去似甚难，其实较易整理，因为处处脚踏实地，但肯勤劳，自然有功。凡立一说，进一解，皆容易证实，最可以训练方法。②

　　他批评"近年的人喜欢用有问题的史料来研究中国上古史"，劝罗尔纲治近代史，理由也是"近代史的史料比较丰富，也比较易于鉴别真伪"。③ 胡适所说乃当时人的普遍看法，同时多少也有几分不识愁滋味的少年得意。他后来倾全力破解全、赵、戴《水经注》公案，凭借各种便利条件，费半生时间精力，写了大量文字，仍然枝节横生，疑点层出不穷，无法结案。他大概体会到了治晚近史的艰难与治古史只是方式有别，而程度无异，甚至有过之无不及，因此尽管还虚张声势

_____

①　耿云志、欧阳哲生编：《胡适书信集》中册，699～704 页。
②　耿云志、欧阳哲生编：《胡适书信集》上册，557 页。
③　罗尔纲：《师门五年记·胡适琐记》，28 页，北京，生活·读书·新知三联书店，1995。

地大讲方法心得，但关于治晚近史较易的想当然之论，却是欲说还休了。

过来人兼研究者的梁启超对于近代史的史料与史学似乎最能体会其中滋味。他认为：

> 时代愈远，则史料遗失愈多，而可征信者愈少，此常识所同认也。虽然，不能谓近代便多史料，不能谓愈近代之史料即愈近真。例如中日甲午战役，去今三十年也，然吾侪欲求一满意之史料，求诸记载而不可得，求诸耆献而不可得，作史者欲为一翔实透辟之叙述如《通鉴》中赤壁、淝水两役之比，抑已非易事。

梁先后指出近代史料不易征信近真的两点原因：其一，"真迹放大"。著书者无论若何纯洁，终不免有主观的感情夹杂其间，感情作用支配，不免将真迹放大。其 20 年前所著《戊戌政变记》，为后来治清史者论戊戌事的可贵史料，本人却不敢自承为信史。① 其二，记载错误。"此类事实古代史固然不少，近代史尤甚多。比如现在京汉路上的战争，北京报上所载的就完全不是事实。吾人研究近代史，若把所有报纸，所有官电，逐日仔细批阅抄录，用功可谓极勤，但结果毫无用处。"尽管如此，梁启超还是认为："大概考证的工夫，年代愈古愈重要，替近代人如曾国藩之类做年谱，用不着多少考证，乃至替清初人如顾炎武之类做年谱，亦不要多有考证，但随事说明几句便是，或详或略之间，随作者针对事实之大小而决定。"② 梁启超坦承其治学粗浅驳杂，谨此可见一斑。

章太炎的学问颇受民国学术界胜流的物议，惜为半僵者有之，斥为尸位者亦有之，但于史学的看法大处着眼，仍有他人难以企及之处。他批评史学通病之一为详上古而略近代，每每于唐虞三代，加以考据，六朝以后渐简，唐宋以还，则考证无不从略。"歌颂三代，本属科举流毒，二十四史自可束诸高阁。然人事变动 [?]，法制流传，有非泥古

---

① 《中国历史研究法》，《饮冰室专集》第 1 册，31、91 页，台北，中华书局，1972。

② 《中国历史研究法（补编）》，《饮冰室专集》第 1 册，6、80 页。

不化所能明其究竟者。"所以"司马温公作通鉴，于两汉以前，多根正史，晋后则旁采他籍，唐则采诸新旧唐书者只什五六，其余则皆依年月日以考证之，并附考异，以备稽核。诚以近代典籍流传既富，治史学既有所依据，而其为用有自不同。盖时代愈近者，与今世国民性愈接近，则其激发吾人志趣，亦愈易也"。① 章太炎指近代学者"好其多异说者，而恶其少异说者，是所谓好画鬼魅，恶图犬马也"②，与陈寅恪不观三代两汉之书的见识大抵相通。而由《通鉴》察知史事愈近，愈须考证，且不易考证，也与陈寅恪的主张有异曲同工之妙。

陈寅恪关于近代史的史料与史学的看法，前后当有所调整。其治史重心与办法，随各时段史料类型性质的不同而变化，20 世纪 30 年代主治中古史，认为"研上古史，证据少，只要能猜出可能，实甚容易。因正面证据少，反证亦少。近代史不难在搜辑材料，事之确定者多，但难在得其全。中古史之难，在材料之多不足以确证，但有时足以反证，往往不能确断"。③ 40 年代仍然觉得治史以中古史为先，"上古去今太远，无文字记载，有之亦仅三言两语，语焉不详，无从印证。加之地下考古发掘不多，遽难据以定案。画人画鬼，见仁见智，曰朱曰墨，言人人殊，证据不足，孰能定之？中古以降则反是，文献足征，地面地下实物见证时有发见，足资考订，易于著笔，不难有所发明前进。至于近现代史，文献档册，汗牛充栋，虽皓首穷经，迄无终了之一日，加以地下地面历史遗物，日有新发现，史料过于繁多，几于无所措手足。"据王钟翰教授的理解："是知先生治史以治中古史为易于见功力之微旨，非以上古与近现代史为不可专攻也。"④

此言看似与胡适、梁启超所说相近，其实分别不小。胡、梁之说，

---

① 章太炎：《劝治史学并论史学利弊》，《新闻报》1924 年 7 月 20 日，转引自《北京大学日刊》第 1526 号，1924 年 9 月 24 日。

② 章太炎：《救学弊论》，《华国月刊》第 1 卷第 12 期，1924 年 8 月 15 日。

③ 杨联陞：《陈寅恪先生隋唐史第一讲笔记》，《清华校友通讯》1970 年 4 月 29 日。

④ 王钟翰：《陈寅恪先生杂忆》，《纪念陈寅恪教授国际学术讨论会文集》，52 页。

主要还在判断史料与史实的真伪，仍是疑古思想的流风余韵。陈寅恪则绝不满足于分别相对而言的人事真伪。其治学兼通文史，文学不过治史的手段，因而见异多于求同，论述多由具体而一般，治一字即一部文化史。他强调研究历史"要特别注意古人的言论和行事"，"言，如诗文等，研究其为什么发此言，与当时社会生活、社会制度有什么关系"；"事，即行，行动，研究其行动与当时制度的关系"。① 关于上古思想史，他主张"对于古人之学说，应具了解之同情"，"盖古人著书立说，皆有所为而发。故其所处之环境，所受之背景，非完全明了，则其学说不易评论"。"所谓真了解者，必神游冥想，与立说之古人，处于同一境界，而对于其持论所以不得不如是之苦心孤诣，表一种之同情，始能批评其学说之是非得失，而无隔阂肤廓之论。"② 关于中古制度史，则强调不仅要研究制度的组织，更要研究制度的施行，"研究制度对当时行动的影响，和当时人行动对于制度的影响"。"因为写在纸上的东西不一定就是现实的东西。研究制度史不能只看条文，必须考察条文在实际生活中作用。"③

　　陈寅恪关于民族文化史的这一套治学理念与方法的应用，相当程度上受到史料留存状况的制约。上古史料遗存仅为最小之一部，欲借此残余断片，以窥测其全部结构，必须了解同情。"但此种同情之态度，最易流于穿凿傅会之恶习。"④ 所以他于群经诸子心得虽多，也不惜束之高阁。至于中古史方面，由于民族文化精华所在，加上资料详略程度的限制，主要追究制度文化以及社会风尚的常情与变态。关于明清以降的近代史，陈寅恪虽然实际负有研究之责，在相当长的时期内成果并不多见。只是他对当时上古和近代史的研究状况显然相当不

---

① 蒋天枢《陈寅恪先生编年事辑》增订本引卞僧慧文《怀念陈寅恪先生》97 页，上海，上海古籍出版社，1997。
② 《冯友兰中国哲学史上册审查报告》，《陈寅恪史学论文集》，507 页。
③ 蒋天枢《陈寅恪先生编年事辑》增订本引卞僧慧文《怀念陈寅恪先生》，97 页。
④ 《冯友兰中国哲学史上册审查报告》，《陈寅恪史学论文集》，507 页。

满，针对"民国早期学人往往治古代史兼治明清近代史，截取两头"①
的现象，他曾经评论其业绩道："近年中国古代及近代史料发现虽多，
而具有统系与不涉傅会之整理，犹待今后之努力。"②

　　陈寅恪晚年的历史研究，伴随着时段由中古下移到近世，"业已从
以制度文化为重点的广义文化史研究，转向心灵历史的研究。这就是
以'以诗证史'的面貌出现的对一个时代的情感与思潮的关注"。③ 这
一转变，一方面延续治中古制度文化史对于社会常情与变态的关注；
另一方面，由于近世史料的极大丰富，可以进一步深入个人心境。尽
管因为环境的限制，他很难谈及个人的治学理念与方法，却将精神主
旨贯穿于《柳如是别传》等著述之中，以此检验自己的学识，希望后
人为之总结张大。晚近史料遗存丰富，其难在搜集完整，如治上古、
中古史的辨真伪、求大概，的确不难。但陈寅恪将实事求是引向以实
证虚，所论证的不仅在社会常情与变态，而且与个人心境相沟通，由
典型代表人物的具体殊境而非由制度与现实的差异来考察时代精神与
情感；不仅描述外在的行为，而且揭示内在的思维；不仅通过神游冥
想达到了解同情，而是经由剖析具体背景、原因、交游等相关联系因
素切实进入了解同情的境界；不仅分辨史料表面的真伪，而且力透纸
背，揭示相关人事"放大真迹"的潜因与程度，从真相中发掘出实意。

　　以实证虚的特例，为其指"纪晓岚之批评古人诗集，辄加涂抹，
诋为不通。初怪其何以狂妄至是，后读清高宗御制诗集，颇疑其有时
为而发。此事固难证明，或亦间接与时代性有关，斯又利用材料之别
一例也"。④ 此事对于一般史家，过于虚悬，功力见识不足，容易流于

　　① 严耕望：《治史答问》，23 页，台北，商务印书馆，1995。
　　② 《吾国学术之现状及清华之职责》，《金明馆丛稿二编》，317～318 页。
　　③ 姜伯勤：《陈寅恪先生与心史研究——读〈柳如是别传〉》，胡守为主编：
《〈柳如是别传〉与国学研究——纪念陈寅恪教授学术讨论会论文集》，93 页，杭
州，浙江人民出版社，1995。
　　④ 《冯友兰中国哲学史上册审查报告》，《陈寅恪史学论文集》，508～509
页。

穿凿附会，因而主张慎用。① 陈寅恪晚年论清代及近代史，常常能用此技。近代史料与史事的丰富复杂表明，历史的真伪虚实往往相对而言，真事的表象不一定反映实情，而实情又没有直接材料可证。个人感情支配下的真迹放大，常常只是偏而非伪。求真的过程即将各方面的偏颇融会贯通，以求同时接近事实真相并与相关各人的心路历程合辙。陈寅恪虽然直到晚年才将其方法展现于明清史的著述，此前已显现端倪。他熟读经史百家及域外语言文字，尤好宋以下集部，"至于清末民初之旧闻掌故，尤了若指掌，如数家珍"②，因而于解今典即作者当日之时事具有超凡功力。由于史料的详略不同，从中可以探求的史实深浅粗细不一，其方法用于近代史，实际上还有广阔的拓展空间。

今人治近代史，常有一绝大误会，以为近代史料较上古中古易于解读。受此影响，加上简单挪用"社会科学方法"作祟，往往观念先行，将读懂的部分孤立抽出，按照先入为主的框架，拼凑成一定的解

---

① 严耕望认为："论者每谓，陈寅恪现实考证史事，'能以小见大'。……此种方法似乎较为省力，但要有天分与极深学力，不是一般人都能运用，而且容易出毛病。"主张用人人都可以做到的"聚小为大"之法，即"聚集许多似乎不相干的琐碎材料、琐小事例，加以整理、组织，使其系统化，讲出一个大问题，大结论"（《治史经验谈》，94 页，台北，商务印书馆，1997）。他还以陈垣、陈寅恪为例，谈及考证学的述证与辩证两类别、两层次。"述证的论著只要历举具体史料，加以贯串，使史事真相适当的显露出来。此法最重史料搜集之详赡，与史料比次之缜密，再加以精心组织，能于纷繁中见条理，得出前所未知的新结论。辩证的论著，重在运用史料，作曲折委蛇的辨析，以达成自己所透视所理解的新结论。此种论文较深刻，亦较难写。考证方法虽有此两类别、两层次，但名家论著通常皆兼备此两方面，惟亦各有所侧重。寅恪先生的历史考证侧重后者，往往分析入微，证成新解，故其文胜处往往光辉灿然，令人叹不可及。但亦往往不免有过分强调别解之病，学者只当取其意境，不可一意追摩仿学；浅学之士若一意追摩，更可能有走火入魔的危险。援庵先生长于前者，故最重视史料搜集，至以'竭泽而渔'相比况。故往往能得世所罕见，无人用过的史料，做出辉煌的成绩，……前辈学人成绩之无懈可击，未有逾于先生者。其重要论著，不但都能给读者增加若干崭新的历史知识，而且亦易于追摩仿学。"（《治史答问》，85～86 页，台北，商务印书馆，1995）

② 王钟翰：《陈寅恪先生杂忆》，《纪念陈寅恪教授国际学术讨论会文集》，53 页。

释系统。未读懂或读不懂的部分则弃置不顾，历史本来的联系被人为割裂，结果言论越系统，距离事实真相越远。其实近代史料浩如烟海，大量私函密札日记档案留存，又很少经人注解，读懂绝非易事。所以1931年陈寅恪为纪念清华20周年所写的《吾国学术之现状及清华之职责》称：

> 近年中国古代及近代史料发见虽多，而具有统系与不涉傅会之整理，犹待今后之努力。

关于近代史料的难解，法国近代史家巴斯蒂有深切的体验。她于20世纪60年代留学北京大学，师从曾担任陈寅恪助手的陈庆华教授，对于后者的渊博学识十分钦佩。后来她追忆道：

> 在他帮助我解读张謇著作的时候，每遇到经书方面的引文，有关政治上和文学上的讽喻警句，或者涉及到风俗习惯、地方上特殊的生活环境，或者书中隐晦难懂之处时，他总是能够当场点明出处，引用各种有价值的资料，逐句逐行地予以解释。张謇著作中提到大量人物，多数只写了他们的室号或别号，但陈先生却了解他们每一个人。对于他来说，这些人好像是他的一群朋友，关于他们的生活经历，他们的亲属关系，以及他们的子孙后代，他都能详细列举，如数家珍。①

巴斯蒂教授体会到的困难，不仅对于外国学者，许多认真的中国学人也会感同身受。

陈寅恪关于近代史，既把握源流大势，又深悉具体史实，二者相辅相成。所解决的史料难题，较弟子更能深入一层。其唯一的近代史研究生石泉忆及："陈师由于熟悉晚清掌故，对于现今保存的当时士大夫之间私函中透露机密情报所用的隐语，往往一语猜透，使迷茫难解

---

① ［法］玛丽昂娜·巴斯蒂著，张富强、赵军译：《清末赴欧的留学生们——福州船政局引进近代技术的前前后后》，中南地区辛亥革命史研究会、武昌辛亥革命研究中心编：《辛亥革命史丛刊》第8辑，190页，北京，中华书局，1991。

的材料顿时明朗，成为关键性史料。"如听石泉读张佩纶甲申变局前致张之洞密函中有"僧道相争"和"僧礼佛甚勤"，即指出僧当指醇王，字朴庵；道指恭王，号乐道堂主；佛指太后，得以佐证当时恭、醇两王矛盾及太后与醇王密谋。又断定翁同龢致张謇书中"封豕诚可以易长庚"的封豕指刘姓，长庚则是李，参照翁的日记，知张謇曾建议以湘军首领刘锦棠取代李鸿章为直隶总督。实则今典与古典并用，方能破解。

此类人事个案经过认真研究，逐渐勘破亦非难事，但要熟、广、深，则专家亦称棘手。陈寅恪后来引吴永《庚子西狩丛谈》李鸿章语，知所指为张之洞，并指出吴永为张隐讳的原因，更是环环相连，<u>丝丝入扣</u>。相似的例证还有 1933 年张荫麟撰文称龚自珍作于道光二年（1822）的"汉朝儒生行"诗中的某将军指岳钟琪，陈寅恪阅后，托人转告"所咏实杨芳事"。此一转折关系，张荫麟前此全未涉想及之，思考再三，才"确信此诗乃借岳钟琪事以讽杨芳而献于杨者"。①

陈寅恪对黄濬的《花随人圣庵摭忆》评价甚高，认为"援引广博，论断精确，近来谈清代掌故诸著作中，实称上品"②，反对因人废言，除了黄关于近代内政外交的见解与其多有不谋而合处外，原因之一，当是黄也往往能破解隐语，看出材料背后的人事关系。陈的弟子认为：

> 寅恪师史学之所以精深，在对隐曲性史料的发掘与阐发，开拓史学园地。盖史料向来有直笔、曲笔、隐笔之别，一般史家率多直笔史料的述证，限于搜集、排比、综合，虽能以量多见长，以著作等身自负，但因昧于史料的隐曲面，其实只见其表，未见其里。有时难免隔靴搔痒之讥。惟寅恪师于人所常见之史料中，发觉其隐曲面，……遂使人对常见的史料，发生化臭腐为神奇之感，不仅提供新史料，亦且指点新方法，实为难能罕有之事。

---

① 张荫麟：1934 年 3 月 7 日《与陈寅恪论汉朝儒生行书》，《燕京学报》第 15 期，1934 年 6 月。

② 《寒柳堂记梦未定稿》，《寒柳堂集》，170 页。

这些方法最值得引申运用的领域，主要也是清代乃至近代文史之学。① 陈寅恪的功夫见识，专治近代史者固然难以企及，但虽不能至，心向往之，治学应当取法乎上。否则，顺从时流，用力愈大，距离这种境界愈是南辕北辙。长此以往，近代史研究量的膨胀的表面繁荣之下，必然以质的降低为牺牲，学人发展学术的努力，将适得其反地导致学术品位的变异和水准的下降。

史料愈近愈繁，但性质各异，详略有别，研究对象不同，所据史料的主次位置当有所变化。陈寅恪于此把握最为贴切，如认为治古史必须了解群经诸史等多数汇集之资料，才能考释金文石刻等少数脱离之片断。② 治中古及近世历史在熟悉史书的前提下，重视诗文及禹内域外新出史料。每治一事，必能依据材料的优劣详略，物尽其用。治政治史应以《通鉴》为主，《纪事本末》为辅，典章制度史则《通典》价值在《通考》之上，诗文互证选取元白为对象，均有关于史料与人事关系的深意在。与此相较，今人治近代史往往不能分别所研究问题与所依据史料的关系，取舍失当。如研究问题跨越整个清代，虽问题相同，但前期、中叶及晚清史料类型的主次当有所分别。治晚清史事，舍日记、函札、报刊、档案而专就文集、年谱、笔记中披沙拣金，不仅舍近求远，甚至缘木求鱼。即使同为晚清的同类人事，所据史料的类型主次也不一致，或重日记、函札，或需档案，或赖报刊，须依据史料与史事的具体关系而定。想当然而然，正是由于不熟史料，不通史实。

如此一来，因上古、中古与近代史料遗留的样态不同，各时期的史学相应有所变化。一时段的历史研究，如有大师级人物开辟正轨，树立高的，后来人仿而行之，则易于更上层楼。此类人物对于此一领域学术发展的质量，常常具有决定性作用，制约来者的眼界与见识。近代学者多治上古而兼及近代，以治上古史之方法标准治近代史，难免流于粗疏，因为在史料繁密程度大为增强的后一领域中达到如上古

①　翁同文：《追念陈寅恪师》，《纪念陈寅恪先生百年诞辰学术论文集》，61～62页。

②　《杨树达积微居小学金石论丛续稿序》，《金明馆丛稿二编》，230页。

史的精细程度，并非难事。梁启超与胡适因而不免误解。史学二陈弃上古而专注于中古以降，使相关研究逐渐取得与经过三百年清学锤炼的上古经史并驾齐驱甚至越而上之的成就。但就近代史而言，丰富的史料遗存使得研究不仅可以征实，更能以实证虚。相比之下，陈垣的述证法切实而重功夫，可凭后天努力；陈寅恪的辩证法精深而须卓识，需要极高天分和机缘，难以把握。融合二者的方法治近代史，方能穷尽史料之用，而免于凿空附会之弊，使得该领域的研究与古史的程度相匹配，与史料的丰富相吻合。因此，宣称不治晚清史的陈寅恪，其治学及方法反而为发展近代史研究指示了重要轨则，值得认真揣摩和谨慎仿效。

第八章　陈垣与国际汉学界
——以与伯希和的交往为中心

伯希和为 20 世纪前半叶国际汉学界祭酒，陈垣则是中国"近百年来横绝一世"的"当世史学钜子"①，两人年龄相仿（伯希和长两岁），治学领域相通，风格兴趣复相近，彼此文字结缘，又几度聚首，惺惺相惜，其中透露近代中外学术交流史的不少信息。关于两人交往的情形，前此已经有所论及。② 进一步披捡史料，似还有深究申论的必要。

一、独吾陈君

陈智超编注《陈垣来往书信集》录有 1933 年 4 月 27 日尹炎武致陈垣函，中谓：

> 今月十五，伯希禾翁回国，我公与适之、圣章、叔琦、贝大夫诸君到站送行。临发，伯翁谓人曰："中国近代之世界学者，惟王国维及陈先生两人。"不幸国维死矣，鲁殿灵光，长受士人之爱护者，独吾陈君也。在平四月，遍见故国遗老及当代胜流，而少所许可，乃心悦诚服，矢口不移，必以执事为首屈一指。③

或以此事在胡适日记书信等文字中毫无蛛丝马迹，疑为子虚乌有。复因文气稍滞，可揣度为尹炎武的私意，所以值得仔细辨证。

---

① 陈智超编注：《陈垣来往书信集》，99 页。
② 见拙文：《伯希和与中国学术界》，《历史研究》，1997 (5)。另参牛润珍著：《陈垣学术思想评传》，290 页，北京，北京图书馆出版社，1999。
③ 陈智超编注：《陈垣来往书信集》，96 页。

是函标点似可略作调整，并疑有脱字（作、编者均有可能），伯希和语的引号，至少应移到"独吾陈君也"之后。该书信集收录尹炎武致陈垣函83通，均称"师"、"老"、"公"、"先生"，以其身份，当不会妄呼"陈君"，亦不至于称年长12岁、学术界群相敬重的王国维为"国维"。以情理度之，此言当出自与王国维年龄相仿（伯氏只小1岁）、地位相当，且不会严守中华礼法的伯希和之口。所以接下来的一句，也应是伯希和的意思。这从尹、伯二人与陈垣的关系以及在此前后各自的行踪可以证明。

尹炎武，字石公，江苏丹徒人，生于1889年，小陈垣9岁，他先后任教于北京农专、北京大学、辅仁大学和中法大学。1922年5月，由吴承仕发议，尹炎武、朱师辙、程炎震、洪汝闿、邵瑞彭、杨树达、孙人和等八人假座北京的歙县会馆结成"思误社"，每两周会集一次，主要校订古书，以养成学术风气。后改名"思辨"，陆续加入者有陈垣、高步瀛、陈世宜、席启驷、邵章、徐鸿宝、孟森、黄节、伦明、谭祖任、张尔田等人。① 陈垣交游甚广，左右逢源，思辨社成员与之交谊尤为深远。谭祖任加入思辨社后，该社的轮集改到位于丰盛胡同的谭宅聊园举行。② 后来尹炎武离京，"每念高斋促膝，娓娓雅谭，风月聊园，沉沉清夜，未尝不极目苍茫，精神飞越。南北相望，想同之也。夫以博雅闳深之学，精密湛邃之思，肴和百家，委怀乙部，冷交易集，起冬至而消寒，版本搜奇，汲修绠之供给。左揽绩溪之奇侅，右瞰藏园之珍秘，真率五簋，高谈娱心，横议华筵，抵掌快意，此情此景，寤寐不忘。"③

1932年年底伯希和经香港、上海到访北平，陈垣等人假座聊园，

② 1962年尹炎武致函陈垣所寄诗中有"若问聊园思辨社，空余惆怅望江南"句。谭字篆卿，号聊园居士（陈智超编注：《陈垣来往书信集》，131、104页）。

③ 陈智超编注：《陈垣来往书信集》，103页。

以颇负时名的谭家粤菜款待异国同好。① 事前由陈垣出面，函邀各人，中国社会科学院近代史研究所藏胡适来往书信，有陈垣致胡适函一通：

> 适之先生撰席：
>
> 　　丰盛胡同谭宅之菜，在广东人间颇负时名，久欲约先生一试。明午之局有伯希和、陈寅恪及柯凤荪、杨雪桥诸先生，务请莅临一叙为幸。主人为玉笙先生之孙、叔裕先生宗浚之子，亦能诗词、精鉴赏也。专此，即颂晚安。弟垣谨上。十三晚。

该函收入中国社会科学院近代史研究所民国史组编《胡适来往书信选》下册（中华书局，1980），置于年份不明类的 1946—1948 年间，编者注明"此信时间无可考"。陈智超编辑《陈垣来往书信集》，判定为 1933 年初。拙文《胡适与国际汉学界》② 断为 1933 年 1 月 13 日，并据以认为胡适应邀出席了宴会。实则胡适未能出席，时间判定亦不免武断。中山大学陈寅恪纪念馆藏有"聊园春谶"照片一桢，署明为 1933 年摄，当为此次聚会的留真。照片曾经陆键东《陈寅恪的最后 20 年》揭载③，但较模糊，且仅指出伯希和、陈垣、陈寅恪等三人。据原片题识，出席者为——前排（自左至右）：陶兰泉（涉园，武进人）、杨钟羲、伯希和、柯劭忞、孟森；后排：谭瑑青、朱叔琦、杨心如、陈寅恪、尹石公、陈援庵。则尹炎武亦为亲与其事的陪客，或者此次

---

① 谭家菜为北京遐迩闻名的家庭菜。谭祖任为学海堂学长谭莹之孙，其父谭宗浚同治十三年榜眼，授编修，曾任四川学政，云南盐法道。谭家历来讲究膳食，曾重金聘请各地名厨。其女主人郭丽凤博取众长，与粤菜结合，自成一格，海味尤胜各大饭庄，但并不对外营业，只供亲朋好友相互宴请。学界公宴，则客人地位必尊。如 1932 年 4 月 6 日陈垣、尹炎武、伦明、余嘉锡、杨树达等宴请章太炎，即在谭宅用粤菜（杨树达：《积微翁回忆录》，62 页）。据袁祥辅《漫谈谭家菜》（中国人民政治协商会议北京市委员会文史资料研究委员会编：《文史资料选编》第 24 辑，北京，北京出版社，1985），谭家菜原址在米市胡同 47 号，广东南海会馆旁一小院。

② 《近代史研究》，1999（1）。另见《国学与汉学——近代中外学界交往录》第 5 章，杭州，浙江人民出版社，1999。

③ 陆键东：《陈寅恪的最后 20 年》，518 页，北京，生活·读书·新知三联书店，1995。

宴请即由思辨社作东。

宴会后，尹炎武离京南下河南，其4月27日来函，是他"到汴四五十日"后写给陈垣的第一封信。因尹离京的具体时间不详，虽然照情理宴请伯希和应在1月内，亦不能绝对排除2、3月的可能性。尹炎武未能亲予送行之事，有关情形当得自在京的思辨社友或其他知己。参与"聊园春谶"的朱叔琦，即在送行之列。

"在平四月，遍见故国遗老及当代胜流"，与此次伯希和来华的活动相吻合。早在1932年10月，中国的报刊即报道：

> 据可靠消息，法国汉学大家伯希和氏不日东游，先至安南，然后经香港、上海至北平。在安南居留较久，香港、上海并不久留，而在北平则亦须勾留多日云。①

其目的是调查近年中国文史学的发展，并为巴黎大学中国学院采购普通应用书籍。伯氏于1932年年底到达北平，"法国公使馆为欢迎介绍柏氏起见，特于新年除夕前一日午后一时，在该使馆大楼，邀中法名流，作盛大欢宴"。② 在平期间，伯希和除研究考察中国古迹及美术外，并参观各著名学术机关，如国立北平图书馆、燕京大学、辅仁大学等。2月10日、24日，先后在燕京大学等处演讲《在华西方画家》（*Western Painters in China*）和新疆考古③，受到各方面的热烈欢迎。

法国公使馆以外，《北平晨报》馆、中央研究院历史语言研究所、辅仁大学及北平学者名流，陆续有欢迎伯氏的宴会。在各种公私宴会

---

① 《法国汉学家伯希和将来平》，国立北平图书馆编：《读书月刊》第2卷第2号，1932年11月10日。

② 《东方学家柏希和抵华 北平中法学者联欢》，《国立中山大学文史学研究所月刊》第1卷第1期，1933年1月。关于伯氏来华时间，一些资料看似为1933年初，如陈垣写成于1933年12月的《〈元秘史〉译音用字考》称："今年春，伯希和教授来游"（陈乐素、陈智超编校：《陈垣史学论著选》，358页，上海，上海人民出版社，1981）。实则应为上年末。1933年《北平晨报》报道亦称："法国汉学家伯希和氏自去年抵平"（《法国汉学家伯希和氏星期五在燕大讲演》，《北平晨报》1933年2月9日）。

③ 朱乔森编：《朱自清全集》第9卷日记编，195、200页。

上，伯希和会见了北平的众多耆宿新进。如 1932 年 12 月 31 日法国公使馆宴会上，中方"到会者有前教长傅增湘、蒋梦麟、翁文灏、李书华，暨学术界名流胡适、沈兼士、马衡、袁同礼、梅贻琦、李蒸、张星烺、李宗侗、黄文弼等五十余人。主人法公使韦礼德，席间招待，至为殷勤。推傅增湘首座，操简单华语应酬。旋以法语致辞，介绍柏希和，希望中法学术互相答谢。客主之情，极为欢畅，一时之盛，数年未有，久为促进中法文化至可纪念之嘉会也。柏氏操华语甚流利，与傅增湘互道旧情，相与大笑。"① 1933 年 1 月 10 日历史语言研究所在欧美同学会举行公宴，"除该所研究员、特约研究员等皆到外，并请北平研究院李圣章、李润章，故宫博物院李玄伯，北大陈受颐、罗庸，清华冯友兰、蒋廷黻、黎东方，燕京许地山，辅仁余嘉锡，北平图书馆袁同礼、徐森玉、刘节、谢国桢、孙楷第，营造学社梁思成，西北科学考察团袁复礼、黄仲梁诸氏作陪"。② 1 月 21 日辅仁大学宴请，"陪宾有法公使及傅增湘、胡适、刘复等，与本校重要教职员"。③ 2 月 11 日留法的王了一私宴，"在座有罗莘田、王以中、刘子哲、王静如、李桂芳、刘半农、黎锦熙、冯芝生、叶石荪、刘盼遂、浦江清等，多一时之彦"。④ 几乎囊括北平故都的新旧学人。

按照原定计划，伯希和在北平的活动到 2 月底结束，3 月初赴日本⑤，后因故推迟到 3 月中旬，拟在东京举行四次讲演，讲题分别为：1. 古代中国与西方的交通。2. 中国的外来诸宗教。3. 东土耳其斯坦

---

① 《东方学家柏希和抵华　北平中法学者联欢》，《国立中山大学文史学研究所月刊》第 1 卷第 1 期，1933 年 1 月。

② 《法国汉学家伯希和莅平》，《北平晨报》，1933 年 1 月 15 日。

③ 《辅大欢宴伯希和》，《北平晨报》，1933 年 1 月 22 日。

④ 朱乔森编：《朱自清全集》第 9 卷日记编，195 页。李桂芳似应为李方桂。

⑤ 伯希和早有访日打算，1931 年 11 月 26 日，他致函京都大学羽田亨教授，告以预定明年初访日的计划不得不延期（《我が国の东方学とペリォ教授》，《羽田博士史学论文集》，634 页，京都，京都大学东洋史研究会，1958）。以后又有传闻说其 1932 年秋经中国访问日本（《ペリォ氏の来朝》，《史学杂志》第 44 编第 1 号，1933 年 1 月 10 日）。

的考古学研究。4. 关于蒙古史诸问题。① 不过，尽管伯希和一再延期，东游计划最终还是不得不放弃。个中原因，一是伯氏本人的自觉，二是中国学人的情绪。"九·一八事变"后，日本加紧侵华行动，激发中国学人的抗日热忱，也引起国际同仁的义愤。伯氏虽然事先有访日计划，但当傅斯年问其"游中国后将至日本否"？

> 伯君云："日本固多吾之友，日本近来东方学工作固有可观，吾此次东来，日本固请吾顺道一游。然自沈阳事变之后，日本人之行为为吾甚不满，不欲于此时见之也。"吾继叩以将往大连晤罗振玉否。伯君答云："吾亦不欲见之。"果然海道来，海道往，未经日本及东北。②

傅斯年是有名的"义和团学者"，民族情绪极强，所问对于伯希和亦有压力。如此一来，伯氏在华滞留便持续到 4 月中旬。陈垣等人前往车站送行，当在情理之中，而胡适避而不提此事，则另有难以喧诸于口的原因。

二、海内公意

作为执掌国际汉学界牛耳的一代宗师，伯希和绝不轻易赞誉同道学人。尽管他曾经说"李济、顾颉刚等皆中国第一流学者"，被不以一味考据为然的吴宓认为"殊无辨择之能力也矣"③，内心真正佩服的中国学者还是同辈的王国维和陈垣。所谓"在平四月，遍见故国遗老及当代胜流，而少所许可，乃心悦诚服，矢口不移，必以执事为首屈一指"，确是伯希和心口相应的写照，而非尹炎武的成见或谀词。所见"故国遗老"，如柯劭忞、傅增湘、杨钟羲、陶湘等，虽是旧学大家，

---

① 《ペリォ氏》，《史学杂志》第 44 编第 3 号，1933 年 3 月 10 日。此消息称：伯氏原来预定 3 月 1 日到东京，但据报 3 月 10 日前不能离开北平，约于 3 月中旬抵东京。

② 傅斯年：《伯希和教授》，《傅斯年全集》第 7 册，2350 页。

③ 吴宓著，吴学昭整理注释：《吴宓日记》第 5 册，196 页。

在伯氏眼中不免于温故而不知新的"庸"。如柯劭忞的《新元史》，曾为他赢取素称难得的日本帝国大学文学博士的桂冠，伯希和在承认"有关系的材料不少"的同时，指出其"错误很多"。①

"当代胜流"之中，刚获得普鲁士国家学院哲学史学部通讯会员资格、又与伯氏相识的胡适，"暴得大名"十余年，早已是中国学术界一言九鼎的领袖人物，伯希和却似乎故意视而不见。据梁宗岱回忆：

> 三十年代初北平一次热闹的宴会上，聚当时旧都名流学者于一堂，济济跄跄，为的欢迎著名汉学家、东方学家法国伯希和教授。除伯希和外，参加者还有其他欧美人士，因此交谈语言有中法英三种，我躬逢其盛，担任义务口译。席上有人问伯希和："当今中国的历史学界，你以为谁是最高的权威？"伯希和不假思索地回答："我以为应推陈垣先生。"我照话直译。频频举杯、满面春风的胡适把脸一沉，不言不笑，与刚才判若两人。一个同席的朋友对我说："胡适生气了，伯希和的话相当肯定，你也译得够直截了当的，胡适如何受得了，说不定他会迁怒于你呢。"这位朋友确有见地，他的话应验了。我和胡适从此相互间意见越来越多。②

胡适获得普鲁士国家学院哲学史学部通讯会员，与德国汉学大家福兰克（Otto Franke）密切相关。而伯希和对德国汉学的成就评价不高。1926 年 10 月 26 日，他在法兰克福中国学院演讲时，公开批评"德国科学甚发达，而'中国学'殊不如人"。③ 福氏治学，有好博不专之名，这一看法与中国学者不谋而合。中研院历史语言研究所成立后，聘请伯希和及德国的米勒（F. W. K. Müller）、瑞典的高本汉（Bernard Karlgren）为外国通信员。1930 年米勒去世，有人建议聘请福兰克，陈寅恪反对说："据其研究中国史之成绩言，则疑将以此影响

---

① 伯希和：《库蛮》，冯承钧译：《西域南海史地考证译丛》第 1 卷第 2 编，4 页，北京，商务印书馆，1995。

② 戴镏龄：《梁宗岱与胡适的不和》，赵白生编：《中国文化名人画名家》，413～414 页，北京，中央编译出版社，1995。

③ 《胡适日记》手稿本 1926 年 10 月 26 日。

外界误会吾辈学术趋向及标准。"① 能够从相当水平上有此认识的外界，伯希和无疑首屈一指。

另一位中国学术界的重镇是新旧各方公认的读书种子陈寅恪，他亦与伯氏有过交往，留欧期间，由王国维介绍，登门拜访过伯希和。② 陈垣欲与伯希和联系，还找陈寅恪索取通信地址。③ 1931年吴宓在巴黎拜会伯希和，开始并不投机，"彼乃一考据家，又颇有美国人习气。迨宓述王国维先生及陈寅恪君之名，又自陈为《学衡》及《大公报文学副刊》编辑，对宓始改容为礼"。④ 则伯氏对陈寅恪不无印象。不过，陈寅恪当时的著述主要追寻欧洲东方学的路径，欲以新材料研究新问题，以预世界学术之新潮流。⑤ 而这方面虽然在国内足以傲视群雄，却不易领先于异国同道。目前所见伯希和对陈寅恪的明确肯定，是20世纪30年代末推荐其担任牛津大学的中国学教授一职。伯氏认为："陈先生能以批判性的方法并利用各种不同文字的史料从事他的研究，是一位最优秀的中国学者。"⑥

伯希和此行就中国学术界所做评点对于陈寅恪的学术转向似有潜在的影响作用。关于国际学术界对陈垣学术成就的看法，1930年陈寅恪为《敦煌劫余录》作序，只是泛泛论道："新会陈援庵先生垣，往岁

① 历史语言研究所档案元字4号之35，引自杜正胜：《无中生有的志业——傅斯年的史学革命与史语所的创立》，《中央研究院历史语言研究所七十周年纪念文集：新学术之路》，29页。

② 《王观堂先生挽词并序》，《寒柳堂集·寅恪先生诗存》，9页。

③ 陈智超编注：《陈垣来往书信集》，375页。

④ 吴宓著、吴学昭整理注释：《吴宓日记》第5册，196页。关于吴宓拜访伯希和事，1992年清华大学出版社出版的吴学昭著《吴宓与陈寅恪》所引吴宓日记，与后来的正式版本有不少差别，如两人谈到《学衡》杂志，"彼疑《学衡》已停，宓告以未"，"又言及静安先生及陈寅恪兄，彼对宓乃敬礼有加，然彼之功夫，纯属有形的研究，难以言精神文艺"；"末后，彼询寅恪兄住址，宓具以告"。文字与日记出入甚大，有的内容日记根本没有。见面时间，日记为1931年2月24日，《吴宓与陈寅恪》则为2月25日。

⑤ 《陈垣敦煌劫余录序》，《陈寅恪史学论文选集》，503页。原载1930年《历史语言研究所集刊》第1本第2分。

⑥ 牛津大学档案，CP/1，File 1，见程美宝：《陈寅恪与牛津大学》，《历史研究》，2000（3）。

尝取敦煌所出摩尼教经，以考证宗教史。其书精博，世皆读而知之矣。"① 1935 年为陈垣重刻《元西域人华化考》作序，即明确指出："近二十年来，国人内感民族文化之衰颓，外受世界思潮之激荡，其论史之作，渐能脱除清代经师之旧染，有以合于今日史学之真谛，而新会陈援庵先生之书，尤为中外学人所推服。"② 此即为实事，而非泛指，其间伯希和的评点应是所依据的本事。

1942 年，陈寅恪为朱延丰《突厥通考》作序，公开声称："寅恪平生治学，不甘逐队随人，而为牛后。年来自审所知，实限于禹域以内，故仅守老氏损之又损之义，捐弃故技。凡塞表殊族之史事，不复敢上下议论于其间。"③ 所以要"捐弃故技"，回到禹域之内，客观条件限制外，以伯希和为代表的国际汉学界的态度当起重要作用。

伯希和的看法与中国学人的公意不谋而合。有人引述："记得傅斯年说过，中国有两个世界型学者。他所说的两个学者，一个是王国维，另一个就是陈垣。"④ 这一从意思到用词几乎与伯希和完全相同的评语，显然并非单纯模仿后者而来。1928 年，傅斯年为筹建中研院历史语言研究所事致函陈垣，以陈与王国维相比，称颂："静庵先生驰誉海东于前，先生鹰扬河朔于后，二十年来承先启后，负荷世业，俾异国学者莫敢我轻，后生之世得其承受，为幸何极！"⑤ 此言出自心高气傲的傅斯年，的确是发自内心。

1932 年年初，孙楷第致函陈垣，试为蠡测品类宇内名流，认为"今之享大名者名虽偶同，而所以名者则大有径庭，其间相去盖不可以道里计也"。他分别时贤为三类，一为时势造英雄，"偶因时会，奋起昌言，应社会之须要，有卓特之至论，风声既播，名价遂重，一字足

① 《陈垣敦煌劫余录序》，《陈寅恪史学论文选集》，503 页。

② 《陈垣元西域人华化考序》，《陈寅恪史学论文选集》，506 页。

③ 《朱延丰突厥通考序》，《陈寅恪史学论文选集》，513 页。

④ 饶芃子：《学者在呼唤"陈垣学"》，暨南大学编：《陈垣教授诞生百一十周年纪念文集》，3 页，广州，暨南大学出版社，1994。

⑤ 《中央研究院历史语言研究所档案》元字 109 号之 1，引自杜正胜：《无中生有的志业——傅斯年的史学革命与史语所的创立》，《中央研究院历史语言研究所七十周年纪念文集：新学术之路》，34 页。

以定毁誉，一言足以论高下。虽时过境迁，余威犹在。既妇孺之尽知，亦无施而不宜"。一为渊源有自，"关闽不同，扬刘异趣，都分门户，尽有师承，人慕桓荣之稽古，士归郭太之品题，学利可收，清誉易致"。一为博辩多识，"鉴古今之源流，知中外之旨归，学非一途，业有多方。著书立说，亦能提挈纲领，务去陈言。规模既宏，众望所归。为当代之闻人，有激扬之令誉"。前者当指胡适新派，其次则章门弟子，最后似为陈寅恪。"综斯三途，虽成就不同，仕隐各异，然俱有赫赫之名，既负硕望，亦具威灵。足以景从多士，辐凑门间；然而业有不纯，实或未至，其一时之声气诚至煊赫，身后之品藻，或难免低昂。即以见今而论，亦随他人所认识者不同，而异其品目，此可谓一时之俊，未可谓百代之英也。"

在孙楷第看来，"名浮于实者一时而已，实浮于名者则百世而下其名将益彰。后生小子所须要者为实浮于名之前辈，非名浮于实之前辈。凡夫庸流所震荡者为名浮于实之闻人，其实浮于名者，或不能尽知。一为社会的，一为真实的"。此意他曾向余嘉锡道及，并与王重民莫逆于心，均推崇陈垣"乃不藉他力，实至名归，萃一生之精力，有悠厚之修养，……亦精亦博，亦高亦厚，使后生接之如挹千顷之陂，钻弥坚之宝，得其片言足以受用，聆其一教足以感发"。① 1934 年尹炎武在南京邂逅黄侃和朱希祖，"偶谈及当世史学钜子，近百年来横绝一世者，实为门下一人，闻者无异辞"。② 由此可见，公开以陈垣为中国学术首座，虽由伯希和一人之口宣示一己之见，却一定程度上表达了中国学术界的公意。

三、汉学正统

伯希和来华十分推崇陈垣，但前此两人只不过是文字之交，而且其间存在常人所谓过节。因此伯希和的评语除了就学术论学术的公道外，或许还包含对陈垣学行的敬重。

---

① 陈智超编注：《陈垣来往书信集》，409～410 页。
② 陈智超编注：《陈垣来往书信集》，99 页。

　　陈垣治学自称是土法上马，其实在西学压倒中学以及胡适等人鼓吹科学方法的世风影响下，对于西洋汉学的治学方法历来怀有景仰之心。而这种心境的另外一面，即蕴含与国际汉学界的争胜之意。近代中国，"生产落后，百业凋零，科学建设，方之异国，殆无足言；若乃一线未斩唯在学术"。① 尤其是有关中国自身历史文化的学术，渐为东西两洋同道驾而上之，令不少中国学人引为奇耻。陈垣至少是其中感受最强、反弹最烈者之一。他曾对胡适说："汉学正统此时在西京呢？还在巴黎？"两人"相对叹气，盼望十年之后也许可以在北京了"！②

　　自 20 世纪 20 年代起，此话陈垣在不同场合对许多有志于学术的朋友门生反复讲过。1923 年，北京大学研究所国学门在龙树寺抱冰堂举行恳亲会，陈垣说："现在中外学者谈汉学，不是说巴黎如何，就是说日本如何，没有提中国的。我们应当把汉学中心夺回中国，夺回北京。"对在座的郑天挺影响至深。③ 1928 年，翁独健在燕京大学一年级的课堂上听到陈垣感慨地说："今天汉学的中心在巴黎，日本人想把它抢到东京，我们要把它夺回到北京。"④ 1929 年陈述听陈垣在北师

---

　　① 约 1932 年 12 月 15 日孙楷第来函，陈智超编注：《陈垣来往书信集》，409 页。

　　② 《胡适日记》（手稿本）1931 年 9 月 14 日。

　　③ 郑天挺：《五十自述》，《天津文史资料选辑》第 28 辑，8 页，天津，天津人民出版社，1984。郑天挺不止一次忆及此事，其《回忆陈援庵先生四事》称："一九二一年在北大的一次集会上，曾听陈老师说过：现在中外学者谈汉学，不是说巴黎如何，就是说东京如何，没有提中国的。我们应当把汉学中心夺到中国，夺到北京。"时间明确而地点不详。自述则指明地点在龙树寺，因而有学者确定为 1921 年秋的国学门集会（牛润珍：《陈垣学术思想评传》，226 页，北京，北京图书馆出版社，1999）。但北大国学门成立于 1921 年 11 月，当年及次年均未举行恳亲会。其首届恳亲会举办于 1923 年 9 月 30 日，地点在龙树寺抱冰堂。1924 年 6 月 15 日举行第二次恳亲会，地点在宣外达智桥松筠庵。1925 年第三次恳亲会，在北海濠濮间（《本学门第二次恳亲会纪事》，《北京大学研究所国学门周刊》第 3 期，1925 年 10 月 28 日）。

　　④ 《光明日报》，1978 年 3 月 11 日。此说的另一版本见翁独健《我为什么研究元史》："大学一年级听陈垣先生的课，课上谈到十九世纪以来，有人标榜东方学、汉学研究中心在巴黎，当时巴黎有几个著名文学家，后来日本把汉学中心抢到东京去，当时日本研究的重点是蒙古史、元史。汉学中心在国外是我们很大的耻辱。陈先生鼓励我们把它抢回北京来。"（牛润珍：《陈垣学术思想评传》，310 页）

大讲课，其间也特别谈到："近世国外研究汉学主要指中国历史的中心在巴黎、在东京。我们要从法国、日本夺回来。中国史研究，我们不能落后于国外。"① 陈垣的这一番话，对后来者影响巨大。他的许多学生及再传弟子都响应其号召，在史学的各方面勤奋钻研，以求接近、赶上或超过法国、日本。

仔细比较各人的记述，大同之下，存有小异。其一，陈垣心目中日本汉学研究的中心在东京还是京都（即西京）？胡适记为西京，而郑、翁、陈均记为东京。依据当时情形，似以京都说更加近真。日本的中国学界，东京的"东洋学"派与京都的"支那学"派历来不和，治学途径也有分别，前者重四裔，后者重本部。照陈寅恪的看法，"东京帝大一派，西学略佳，中文太差；西京一派，看中国史料能力较佳"。② 其实他对东洋学派的西学亦不以为然。1936 年 1 月 30 日他复函陈述，就其询问有关契丹史问题言及东洋学派的开山白鸟库吉的学问，认为：

> 白鸟之著作，一日人当时受西洋东方学影响必然之结果，其所依据之原料、解释，已缘时代学术进步发生问题。且日人于此数种语言，尚无专门权威者，不过随西人之后，稍采中国材料补之而已。公今日著论，白鸟说若误，可稍稍言及，不必多费力也。③

与陈垣关系最近的桑原骘藏，虽然治学方法接近东洋学派，毕竟是京都学派的要角。讲蒙元史注重东京还在情理之中，若以东京为日本汉学中心，则与当时中国学人的公论相去太远。胡适的学问不得京都学派好评，知识结构却易于理解陈垣的意思，反应显然较几位入门

---

① 陈述：《回忆陈援庵老师的治学和教学——纪念陈援庵老师诞辰 110 周年》，《纪念陈垣校长诞生 110 周年学术论文集》，北京，北京师范大学出版社，1990，引自牛润珍：《陈垣学术思想评传》，308 页。

② 杨联陞：《陈寅恪先生隋唐史第一讲笔记》，《清华校友通讯》，1970 年 4 月 29 日。

③ 蒋天枢：《师门往事杂录》，北京大学中国中古史研究中心编：《纪念陈寅恪先生诞辰百年学术论文集》，13～14 页。

不久的后进来得准确。

其二，在陈垣看来，日本究竟是已经成为国际汉学的中心，还是尚在争夺过程之中？20 世纪前半叶，巴黎是国际汉学界公认的中心，日本的东西两京急起直追，进展神速，但还无法动摇巴黎的中心地位。陈垣的本意，最终目的当然是将汉学研究中心夺回北京，而阶段性目标，则应是与从政治军事到学术文化各方面的野心日益明显的东邻日本竞争。所以他每收到日本寄来研究中国历史的论著，就感到无异一颗炸弹扔到自己的书桌上。① 他希望中国的各行各业努力与日本竞争，"我们是干史学的，就当处心积虑，在史学上压倒人家！"② 与日本争，事关国家民族的生死存亡，所以尤其具有紧迫性。1929 年 5 月，陈垣在燕京大学现代文化班演讲《中国史料急待整理》，认为"我们若是自己不来整理，恐怕不久以后，烧又烧不成，而外人却越俎代庖来替我们整理了，那才是我们的大耻辱呢！"③ 致力于学术，已经成为救亡图存的有机部分。

陈垣欲将汉学研究中心夺回北京的志向，在当时中国学术界不乏同道。傅斯年即为其中典型代表。1928 年傅斯年等人创建中央研究院历史语言研究所，明白宣称："我们要科学的东方学之正统在中国！"并且对于中国人坐看丰富的学问的原料毁坏亡失，被欧洲人或搬或偷，以及"西洋的东方学者之拿手好戏，日本近年也有竟敢去干的，中国人目前只好拱手谢之而已"的状况"着实不满"、"着实不服气"。④ 为了后来居上，"以分异国造诣之隆"⑤，傅斯年聚合了一批由留洋学者

① 柴德赓：《我的老师陈垣先生》，《文献》1980 年第 2 辑；刘乃和：《书屋而今号励耘》，陈智超编：《励耘书屋问学记——史学家陈垣的治学》，152 页，北京，生活·读书·新知三联书店，1982。

② 朱海涛：《北人与北人人》，《东方杂志》第 40 卷第 7 号，1944 年 1 月。

③ 《史学年报》第 1 期，1929 年 7 月。

④ 傅斯年：《历史语言研究所工作之旨趣》，《历史语言研究所集刊》第 1 本第 1 分，1928 年 10 月。

⑤ 傅斯年：《研究员聘书稿》，历史语言研究所档案元字 130 号之 1。引自杜正胜：《无中生有的志业——傅斯年的史学革命与史语所的创立》，《中央研究院历史语言研究所七十周年纪念文集：新学术之路》，23 页。

组成的新军，其中唯一的例外便是陈垣。为了争取陈垣加盟，傅斯年写了据说是他最客气的信，表达对陈垣的仰慕之情外，特意提出：

> 斯年留旅欧洲之时，睹异国之典型，惭中土之摇落，并汉地之历史言语材料亦为西方旅行者窃之夺之，而汉学正统有在巴黎之势，是若可忍，孰不可忍。①

尽管陈垣对傅的主张不见得全盘接受，一些方面还有明显分歧，因此始终保持一定的距离，却受聘为特约研究员，显示在主要方面志同道合。如果说 1917 年至 1937 年陈垣主要"致力于确立中国的国际汉学研究中心的地位"②，加入史语所无疑是其中的重要发展阶段，从此由个人努力变为集体的有组织行动。

四、天下英雄谁敌手

争胜便不免有异同分合。陈垣以研究古教成名，也由此与伯希和结缘。尤其是关于摩尼教的研究。1923 年 4 月，陈垣在北京大学《国学季刊》第 1 卷第 2 号发表《摩尼教入中国考》，以京师图书馆所藏敦煌摩尼教经残卷，参照其他相关史料考证宗教史。此问题及资料，沙畹、伯希和十年前已经做过研究，并在《亚洲报》发表《研究京师图书馆藏敦煌摩尼教残经》，内容与陈垣文多相类，而陈并未看过沙、伯二人的论文。此事被时人断为水准相近者用相同材料研究同一问题，其结论往往相似的典型。陈垣文后出，所引材料及探讨问题较前人详备，或认为论及此事者虽有蒋伯斧、伯希和、王国维等数人，"具体解决者，只有陈援庵一人"。③ 伯希和看到陈垣的论文，即致函陈垣，查询有关宋元间摩尼教流入福建的情形，尤其关注耳闻已久的福州乌石

---

① 历史语言研究所档案元字 109 号之 1。引自杜正胜：《无中生有的志业——傅斯年的史学革命与史语所的创立》，《中央研究院历史语言研究所七十周年纪念文集：新学术之路》，27 页。有关史语所成立及其特色，参见杜正胜文。

② 牛润珍：《陈垣学术思想评传》，226 页。

③ 刘铭恕：《书陈垣摩尼教入中国考后》，《北平晨报·思辨》1936 年第 40 期。

山刻有二宗经、三际经的两块宋碑。① 陈接信后，即托樊守执代为查访。樊氏先是设法坐实伯希和是否由龚易图处获得信息，继而到乌石山及其支脉的各宫观、寺庙、祠堂、宅邸及沿山石崖寻访多日，均无发现，遂断定"乌石一山实无该经石刻、木刻或经卷"。② 此事虽无结果，却是陈垣与伯希和文字交往的发端。

伯希和与中国学者结缘，敦煌遗书是重要媒介。1924 年陈垣将北平图书馆藏敦煌经卷八千余轴，分辨类别，考订同异，编成目录，名《敦煌劫余录》，据说取其历劫仅存之意。1930 年付梓时，陈垣自序，中有"（清光绪）三十三年，匈人斯坦因、法人伯希和相继至敦煌，载遗书遗器而西，国人始大骇悟"。友人劝以序中不要直接提名，因为二氏来中国，在学术界集会上彼此还常见面，而且"劫余"二字太"刺激"，是否改一名称。陈答称："用劫余二字尚未足说明我们愤慨之思，怎能更改！"③ 是书 1931 年由历史语言研究所印行。两年后伯希和对陈垣推崇有加，并不以"劫余"之斥为忤。陈垣与伯希和关于学术为天下公器和学者民族感情相辅相成的态度，成为那一时期中外学术交流进入相对正常的发展轨道的重要基因。

陈垣与伯希和学术交往的另一领域为元史研究。清代学术，经过咸同时期大动荡的冲击，到光宣时正统考据学呈现复兴之势，而研究领域有所转移，元史及西北地理学为最流行的几种学问之一。④ 伯希和始终关注中国学者的蒙元史研究进展，并不断予以评介。⑤ 1933 年伯氏来华，特将苏俄国家学院所藏《元秘史》影本十五卷六册分赠北

---

① ［法］伯希和：《福建摩尼教遗迹》，《西域南海史地考证译丛》第 9 编，126 页。

② 陈智超编注：《陈垣来往书信集》，163～167 页。据樊守执说，龚易图于光绪十九年（1893）已经身故。另据伯希和《说郛考》，他在龚易图处还看到澹生堂钞本《百夷传》和《九夷古事》（《北平图书馆月刊》第 6 卷第 6 号，1932 年11、12 月）。此事伯氏当闻诸龚的后人。

③ 刘乃和：《书屋而今号励耘》，陈智超编：《励耘书屋问学记——史学家陈垣的治学》，154 页。

④ 梁启超：《中国近三百年学术史》，34 页，北京，东方出版社，1996。

⑤ 参见［法］伯希和：P《库蛮》《元秘史旧蒙文中之一段讹误》《评王国维遗书》等文，冯承钧译：《西域南海史地考证译丛》第 1 卷。

平图书馆，并与陈垣谈及该本的来历。陈垣阅读一过，致函伯氏，表示"至深感谢"之外，考证此即韩泰华本，亦即鲍廷博从《永乐大典》钞出，并从刻本补写之本，希望用该本合自己所藏文廷式钞本再校一次。① 为此，陈垣还致函陈寅恪，询问有关意见。后者答称："《秘史》韩本前在巴黎伯君家匆匆一见，亦不知其与叶刊优劣如何也。"② 是年夏，北平图书馆赵万里从内阁大库故纸堆中发现洪武椠本残页以及《华夷译语》。陈垣比较各本，发现《元秘史》汉译音义兼备的规律，写成《元秘史译音用字考》。③

后来伯希和继续注意此项研究的进展，1935 年再度来华，即向北平图书馆副馆长袁同礼索借有关资料。而这些资料当时还在陈垣手中。为此，5 月 1 日袁同礼致函陈垣："前尊处借用《元秘史》、《华夷译语》、越缦堂手稿本及《新会县志》等书，如已用毕，拟请费神检出，交去人携下为感。内中有数种拟交伯希和一看，渠日内来平也。"④ 是年 5 月 5 日、18 日，伯希和先后出席了北大外籍教授钢和泰、中研院史语所所长傅斯年和陈寅恪的宴请，5 月 29 日，陈垣长校的辅仁大学宴请伯希和夫妇和另一天主教中的人类学者⑤，其中一些场合陈垣理应陪座甚至作东。如果推测不谬，这当是陈垣与伯希和最后一次见面。

反法西斯战争期间，中国先被日本侵占，法国继遭纳粹德国奴役，陈垣与伯希和都经历了战争和沦陷的厄运。好不容易熬到战争结束，伯希和即因身患癌症于 1945 年 10 月与世长辞。⑥ 1945 年 11 月 2 日，历经劫难、身心交瘁的陈垣"阅报知伯希和先生已作古，更为之怅

---

① 陈智超编注：《陈垣来往书信集》，417～418 页。

② 陈智超编注：《陈垣来往书信集》，378 页。是函属期"五月四日"，编者系于 1935 年。按陈垣用韩本校勘叶氏刻本《元秘史》在 1933 年，似不应两年后才与陈寅恪讨论有关问题。

③ 陈乐素、陈智超编校：《陈垣史学论著选》，355～363 页。

④ 陈智超编注：《陈垣来往书信集》，443 页。编者属是函日期为约 1933 年 5 月 1 日，误。1933 年伯希和来华，4 月已经离开北平。1935 年再度来华，才于 5 月访问北平。

⑤ 《胡适日记》（手稿本）1935 年 5 月 5、18、29 日。

⑥ 翁独健：《伯希和教授》，《燕京学报》第 30 期，1946 年 6 月。

然"。① 致函傅斯年，以述哀思。五天后，复接方豪来函，言及"今春马伯乐逝世集中营，晚曾为文悼念，伯希和之丧，乃以其著述之富，竟有不能执笔志哀之感"。陈垣复函没有直接回应伯希和逝世一事，却借来函所提及的鲁实先 1944 年发表于《复旦学报》创刊号的《陈氏中西回史日历冬至订误》一文，说了一段令人神伤气沮的话：

> 垣老矣！恐不复能有所造述，关于天主教史及《日历》等，皆二三十年前所致力，此调不弹久矣。今得诸君子之接力，岂不甚善！②

据说从 1946 年至 1948 年，"三年内他一篇文章都没写过，为了应付报刊的约稿，只发表过一些旧稿短文。这些短文大都是 1942 年写成尚未出版的《中国佛教史籍概论》中的部分篇章。还有讲授'史源学实习'课时给学生写的习作范文"。③ 陈垣一生治学勤奋，成果甚丰，即便沦陷期间，仍著述不辍，战后反而搁笔，个中原因，当不仅仅在于政治一面。

今人理解陈垣的学术思想变化，多依据其 1943 年 11 月 24 日致方豪函，其中说："至于史学，此间风气亦变。从前专重考证，服膺嘉定钱氏；事变后颇趋重实用，推尊昆山顾氏；近又进一步，颇提倡有意义之史学。故前两年讲《日知录》，今年讲《鲒埼亭集》，亦欲以正人心，端士习，不徒为精密之考证而已。"揣摩其意，陈垣不过适应风气变化而转移，并非其史学思想的改变。所以他接着写道："此盖时势为之，若药不瞑眩，厥疾弗瘳也。"④ 对于沦陷期间应时势而作的著述，虽为报国之道，从学术角度看陈垣本人并不甚满意。1946 年 3 月 6 日，分别十年的杨树达来函询问："不知近日著书又增益多少？"陈垣答称："询近年拙著，惟有惭愧而已。国难中曾著宗教三书：……皆外蒙考据宗教史之皮而提倡民族不屈之精神者也。从今日视之，殆如梦

---

① 陈智超编注：《陈垣来往书信集》，561 页。
② 陈智超编注：《陈垣来往书信集》，304～305 页。
③ 牛润珍：《陈垣学术思想评传》，84 页。
④ 陈智超编注：《陈垣来往书信集》，302 页。

呓耳!"① 陈垣矢志不渝的学术志向,应仍在与东西洋中国学者争夺汉学研究的中心地位,战时的报国之作,似不足以担此重任,"动国际而垂久远"。② 而战争令既是竞争对手又是学术友人的异国同好过早谢世,那种失落怅惘正如武林高手痛惜英雄!尽管有人称陈垣为"中国之桑原"③,其心目中的天下英雄唯使君,域外恐怕非伯希和莫属。由此看来,陈垣搁笔,与失去伯希和这样的竞争对手不无关系。

---

① 陈智超编注:《陈垣来往书信集》,365 页。
② 陈智超编注:《陈垣来往书信集》,355 页。
③ 陈智超编注:《陈垣来往书信集》,169 页。

第九章　厦门大学国学院风波

　　梁启超曾经指出，近代史不易征信近真的要因之一，在于当事人往往将真迹放大。① 曲笔与讳饰为历史记载中有意造成的变相，一旦相关人数稍多而又利害各异，所反映的史实不免依据各人的立场和利害而不同程度、不同范围地伸缩，以致各人提供的关于同一事件的记忆图像无法重合，形成各种版本的"罗生门"。对此，后世史家本应收集比勘各种记载，去伪存真或伪中求真，以求接近事实真相。但治史之人同样难以避免主观感情，每每以所研究人物为中心取证，或替相关人物人为划定取信标准，结果史料的感情色彩通过研究非但未能过滤消除，反而进一步扩大。由此可见，在学术领域若以一人之是非为是非，则无是非可言，无信史可征。1926—1927 年的厦门大学国学院风波，即为典型个案。此事牵涉鲁迅、林语堂、顾颉刚、林文庆、沈兼士、张星烺、刘树杞、秉志等众多近代学术文化界知名人士，背后还牵连"现代评论"派与"语丝"派冲突的夙怨，夹杂厦大教职员内部外籍与本省的明争暗斗，深一层考察，更有中国社会矛盾与学术转型的纠葛。剖析此案，不仅有助于认识同类事件，而且可提供方法的借鉴。

一、旧嫌新隙

　　厦门大学国学院的主干班底，几乎是北京大学研究所国学门的延续。其矛盾冲突的核心，也基本因缘这一人脉关系而来。

---

① 《中国历史研究法》，《饮冰室专集》第 1 册，6 页。

1926年奉系军阀占据北京，加紧迫害进步知识界，五四以来一直是新文化中心的北京大学的新进教师不安于位，纷纷走避。新设的厦门大学国学院，因为曾在北大研究所国学门兼职的林语堂移席厦大，担任文科主任，欲吸引人才以壮声势，趁机联络，结果以北京大学国学门主任沈兼士为首的一批北大出身者联袂南下。厦门大学公布的国学院首批新聘教职员中，林语堂、沈兼士分别担任总秘书和主任，研究教授周树人、顾颉刚、张星烺，考古学导师林万里，陈列部干事黄坚，编辑部干事孙伏园，出版部干事章廷谦，图书部干事陈乃乾，英文编辑潘家洵，编辑容肇祖、丁山、林景良、王肇鼎，除后二人外，其余均出身北大，直接与北大国学门有渊源者就有林语堂、沈兼士、顾颉刚、容肇祖、丁山等五人。①

人脉转移，矛盾随之。刚刚半年，厦大国学院就在错综复杂的冲突中宣告解体。其中的要因，作为当事人的鲁迅在其书信日记中记载和抨击较多的是以顾颉刚为代表的所谓"现代评论"派。相当长的时期内，循着以鲁迅为中轴线解释历史的框架，一方的陈述不仅是历史的证言，还几乎成了定案的判词。尤其是在顾颉刚的背后牵扯上胡适这一条线，更演变成阶级与路线的生死之争。近20余年来，随着观念的改变和研究的深入，认识从两方面发生变化。

其一，对胡适的研究趋于客观，进而重新检讨鲁迅与胡适的关系，认为"长期以来，人们对他们之间的分歧谈论较多，对他们在20年代中期之前的一致性评介不足；而在指出他们分歧的时候，对于这种差异产生的原因又缺乏过细的分析"。论证两人在20世纪20年代中期以前关系较好，互相敬重。此后因政治观点相左，才逐渐疏离直到对立。②

其二，重新肯定顾颉刚的学术地位与成就，并具体分析他与胡适、

---

① 《新聘教职员略历》，《厦门大学周刊》第156、157期，1926年9月25日、10月2日。

② 陈漱渝：《鲁迅与胡适：从同一战阵到不同营垒》，耿云志、闻黎明编：《现代学术史上的胡适》，347～363页，北京，生活·读书·新知三联书店，1993。

陈源及"现代评论"派的关系。早在 1978 年，汪毅夫就撰文指出所谓厦大的"现代评论"派势力，"组织上既不属于现代评论派，思想倾向上亦不如该派之强烈"。顾颉刚虽然自称佩服胡适、陈源，"组织上却属于《语丝》派，是《语丝》的十六名撰稿人之一，同现代评论派毕竟有所区别"。①

近年顾潮所著《历劫终教志不灰——我的父亲顾颉刚》，依据顾氏遗留的日记、书信以及其他相关资料，深入剖析了顾颉刚与鲁迅结怨的前因后果。原来北京大学因蔡元培实行教授治校，为了争夺权利，教授会分为英美、法日两大派系，经常彼此明争暗斗。胡适、陈源等是英美派的中坚，浙江籍的三沈二马则是法日派的骨干。周氏兄弟属于法日派，顾颉刚虽然身份上超然物外，职位却介乎其间，不免两面不讨好，得咎了法日派。由于在北大时期的宿怨，加上鲁迅听说顾颉刚推重与自己矛盾极深的陈源，以及两人在待人处世和治学风格方面的诸多差异，共事于弹丸之地，人脉上又继续北大国文系的矛盾纠葛，鲁迅还缺乏容忍精神，冲突在所难免。②

依据上述分析，厦门大学国学院冲突很难被视为有意义的思想政治斗争，至多不过是以派系矛盾为背景的个人恩怨。相对而言，这样的看法较从前上纲上线的夸大更接近历史的真实。不过，新的解释仍存在若干不尽不实之处。首先是关于具体史实的指认，一些人意识到突出鲁迅与顾颉刚的矛盾，既不可能提到思想政治斗争的高度，反而有损于鲁迅的形象，或者从为顾颉刚开脱的愿望出发，都试图将鲁、顾矛盾降到次要位置。此说亦有所本，据说 1927 年 1 月初鲁迅辞职风声传出，校长林文庆为推脱责任，向外宣称鲁迅之行系由国学院内部分为胡适派与鲁迅派相互冲突之故，为媒体所揭载。为此，国学院开会质问林文庆，鲁迅、顾颉刚、林语堂、陈万里、章廷谦等人还亲赴报社，否认其事。报社为此道歉，并刊登更正启事。③ 其实，当事双方对于彼此过节均心知肚明，耿耿于怀。鲁迅坦言："我在厦门时，很

---

① 《鲁迅在厦门若干史实考》，《福建师大学报》，1978（3）。

② 顾潮：《历劫终教志不灰——我的父亲顾颉刚》，97～116 页。

③ 顾潮编著：《顾颉刚年谱》，135～136 页。

受几个'现代'派人物的排挤，我离开的原因，一半也在此。但我为从北京请去的教员留面子，秘而不说。"① 所谓"秘"，主要是对外，与许广平等人的通信中，即直言不讳。

顾颉刚开始对双方矛盾的反应似不如鲁迅那样强烈，但也绝非懵然无知或视而不见。目前所见顾氏对有关事情的直接记载，几乎都在鲁迅离校之后。1927年2月2日，顾颉刚致函胡适，告以厦门大学风潮情形，仍尊称"鲁迅先生"，而强调与刘树杞的矛盾，给人以北大同人一致对外之感，只是对后到厦门的章廷谦"大肆挑拨"公然表示厌恶，斥为"此等小人"。② 其实，如果"川岛"背后没有鲁迅的关系，绝无动摇顾颉刚地位的能量，也不会引起后者的注意。顾对此心中有数，所以后来他告诉胡适："去年我初到厦门时，曾劝语堂先生不要聘川岛，孰知这一句话就使我成了鲁迅和川岛的死冤家。"③ 可见前此虽仅指名川岛，仍然包括鲁迅，只是顾、鲁二人至此尚未公开翻脸。

3月1日，顾颉刚接到傅斯年从广州中山大学寄来的快信，邀其前往中大办中国东方语言历史科学研究所，"并谓鲁迅在彼为文科进行之障碍"。顾因厦大国学院已于2月中旬停办，考虑今后去向，拟接受邀请，而与鲁迅的关系，是其权衡进退取舍的重要因素。他以为："我性长于研究，他（鲁迅）性长于创作，各适其适，不相过问可已。"虽然有在厦门大学国学院的过节，仍觉得可以相安无事。不料担任中大教务主任的鲁迅得知此事，力加反对，"宣言谓顾某若来，周某即去"。傅斯年电告："彼已去阻，弟或亦去校，派兄去京坐办书，月薪三百，函详。"④ 顾因故未收到傅的来函，只身赴粤观看情形，结果鲁迅立即辞职，引发新的一轮风波。顾颉刚知道鲁迅对自己衔恨过于对章士钊，遂不再掩饰两人的矛盾，不仅向胡适陈述彼此交恶的过程，而且抱怨

① 《鲁迅全集》第11卷，540页，北京，人民文学出版社，1989。
② 中国社会科学院近代史研究所民国史组编：《胡适来往书信选》上册，422—427页。
③ 中国社会科学院近代史研究所民国史组编：《胡适来往书信选》上册，429页。
④ 顾潮：《历劫终教志不灰——我的父亲顾颉刚》，106～113页；《顾颉刚年谱》，138页。

道："我真不知前世作了什么孽，到今世来受几个绍兴小人的播弄！"① 已经不再顾全面子和风度了。

鲁迅何以对顾颉刚抱有成见，以及为何将顾视为"现代评论"派，现行解释仍有不如人意之处。这时鲁迅与胡适的关系虽然疏离，但尚未破裂，内心的嗤之以鼻还不至于形于言表。在"现代评论派"中，此前真正与鲁迅结怨的，是闲话专家陈源。1925 年的北京女师大风波，陈源与鲁迅针锋相对，相互笔战，尤其是后来公开指鲁迅的《中国小说史略》"窃取"日本学者盐谷温的《支那文学概论讲话》，犯了学界的大忌。疑心甚重又嫉恶如仇的鲁迅对此当然不能容忍。陈源的信由徐志摩编辑发表于 1926 年 1 月 30 日《晨报副刊》，鲁迅的反应相当强烈，立即写了《不是信》的长文反驳。

据顾潮说，当时有人认为鲁迅参考盐谷温的书而未注明，有抄袭之嫌，顾颉刚亦持此观点，并与陈源谈及，陈公布此事，遂使鲁迅与顾颉刚结怨。② 而胡适的讲法，陈源是"误信一个小人张凤举之言，说鲁迅之小说史是抄袭盐谷温的，就使鲁迅终身不忘此仇恨"。③ 顾不通日文，其说当不如留日出身又治文学史的张凤举见信于人，也不会是始作俑者。鲁迅自称有关的"流言"早已听说，"后来见于《闲话》，说是'整大本的剽窃'，但不指我，而同时有些人的口头上，却相传是指我的《中国小说史略》"。④ 这种口头流言在学界内部似已传播开来，顾颉刚或为传言者之一。至于鲁迅是否知道顾颉刚的态度，则无明确证据，鲁迅本人关于此事的言论，始终未提及顾的名字。收录《不是信》的《华盖集续编》编定于 1926 年 10 月中旬，这时鲁迅对顾已生恶感，如果他知道前此剽窃公案的传言以顾为祸首，肯定不会置若罔

① 中国社会科学院近代史研究所民国史组编：《胡适来往书信选》上册，430 页。

② 顾潮：《历劫终教志不灰——我的父亲顾颉刚》，103 页。

③ 中国社会科学院近代史研究所民国史组编：《胡适来往书信选》中册，339 页。张定璜于《现代评论》第 1 卷第 7、8 期（1925 年 1 月 24、31 日）连载题为《鲁迅先生》的文章，评其小说《呐喊》。

④ 《鲁迅全集》第 3 卷，167～168 页，北京，人民文学出版社，1956。陈源曾在《现代评论·闲话》专栏发表《剽窃与抄袭》一文，批评著述界盛行此风。

闻，善罢甘休。

"语丝"与"现代评论"派不和，胡适当然是知情人，却并未介入鲁迅与陈源之间的冲突，直到1926年5月24日，他才从天津致函二人及周作人，对论战各方进行劝解和批评。他深知虽然"三位都自信这回打的是一场正谊之战"，但"当日各本良心的争论之中，不免都夹杂着一点对于对方动机上的猜疑；由这一点动机上的猜疑，发生了不少笔锋上的情感；由这些笔锋上的情感，更引起了层层猜疑，层层误解。猜疑愈深，误解更甚。结果便是友谊上的破裂，而当日各本良心之主张就渐渐变成了对骂的笔战"。劝告各位不要自相猜疑、残害、践踏，引导青年朝着冷酷、不容忍的方向走，应该共同对付前面的公敌。① 后来他还劝陈源写篇短文，为鲁迅洗刷明白盐谷一案。

胡适的信是否寄或带或转交到鲁迅处，无从查考，鲁迅日记中找不到有关记录，其他文字也不见提及。② 不过，虽然这时胡适仍称鲁迅为"我的朋友"，但作为"现代评论"派的精神领袖，鲁迅显然已经不把胡适看成同道。有学者指出，从1926年1月起，鲁迅已在著述中公开点名批评胡适。③ 只是对外还有所分别，关于厦门大学的"现代评论"派，除了给许广平的信牵连到胡适外，对许寿裳、章廷谦等则仅指名陈源。

鲁迅与顾颉刚的矛盾虽然渊源于北京大学，其实二者均不属于北大对立竞逐的两派，至少不是其中的骨干。鲁迅根本否认自己是北大派，更不承认为某籍某系。顾颉刚虽是胡适的学生，但在北大时尚属人微言轻，亦不能跻身英美派的行列。鲁迅将原属于"语丝"的顾氏目为"现代评论"派，别有原因。其一，鲁迅听说顾颉刚声称只佩服

① 中国社会科学院近代史研究所民国史组编：《胡适来往书信选》上册，377～380页。

② 或以为鲁迅的《论费厄泼赖应该缓行》即包含对胡适的答复（周启付：《鲁迅与胡适》，宋庆龄基金会、西北大学主办：《鲁迅研究年刊》1990年号，北京，中国和平出版社，1990），实则该文先于胡适函半年发表。鲁迅一直抨击"现代评论"派貌似公正的君子之风，当也包括胡适的风格与主张，但具体所指还是陈源。

③ 周启付：《鲁迅与胡适》，《鲁迅研究年刊》1990年号。

胡适、陈源。顾颉刚因为与胡适关系较深，在北大派系之争中，被留日出身的浙江籍太炎门生视为异类。顾对钱玄同、沈兼士等人亦无好感。鲁迅虽然并非北大派直系，同门交友毕竟与之关系密切，大概也风闻一二闲言碎语，对顾印象不佳。同时，顾在"语丝"派中，学问兴趣（如民俗学）及做事风格似与周作人更易接近，而后者与鲁迅已经反目成仇，并在1925—1926年间与鲁迅展开笔战。

其二，顾颉刚宣称"只认得学问，不认得政见与道德主张"，与陈源等人的见解一致，得到后者的大力推崇，而与鲁迅的主张背道而驰。顾对其主张身体力行，他虽属"语丝"，却参与"现代评论社"的宴请和陈源、凌叔华的婚礼，并受陈源之邀，在《现代评论》发表有关古史的文章。① 尤其是1926年上半年，顾颉刚在《现代评论》连续发表《瞎子断匾的一例——静女》（第3卷第63期，1926年2月20日）、《孟姜女故事之历史的系统》（第3卷第75—77期，1926年5月15—29日）、《杨惠之塑像续记》（第4卷第82期，1926年7月3日）、《孟姜女的故事》（二周年增刊）等文章，与陈源势同水火的鲁迅如何感觉，可想而知。顾到厦门大学后，继续贯彻初衷，与鲁迅的冲突在所难免。

其三，陈源、胡适等人对顾颉刚评价甚高，对鲁迅有所刺激。1925年年底年顾颉刚为《北京大学研究所国学门周刊》作《一九二六年始刊词》，强调研究国故的必要。陈源虽然认为作为新文学运动代表的胡适研究国故有负面影响，对顾颉刚的主张却"觉得几乎没有一句话不同意"。② 尤其是1926年6月《古史辨》第1册出版，陈源、胡适均给予极高赞誉，使其声望地位迅速飙升。当该书尚在印刷之际，陈源就在《现代评论》予以大力表彰，将其列入"新文学运动以来的十

---

① 顾颉刚先后在《现代评论》发表《古史研究法》（第1卷第10期，1925年2月14日）、《古物陈列所书画忆录》（第1卷第19、23、24期，1925年4月18日—5月23日）。顾在《古物陈列所书画忆录》中明言："西滢先生来信急索文艺的稿子。"

② 《再论线装书》，吴福辉编：《西滢闲话》，228页，深圳，海天出版社，1992。

部著作"之中（实际开列了 11 部），也是学术方面的唯一著作。与之并列的其他著作为：胡适的《胡适文存》（新文学、中国文学史）、吴稚晖的《一个新信仰的宇宙观与人生观》（思想）、郁达夫的《沉沦》和鲁迅的《呐喊》（短篇小说）、郭沫若的《女神》和徐志摩的《志摩的诗》（新诗）、丁西林的《一只马蜂》（戏剧）、杨振声的《玉君》（长篇小说）、冰心的《超人》（儿童文学）、白薇的《丽琳》（诗剧）。

顾、鲁虽然同在被推举点评之列，措辞却明显有别。对于《古史辨》，陈源认为其"价值是不容易推崇过分的。他用了无畏的精神、怀疑的态度、科学的方法去整理一篇几千年来的糊涂账，不多几年已经开辟了一条新路，寻到了许多大漏洞"。至于鲁迅的短篇小说，则多数还是"外表的观察，皮毛的描写"，只有阿 Q 是生动活泼的典型，将来大约会和李逵、鲁智深、刘姥姥同样的不朽。同时陈源还注明："我不能因为我不尊重鲁迅先生的人格，就不说他的小说好，我也不能因为佩服他的小说，就称赞他其余的文章。我觉得他的杂感，除了《热风》中二三篇外，实在没有一读的价值。"① 态度大有保留。

是年 7 月，胡适在赴欧途中撰文《介绍几部新出的史学书》，认为《古史辨》"是中国史学界的一部革命的书，又是一部讨论史学方法的书。此书可以解放人的思想，可以指示做学问的途径，可以提倡那'深彻猛烈的真实'的精神。治历史的人，想整理国故的人，想真实地做学问的人，都应该读这部有趣味的书"。是文也由《现代评论》刊载（第 4 卷第 91 期，1926 年 9 月 4 日）。顾颉刚因为这些褒奖，学术地位骤然升高，在厦门大学与鲁迅平起平坐，连旧日的同道同乡亦不免侧目。鲁迅在厦门期间显然关注《现代评论》对于自己和顾的种种议论，很容易将后者视为《现代评论》派的同人。②

其四，顾虽然自称"本来怕管事"，但为人又"颇有些掮木梢的勇

---

① 《西滢闲话》，260～261 页。除《古史辨》外，陈源对其余各人及其著作多有保留。连胡适对陈源单取《文存》而不取《哲学史》，也感到难以接受。

② 厦门虽然比较闭塞，"《现代评论》倒是寄卖处很多"（《鲁迅全集》第 11 卷 527 页）。

气，不作事则已，一作事则必全力为之，这便是使得同侪讨厌的一件事"。① 作事便要聚人，与当局交涉，并且加紧出成果。他指鲁迅为"名士派"，称厦大国学院"与其说是胡适之派与鲁迅派的倾轧，不如说是工作派和不工作派的倾轧"②，这自然使本来多疑的鲁迅更加警觉，认为"此公急于成名，又急于得势，所以往往难免于'道大莫能容'"。③ 受到压力的鲁迅指责顾颉刚的主要罪名之一，就是营植排挤。而这也是顾颉刚后来在广州与傅斯年闹僵的重要原因。

凡此种种，都使得鲁迅在编辑与"现代评论"派论争的文集的同时，一方面回味着斗争的余韵，一方面感觉到新的刺激，将现时的冲突视为过去一轮斗争的延续。在某些方面与"现代评论"派有所共鸣的顾颉刚，实际上成为替罪羔羊，做了鲁迅正义神坛上的牺牲。

二、文理争风

厦门大学国学院冲突的另一要因，是来自校方及理科的压迫。在鲁迅与顾颉刚的矛盾被降温后，一些学人将批判矛头主要指向了校长林文庆和理科主任兼校长秘书刘树杞，尤其是关于林语堂的各种传记，多持此说。

鲁迅离开厦门大学时，厦大学生认为是校方容不得鲁迅，除校长林文庆外，办理行政事务的刘树杞应负主要责任，因而发动反刘风潮。加上教员中闽南派与外省派的矛盾，刘树杞不得不随之离校，前往武汉大学任职。鲁迅本人也说过厦大"理科也很忌文科，正与北大一样"。④ 不过，突出鲁迅与刘树杞的矛盾，有被林语堂的一面之词所误

---

① 顾颉刚 1927 年 2 月 20 日致冯友兰信、1929 年 7 月 28 日致戴季陶、朱家骅信，引自顾潮：《历劫终教志不灰——我的父亲顾颉刚》，106、125 页。

② 中国社会科学院近代史研究所民国史组编：《胡适来往书信选》上册，430 页。

③ 《鲁迅全集》第 11 卷，655 页。

④ 《鲁迅全集》第 11 卷，163 页。

导之嫌。① 此事须跳出冲突各方的矛盾纠葛，从当时整个中国的学术发展背景着眼观察。

抛开与"现代评论"派的矛盾，鲁迅对厦门大学的印象一开始便不大好，以后则更加坏。其形容该校的名言，是"硬将一排洋房，摆在荒岛的海边上"。② 他认为该校没有人才，缺乏计划，校长尊孔，学生太沉静，教员则大行"惟校长之喜怒是伺，妒别科之出风头，中伤挑眼"的"妾妇之道"。与北京相比，是同样污浊的小沟。③ 这固然表现了鲁迅本人一贯的犀利言锋，但对于厦门大学及国学院的主办者而言，则有失公允。

厦大由爱国华侨陈嘉庚独力承办，在当时的中国实为创举。他请林文庆担任校长，从教育的角度看未必最佳，人事安排上却自有依据。林文庆为新加坡著名侨领，是新加坡历史上第一位获得英女王奖学金的华人，毕业于英国爱丁堡大学医学院，担任海峡殖民地立法会议员。19 世纪末到 20 世纪初，他先后参与了孙中山、康有为等人领导的革命及勤王活动，与国内政界发生联系。④ 民初又曾担任南京临时政府官员。其主持校政期间，所聘教授多为一时之选。如博物院主任秉志，美国康乃尔大学农学院动物专业毕业获博士学位后，到声名最著的宾夕法尼亚大学 Wister 生物研究所研究解剖学三年，归国后曾任南京高师（东南大学）教授，并在南京中国科学社办博物院。⑤ 他"讲学之

① 参见《林语堂自传》，99 页，南京，江苏文艺出版社，1995；林语堂：《忆鲁迅》，《无所不谈合集》，台北，开明书店，1985。林语堂称："由于刘树杞的势力和毒狠，鲁迅被迫搬了三次家。……他在这种情形之下，当然是无法在厦门待下去。"

② 《鲁迅全集》第 11 卷，170 页。

③ 《鲁迅全集》第 11 卷，169 页。

④ 参见拙文《新加坡华侨与庚子勤王运动》，中山大学孙中山研究所编：《孙中山与华侨——"孙中山与华侨"学术研讨会论文集》（《孙中山研究论丛》第 13 集），广州，中山大学出版社，1996。

⑤ 《动物学教授秉志博士略历》，《厦门大学周刊》第 123 期，1925 年 10 月 17 日。

时即建立最高之标准，自始即提倡研究"①，在中国自然科学界为继北大地质系之后开风气之先者，其培养的学生名家辈出，多为中国生物学界重镇。此人不仅学问上佳，而且为了学术事业不惜牺牲个人。他后来担任南京科学社生物研究所和北平静生生物调查所事务，将自己收入的半数贴在里边，往来北平、南京多坐二等车，有时坐三等，刻苦程度为人所不及。② 1935 年 1 月，胡适向陈济棠说明"现在中国的科学家也有很能做有价值的贡献的了，并且这些第一流的科学家又都有很高明的道德"，随口所举的四位科学家中，就有"生物学家的秉志"。③ 新中国成立后，曾拟邀其出任科学院院长。

理科主任刘树杞是密歇根大学学士、哥伦比亚大学博士，"治化学甚有成绩"，离开厦门大学后，相继任武汉大学校长和北京大学理学院长。胡适认为"其人很可以做事，北大得他，可称得人"。④

文科方面，除国学院外，所聘国文罗常培、哲学张颐、图书馆冯汉骥、历史社会陈定谟等，亦有较高水准。而且该校一定程度上似能发扬蔡元培兼收并蓄之风，除新潮学人外，还聘请过陈衍、毛常、缪篆等老辈，又接纳戴密微、艾谔风（Gustav Ecke）、史禄国（Sergei Mikhailovich Shirkogoroff）等外籍学人，后来他们成为国际汉学名家。戴密微是战后法国汉学界的领袖，史禄国在中国人类学界的地位相当于考古学界的安特生，艾谔风则在中国艺术史方面成就突出。⑤

以一后起的私立学校，能在短期内聚集如此众多的优秀人才，实属不易。鲁迅称"总之这是一个不死不活的学校，大部分是坏人，在

① 胡先骕：《京师大学堂师友记》，王世儒、闻笛编：《我与北大——"老北大"话北大》，23 页，北京，北京大学出版社，1998。
② 1929 年 5 月 21 日《丁文江致胡适》，中国社会科学院近代史研究所民国史组编：《胡适来往书信选》上册，514 页。
③ 胡适：《南游杂忆》，欧阳哲生编：《胡适文集》5，619 页，北京，北京大学出版社，1998。其余三位是：数学家姜蒋佐，地质学家翁文灏、李四光。
④ 《胡适日记》手稿本 1931 年 3 月 28 日。
⑤ 参见杜正胜：《无中生有的志业——傅斯年的史学革命与史语所的创立》，《中央研究院历史语言研究所七十周年纪念文集：新学术之路》；傅吾康著，胡隽吟译：《德国青年汉学家》，胡隽吟译编：《国难时期（1933 至 1944 年）德国学术论文选译》，胡隽吟 1981 年香港版。

骗取陈嘉庚之钱而分之"①，未免过甚其词，与其他人的感触很有些不同。国学院解散之际，诸人对校方均有怨词，开始却都还不错。顾颉刚虽然感到"风气闭塞，文献无征，使人不惯"，一则"大学地处海滨，涛声帆影，至畅胸怀"，二则"厦大富于资财，出版一方面，大可做些事业"，仍然差强人意。张星烺因无款办事，也只是觉得"此间情况不见甚佳"。容肇祖则"与居广州时之不易觅良师友较，每觉到此地后为适意也"。②

此外，指责林文庆对国学研究没有兴趣，与新文化名人格格不入，故设障碍，让国学研究院名存实亡；指刘树杞培植势力，排斥异己，视鲁迅和"语丝"派人物为眼中钉，挪款给理科，欲以卡经费的手法扼杀国学研究等等③，与事实也有出入。林文庆的专业虽然是医学，幼年却受过儒学发蒙，大学期间，因自己中文汉语水准低而深以为耻，发奋自学。后又得到中英文俱佳的妻子黄端琼的帮助。④ 岳父黄乃裳以及长期交友的邱菽园、徐季钧、力昌等人多有科举功名，耳濡目染之下，林文庆的汉语造诣颇深，并通数种方言和外语，热衷于海外华文教育和传播中国文化，曾撰写翻译《孔教大纲》《李鸿章杂志》《离骚》《从儒学立场看世界大战》《中国内部的危机》《新中国》等著述。⑤ 其英译汉籍还得到英国汉学家的赞誉。⑥ 他在厦门大学国学研究院成立大会上讲话，谈到自己与国学研究的关系及态度：

> 鄙人于十余年前，因北京政府召集医学会议，曾在北京，一
> 次在会议席上，一般人对于医学名辞，多用洋文，将中国固有名
> 辞，完全废弃，不禁生无限感慨。因念中国数千年来固有文字，

---

① 《鲁迅全集》第 11 卷，523 页。

② 陈智超编注：《陈垣来往书信集》，170、210、266 页。

③ 万平近：《林语堂评传》，69～70 页，重庆，重庆出版社，1996；刘炎生：《林语堂评传》，63～64 页，南昌，百花洲文艺出版社，1994。

④ 程光裕：《林文庆》，《常溪集》，2030～2048 页，台北，"中国文化大学"出版部，1996。

⑤ 《本校教职员著述之调查》，《厦门大学周刊》第 257 期，1931 年 4 月 25 日。

⑥ 陈民：《林文庆》，宗志文、朱信泉主编：《民国人物传》第 3 卷，387～390 页，北京，中华书局，1981。

竟衰替一至于此，真是令人痛心切齿。未几适陈嘉庚先生请鄙人来长本校，鄙人即询其将来对于本校之宗旨，究竟注重国学抑或专重西文。陈先生即答以两者不可偏废，而尤以整顿国学为最重要。故鄙人来校之后，对于国学，提倡不遗余力。此次特组织国学研究院，聘请国内名人，从事研究，保存国故，罔使或坠，一方则调查民间风俗言语习惯等。因我国各省言语不同，如就南方而论，闽有闽语，粤有粤语，甚且县与县殊，乡与乡异，民间动作，因之隔阂甚多。苟不统一，使之一致，将来必致四分五裂，其危险有不可言喻者矣。[①]

认识相当到位。依据厦门大学《组织系统一览表》和《国学研究院章程·组织大纲》，国学院与大学部、高等学术研究院平行，置于校长办、评议会、行政会议之下，本、预科、各处及各委员会之上，院长由大学校长亲自兼任。而且林文庆不仅挂名而已，他出席了国学院的筹备会、成立会等历次重要会议，担任国学院新设的国学会会长，并主持国学院每月一次的公开学术讲演。[②] 指其尊孔，固然言之有据，责其忽视国学，则是冤屈。陈嘉庚在经营失利的情况下不得已削减经费，并非故意为难国学院。况且，按照鲁迅批评国学研究的一贯观点，重视理科及其他有用的新兴社会人文学科也是顺理成章。在五四新文化提倡科学的思潮鼓动下，自然科学与社会科学有所发展，厦门大学的科学，并不仅仅落实在整理国故一点。在这方面，国学院内相互冲突的各派几乎一致对外，为了学科的发展合情合理，但与校方及理科的矛盾充其量只是利益难以协调，非要在校院双方分出个是非对错，恐怕就有些强词夺理了。

关于20世纪20年代的国学研究，除主流派提倡以科学方法整理国故外，意见颇为分歧。或坚持保存国粹，或要求弃旧从新，或主张舍己从人。大体而言，陈源和鲁迅都不赞成甚至反对过于重视国学研

---

① 《国学研究院成立大会纪盛》，《厦门大学周刊》第159期，1926年10月16日。

② 《附设国学会简章》，《厦门大学周刊》第165期，1926年12月2日；《国学院学术讲演》，《厦门大学周刊》第164期，1926年11月20日。

究，而主张研究科学①，与顾颉刚的以学问为主业、视国学为科学的一部分大有分别。厦门大学当局虽然追随时流，响应南北国立各校设国学研究院，却并非单从保存国粹一面立论。该校国文系原聘有国学大家陈衍为教授，与东南大学、无锡国学专修馆等主张保存国粹的机构和学者保持密切联系。1925 年，该校部分教员学生"因国学沦亡，斯文道丧，特与海内闻人组织国学专刊社，以整理国故，发扬文化为己任"，先后入社者达 50 余人，由陈衍为主任，叶长青为社长，叶培元为经理。其宣言称："疋音不作，国闻陵夷，浅学者方以国学为艰深，为无庸，从而宰割之，魄鄙之，狂妄者资以煽惑，俾快厥肌，其势日千里，其害甚于洪水猛兽。"② 陈衍于 1925 年 10 月告假，后又辞职回里，其高足叶长青也移席金陵大学，稍后厦大筹建国学研究院，并未延续其所开辟的路径，而是选择了代表学术新潮的北京大学国学门作为趋向，这不能不说厦大校方的见识自有其过人之处。

此外，指责理科侵入国学院，如刘树杞担任国学院顾问，一般而言当然不合规矩。但厦门大学国学院的发端，并非由北京大学诸人南下开始。早在 1925 年年底，该校就成立国学研究院筹备总委员会，由林文庆任主席，担任委员的有教育系主任孙贵定、预科主任徐声金、商科主任陈灿、文科及法科主任黄开宗、理科主任刘树杞、植物系主任钟心煊，以及理科的秉志、文科的毛常、王振先、涂开舆、陈定谟、

---

① 1927 年，陈源在整理国故运动引起争议时曾公开表态：其一，"对于'整理国故'这个勾当，压根儿就不赞成"。其二，"现在还没有到'整理国故'的时候"。其三，"现在的国故学者十九还不配去整理国故"。（《整理国故与'打鬼'》附录一《西滢跋语》，《现代评论》第 5 卷第 119 期，1927 年 3 月 19 日）鲁迅对于整理国故的态度则较为复杂，他批评"学衡"派以"昌明国粹"抵制新文化运动，嘲笑京沪两地新旧各派"假的国学家"，对胡适提倡整理国故也有所讥讽，针对梁启超、胡适等人开列国学书目的做法，主张少或不看中国书。但他与北大国学门有所联系，收看寄赠的《国学季刊》，并为该刊设计封面，不反对王国维那样的"真的国学家"，参与 1924 年西北大学以国学为主题的暑期学校讲演，又任厦门大学国学院教职，绝非一概否认新国学。

② 《国学专刊出世之先声》，《厦门大学周刊》第 137 期，1926 年 1 月 23 日。

缪子才、龚惕庵和外籍教师戴密微。① 12 月 19、20 两日，总委员会连续开会，修订国学研究院章程。

根据 1926 年 1 月 2 日公布的《厦门大学国学研究院组织大纲》，该院为"研究中国固有文化"而设，其研究目标，既包括"从书本上搜求古今书籍或国外佚书秘籍及金石骨甲木简文字为考证之资料"，也包括"从实际上采集中国历史或有史以前之器物或图绘影拓之本及属于自然科学之种种实物为整理之资料"，并以后者为首要。为此，该院分设历史古物、博物（指动植矿物）、社会调查（礼俗方言等）、医药、天算、地学、美术（建筑、雕刻、瓷陶漆器、音乐、图绘、塑像、绣织、书法）、哲学、文学、经济、法政、教育、神教、闽南文化研究等 14 组。②

由此可见，包括理科在内的其他学科不仅一开始就参与厦大国学院的组织，而且实际分担研究领域。国学研究并非北大南下同人的专利。秉志等人"平日以为在中国大学领导学生，必须各门学科皆精通，斯能为广大教主，故对于动物学中之各部门如解剖学、生理学、分类学、遗传学皆有甚深之造诣。涉猎所及，如英国文学与哲学，亦皆有心得"。③ 理科过问国学院事务，即使不是言之成理，至少也算师出有名。

三、学派与政争

厦门大学国学院风波，就事件本身而言或许并无深刻的实质意义，但放宽眼界，此事背后则蕴含着中国政治与学术重新分化组合的重要转折。如何处理二者的关系，确是当时中国学人面对的一大难题。

五四新文化运动所提倡的新思想、新文化，在形式和内容上都是

① 《国学研究院筹备总委员会》，《厦门大学周刊》第 132 期，1925 年 12 月 19 日。

② 《厦门大学周刊》第 134、135 期，1926 年 1 月 2、9 日。

③ 胡先骕：《京师大学堂师友记》，王世儒、闻笛编：《我与北大——"老北大"话北大》，22 页。

政治与学术相混合的产物。因而不同派系和观念的人物可以组合到一起。随着形势的变化和矛盾的发展，认识的歧异自然而然地变得难以协调，离异甚至分裂在所难免。

新文化运动的核心主要是北京大学的一批学者，其内部大致可分两派，一是民初尤其是蔡元培长校以来逐渐取代桐城派而兴的太炎门生，一是陈独秀、李大钊、胡适等新进。后来陈、李二人脱离北大，胡适无形中成为后一派的代表。双方对于学术和政治的看法互有异同，在面对校内外反对势力时还能一致对外，但在许多问题上不仅存在分歧，而且时有冲突，甚至各派内部（尤其是后一派）意见也不统一。由此演变而来的北京大学内部的党派纠葛，如法日派与英美派、"语丝派"与"现代评论"派、浙籍与他省等，相互缠绕，异常复杂，令不少学人将任教北大视为畏途。

在籍在系的鲁迅，只是北大的讲师，严格说来，并非北大派的正牌。不过他与陈源的冲突，确实反映了北大派内部的进一步分裂。对于鲁迅、陈源、周作人之间"深仇也似"的笔战，尽管胡适宁可相信各自动机的"正谊"，仍直言离题越来越远，是无意义的无头官司，是减损自己的光和热的自相猜疑，自相残害。他呼吁论战各方："我们的公敌是在我们的前面；我们进步的方向是朝上走。""不要回头睬那伤不了人的小石子，更不要回头来自相践踏。"[1] 鲁迅虽然没有公开批驳胡适，对于诸如此类的论调绝对不以为然。从他对林语堂、周作人、陈源等人的尖锐抨击与讽刺，可以想见胡适的主张必然在其锋芒所向的范围之内，也是属于正人君子的假面。

历史的进程似乎印证了鲁迅的正确，换一个角度看，鲁迅的坚决和彻底在某种程度上正是中国社会矛盾和阶级冲突日益激化的反映。在此背景下，新文化派被迫离开生息已久的北京，一年后，南方原本联合北伐的革命阵营大分裂，而鲁迅的坚决对敌被视为革命者应当具有的立场和精神。不过，这几年中国社会矛盾与阶级冲突的激化，并非常态，在一定程度上迫使斗争偏离了民主革命的轨道或超越其范围，

---

[1] 耿云志、欧阳哲生编：《胡适书信集》上册，374~375 页。

将敌我友的划分带入极限。而且鲁迅直接攻击的对象，与公认的敌人之间还存在许多曲折。其毫不留情固然体现了鲁迅的性格，但所抨击者究竟是敌或友，立场转移之间，看法就有很大的分别。应当说，与鲁迅论战的各方，总体上还是同一战壕中分离的派系，维系统一战线仍是上策，尽管社会矛盾激化的背景并不以人们的意志为转移。

披露厦门大学国学院冲突内幕较多的《两地书》出版后，朱自清读完，"觉无多意义"，"鲁骂人甚多，朱老夫子、朱山根（顾颉刚）、田千顷（陈万里）、白果皆被骂及；连伏老也不免被损了若干次"。① 鲁迅抨击陈源，背后还有章士钊的影子，与顾颉刚势不两立，作为个人恩怨倒也情有可原，作为路线标的，则至少有扩大化之嫌。而导致扩大的原因，除了与"现代评论"派的新仇，也不免夹杂"某籍某系"的宿怨。在那样一个今是而昨非的日新月异的时代，相比于新派，太炎门生已有落伍之感，从旧营垒中杀出的鲁迅超越新派而走向更加激进，人脉联系却不免受旧的牵制，他对同籍同系的同情理解，显然较别派要宽容得多。后来他再次北上，对于包括三沈二马（除马幼渔、沈兼士外）在内的旧日同道纷纷与"现代评论"派同流合污的态度，便是失望多于谴责。而在厦大时鲁迅虽与共产党人有所接触，仍视国民党为新潮，与顾颉刚"深感到国民党是一个有主义、有组织的政党，而国民党的主义是切中于救中国的"② 并无二致。

从学术的角度看，双方的分歧更加难以调和，同时也处处透露仍是以往矛盾的扩大。对于胡适、陈源等极力推崇的顾颉刚的《古史辨》，鲁迅不以为然，全盘抹杀其思想和学术意义，极力讽刺挖苦，确有意气用事的一面。以"整理国故"为号召的新国学研究，虽然在国内往往被激进派视为新文化运动的倒退，国际上的反应却相当积极。③ 在外国人的眼中，它是文化更新的象征，所体现出来的"打鬼"精神，

① 朱乔森编：《朱自清全集》第 9 卷，220 页。
② 中国社会科学院近代史研究所民国史组编：《胡适来往书信选》上册，426 页。
③ 参见拙文：《五四新文化运动的国际反响》，台北，政治大学文学院编印：《五四运动八十周年学术研讨会论文集》，1999。

从根本上动摇着以经学为主体的中国传统思想与学术的根基。所以，整理国故不仅是在文学革命、思想改革之后继续新文化运动，更是将精神文化的更新引向深层。作为整理国故的重要产品，《古史辨》一方面对中国古史乃至整个学术造成革命性震动，另一方面对青年心理发生大的影响。

现代中国学术的转承，就主流而言的关键时期即在从北京大学国学门到中研院历史语言研究所，其间宗旨和人脉的过渡，便是顾颉刚亲历其事并担任重要角色的厦门大学国学院和中山大学语言历史学研究所。厦门大学国学院继承北京大学研究所国学门的宗旨，正如顾颉刚为厦大《国学研究院周刊》所写《缘起》指出的："我们知道如果不能了解现代的社会，那么所讲的古代社会便完全是梦呓。所以我们要掘地看古人的生活，要旅行看现代一般人的生活。"① 依照陈以爱女士的理解，所谓掘地与旅行，也就是考古发掘和风俗调查。为此，厦大国学院成立了考古学会和风俗调查会。

顾颉刚专治古史，虽然不赞成排斥载籍的偏向，却重视考古发掘无可替代的价值。尤其在民俗学的推广方面，顾颉刚的南下起到至关重要的作用，成为当时民俗学运动的重要领导。与同时期的新国学各研究机构相比，为时不久的厦门大学国学院的学术成就固然赶不上北大和清华，却不逊色于齐鲁、燕京的国学研究所和东南大学国学院，在学术发展史上的地位甚至更为重要。如果说史语所的成立标志着中国"新史学"的正式诞生，前此的北大国学门、厦大国学院、中大语史所正是催产的重要阶段。其中顾颉刚的作用相当关键，可谓中国新史学的助产士。而鲁迅在这方面的表现和贡献则不尽人意。他本来对于国学研究基本持异议，迫于形势，碍于友谊，勉强屈身，内心对国学院的事务并不热心，对顾颉刚在厦大和中大期间征求家谱县志等新史学要项的工作嗤之以鼻②，双方不断发生摩擦，使本来有限的趋新学术力量不能携手并进，客观上使进行中的学术转化难以顺利实现。

不过，鲁迅反对疑古辨伪，并不纯粹出于派系之争的私心。在这

方面，胡适等人与北大的太炎门生存在重大分歧，只是双方开始还能求同存异，彼此相轻的议论都在背后。后来则分歧公开化，以至于最终分道扬镳。

早在北京大学研究所国学门成立之初，"代表全体"草拟《国学季刊发刊宣言》的胡适就因"不由我自由说话，故笔下颇费商量"，写起来"颇费周折"。所拟宣言既表达了肯定清学成绩，运用西学眼光来理解及重建国学的共识，又隐讳了多数太炎门生不以为然或持保留态度的疑古和评判国故是非的两大分歧。① 鲁迅对《古史辨》冷嘲热讽，指其"有破坏而无建设"②，很大程度上反映了多数太炎门生对于疑古的心非。而且双方分歧的关键还不止于疑古一点。后来鲁迅对台静农论及郑振铎，指出自己与胡适治学方法的根本不同：

> 郑君治学，盖用胡适之法，往往恃孤本秘籍，为惊人之具，此实足以炫耀人目，其为学子所珍赏，宜也。我法稍不同，凡所泛览，皆通行之本，易得之书，故遂了然于学林之外，《中国小说史略》而非断代，即尝见贬于人。③

那些"恃孤本秘籍"之类的著作，他认为只是抄撮史料而无史识。所指责"'现代'派学者之无不浅薄"④，与此密切相关。这背后显然也有太炎门派的观念。后来章太炎曾回答访客的提问："哲学，胡适之也配谈么？康、梁多少有些'根'，胡适之，他连'根'都没有。"⑤ 无根即是浅薄。所谓浅薄，包括学行两面。以学而论，胡适的以科学方法整理国故大体属于"悬问题以觅材料"的发现主义，而在太炎学派看来，"中国之学，不在发见，而在发明"⑥，即王国维所说读书以

① 　参见陈以爱：《中国现代学术研究机构的兴起——以北京大学研究所国学门为中心的探讨（1922—1927）》，226～253 页。

② 　《鲁迅全集》第 12 卷，477 页。

③ 　《鲁迅全集》第 12 卷，102 页。

④ 　《鲁迅全集》第 11 卷，187 页。

⑤ 　周黎庵：《记章太炎及其轶事》，陈平原、杜玲玲编：《追忆章太炎》，570 页。

⑥ 　《留学时代》，《吉川幸次郎全集》第 22 卷，421 页。

发现问题，才是治学的正道。① 读书为博通之基，找材料则难免偏窄之弊，其间的差异，正是学问的深浅之别。

胡适、顾颉刚等人早年治学，多先立论，再补充材料，本末倒置，确有悬问题以觅材料之嫌，所鼓吹的疑古辨伪即不免看朱成碧之讥。但他们看来，却是学术上推陈出新的必由之路。如果说近代思想领域的革故鼎新往往拉孔子为今人的垫背，在学术界，破旧的矛头却一定指向依然得势的权威。浙派的宗师章太炎，自然在目标之列。顾颉刚即坦言不会以"排挤鲁迅们来成全自己"，因为后者还不够格。"我岂无争胜之心，但我的争胜之心要向将来可以胜过而现在尚难望其项背的人来发施。例如前十年的对于太炎先生，近来的对于静安先生。我要同他们争胜，……要达到我的争胜之心，要创造出些新事务。"② 其创新不仅限于提出新的观点，而且要在受西方传来的科学教育的基础上，"把中国昔日的学术范围和治学方法根本打破、根本换过"，造成"知识上思想上的一种彻底的改革"。③

这种根本改变的最彻底和直截了当的表述，便是傅斯年1928年发表的《历史语言研究所工作之旨趣》。这篇被许多人视为新史学宣言的文章，有关本篇宏旨值得特别注意的有两点，一是点名批评"章炳麟君一流人尸学问上的大权威"，二是宣称"历史学不是著史"，"近代的历史学只是史料学"。"西洋人作学问不是去读书，是动手动脚到处寻找新材料，随时扩大旧范围"，所以要"改了'读书就是学问'的风气"，不做读书的人，"只是上穷碧落下黄泉，动手动脚找东西"。④ 尽管这时顾颉刚与傅斯年的关系已经破裂，此文仍然可以视为胡适一派学术方向发展的必然结果。在此之前，顾、傅二人的学术见识相当一致，以至于出自顾颉刚手笔的《国立中山大学语言历史学研究所周刊

① 周光午：《我所知之王国维先生——敬答郭沫若先生》，陈平原、王枫编：《追忆王国维》，165页，北京，中国广播电视出版社，1997。

② 1927年7月4日致叶圣陶，引自顾潮：《历劫终教志不灰——我的父亲顾颉刚》，114～115页。

③ 《中山大学语言历史学研究所年报序》。

④ 《历史语言研究所集刊》第1本，1页。

发刊词》，被同时代的董作宾误认为傅斯年的作品。两人分手出于对史语所的工作设想不一致，细究其不一致之处，在《历史语言研究所工作之旨趣》中有所体现，如关于宗旨负面的三点，即反对国故的观念，反对疏通，反对普及。但该文代表全体筹备员发言，正面表述的各点，仍在史语所兼职的顾颉刚并未表示反对。

中研院史语所在近代中国学术史上的重要位置，毋庸置疑，新史学也的确开辟了一代风气。然而，由此而来的学术研究日益走向窄而偏的趋向，导致中国学术整体上陷入舍己从人的狭境，所滋生的流弊贻害匪浅。厦门大学国学院中鲁迅与顾颉刚的合作与分歧，学术方面恰好反映了胡适派与太炎派的异同消长。如果当年双方能够相互取长补短，中国学术的发展或者可以进入"一方面吸收输入外来之学说，一方面不忘本来民族之地位"① 的相反而适相成的良性循环。可惜社会矛盾的激化不容学者雍容应对，在彼此冲突中各执一端，偏离了应有的正轨。其中的无奈，令人痛惜之余，值得深刻反省。

① 《冯友兰中国哲学史下册审查报告》，《陈寅恪史学论文选集》，512 页。

第十章　胡适与《水经注》案探源

　　胡适后半生用了近 20 年时间致力于"《水经注》案"的研究，成果包括论文、序跋百余篇和函札数十封，占其身后印行的《胡适手稿》60％的篇幅。据说"在郦学研究中，以论文而言实无出其右"。① 但《水经注》专家陈桥驿将历来一切郦学家分为考据、词章、地理三派，胡适却不归属其中任何一派，因而认为以其声名气派与实际贡献相比，建树实在不足称道。胡适研究专家耿云志也说："胡适的研究，对《水经注》本身并无创见。"② 原因在于其著述目的不在《水经注》，而是为了重审"赵戴《水经注》案"。然而，即使在这方面，胡适也没有获得预期成果，反而在研究群中进一步激起无休无止的论战，将郦学引向歧途，留下不少惹人非议的口实，以致有人指责其"于赵戴公案，虽力为辩白，亦终难取信于人，徒增纠纷"；"耗二十余年精力，为兹枝节问题，虽曰求是，实于郦书何干？亦费词矣"。③ 然而，问题在于，绝顶聪明如胡适，何以会穷半生之功力长期沉溺于此很难有个水落石出的扰人公案？如果仅仅从胡适的全力以赴和费力不讨好的结果看，岂非有侮辱其智慧之嫌？尽管学者已经注意探究胡适治《水经注》案的动机，却迄未得出令人信服的解释。显然，既然胡适的目的不在

---

　　① 陈桥驿：《胡适与〈水经注〉》，《〈水经注〉研究二集》，67 页，太原，山西人民出版社，1987。

　　② 陈清泉等编：《中国史学家评传》下，1399 页，郑州，中州古籍出版社，1985。

　　③ 吴天任：《胡适手稿论〈水经注〉全赵戴案之商榷》，汪宗衍：《赵戴〈水经注〉案小记》，均见吴天任纂辑：《〈水经注〉研究史料汇编》下册。引自陈桥驿：《胡适与〈水经注〉》，《〈水经注〉研究二集》，88 页。

《水经注》，揭示动机的答案也就不限于公案之内。欲求真相，须另辟蹊径。在此拟借胡适考据如断狱之说，广泛搜求证据，重加审理，以图接近事实。

一、作案动机

一般认为，胡适研究《水经注》是出于乡谊，为安徽乡前辈戴震辩诬。这也是他本人主动交代的"作案动机"。他曾当众声明："我审这个案子，实在是打抱不平，替我同乡戴震（东原）申冤。"① 然而，提倡皖人治皖学的胡适，毕竟已成中国新文化的权威，爱护乡贤的畛域之见不能说丝毫没有，却很难成为锲而不舍的动力支撑，令人怀疑其别有隐情而欲借此掩饰。或者说，为戴震洗雪不白之冤只是表面的托词，真实原因要深刻得多。

揭开此案的关键之一，首先是时间的判定。胡适在前后十余年间，多次刻意强调他重审《水经注》案，是从 1943 年开始。② 因为这年的 11 月，王重民致函胡适，并寄呈所撰《水经注笺赵一清校本提要》一文。胡适在来函上批道：

> 重民此信与此文。作于民国卅二年十一月，寄到后，我写了长信给他，表示此案并不已成定谳，后来我费了五、六年工夫来重审此案，都是重民此信惹出来的。③

当时胡适还托王的夫人刘修业抄录了他写给王重民的两封信，并且说明："因为是我重审戴校《水经注》全案的开始，……留作一个纪念。"④ 加上 1937 年胡适曾致函编辑北京大学《国学季刊》的魏建功，

---

① 《水经注考》，欧阳哲生编：《胡适文集》12，165 页，北京，北京大学出版社，1998。

② 参见胡适：《治学方法》，欧阳哲生编：《胡适文集》12；《评论王国维先生的八篇水经注跋尾——重审赵戴水经注案之一次审判》，《胡适手稿》第 6 集下册。引自陈桥驿：《〈水经注〉研究二集》，下同。

③ 《胡适手稿》第 5 集中册，227 页。

④ 耿云志、欧阳哲生编：《胡适书信集》中册，923～924 页。

谈到他对孟森有关论文的看法，说：

> 我读心史两篇文字，觉得此案似是已定之罪案，东原作伪似无可疑。古人说，吾爱吾师，吾尤爱真理。东原是绝顶聪明人，其治学成绩确有甚可佩服之处，其思想之透辟也是三百年中数一数二的巨人。但聪明人滥用其聪明，取巧而讳其所自出，以为天下后世皆可欺，而不料世人可欺于一时，终不可欺于永久也。①

劝魏不必怀疑孟森的判断。因而有学者相信前此胡适对该案未曾怀疑。②

但也有学者察觉到胡适开始注意《水经注》案的时间早于上述。因为杨家洛在《水经注四本异同举例》一文中说："民国二十五年(1936)，胡适之先生过沪，谓将为东原撰冤词。"认为尽管胡适标榜"大胆怀疑"，总要有过一番研究，才知道戴震有冤。③ 对于1937年的致魏建功函，有的学者细心地注意到，胡适"用了一个'似无可疑'的词来表达自己的意思，这又说明他对此案并非完全同意，还有保留的余地"。④ 比较1943年胡适复王重民函，可见这种揣测并非无中生有。胡适说：

> 前几年，当孟心史的文章发表后，我曾重读静安先生的《戴校水经注跋》。那时我很觉得此案太离奇，多不近情理之处，其中也许有别情，为考据家所忽略。如《大典》本具在，东原并不曾毁灭此本以掩其迹，他岂不知此本终有他人用来校勘之一日？又如全、赵之书也都存在，赵书且已进呈，且已著录《四库》，东原岂能尽抹杀诸家之书？况且此种行为，在当日直是"欺君"大罪，东原岂不知？《四库》馆臣岂能都不知之？凡此诸点，都太离奇。我久想将来搜集此案全卷，再作一次审问，以释我自己的疑惑。⑤

---

① 耿云志、欧阳哲生编：《胡适书信集》中册，713～714页。

② 耿云志：《胡适》，《中国史学家评传》下，1396页。

③ 陈桥驿：《胡适与〈水经注〉》，《〈水经注〉研究二集》，67页。

④ 白吉庵：《胡适传》，412页，北京，人民出版社，1993。

⑤ 耿云志、欧阳哲生编：《胡适书信集》中册，914页。

由此可见，1937 年胡适并不认为孟森所论为"已定之罪案"。两函态度的明显反差，似不宜以时间的早晚为正误决断。因为不仅有前引杨家洛回忆 1936 年胡适过沪时和他的谈话，更因为胡适致王重民函所说因孟森文章发表而重读王国维文、"久想"重审此案以及所举诸疑点，均非兴之所致的随口道来。1943 年 11 月 18 日胡适致函杨联陞，也谈及此事，说：

> 我向来对此案不曾说一句话，但总觉得此中情节甚离奇，值得重审一次。可惜我从不曾读过《水经注》一遍，所以总没敢发言。这回我因重民一文，决意重读此案全卷，作一次侦查。①

则动手审案虽在 1943 年以后，关注案情却在此之前。至于复魏建功函，胡适后来承认当时"还不懂得校勘学"，所以"率尔"作答。② 但揆诸史实，事情绝非如此简单。

不少学者已经注意到，胡适关心《水经注》一书，为时早到 1924 年纪念戴震诞辰 200 周年之际。从 1923 年下半年起，由研究系的讲学社和北京大学文科研究所国学门等机构共同发起筹划，拟举行多种学术纪念活动。1924 年 1 月 19 日（阴历十二月二十四日），在安徽会馆举行了纪念会。③ 会议由胡适主席，梁启超、沈兼士、钱玄同、朱希祖、伊凤阁（A. I. Ivanov）等人发表学术演讲，其中朱希祖的演讲即谈《水经注》的版本问题，他为戴震辩护，认为全谢山、赵一清、戴震三家对《水经注》一书均有贡献，无所谓谁剿窃谁之一说。④ 其时王国维恰好校得傅增湘所藏残宋本《水经注》及孙潜夫校本，知前此所校蒋汝藻藏"大典本乃全自宋刊本录出"⑤，复取多种刊本校本及相关史料比勘，确认戴震抄袭剿窃而有意毁迹遮掩，撰成《书戴校水经

---

① 《论学谈诗二十年——胡适杨联陞往来书札》，6 页，台北，联经出版事业公司，1998。

② 耿云志、欧阳哲生编：《胡适书信集》中册，714 页。

③ 《晨报副刊·东原二百年纪念号》，1924 年 1 月 19 日。

④ 白吉庵：《胡适传》，210 页。

⑤ 1924 年 1 月 31 日致蒋汝藻，吴泽主编，刘寅生、袁光英编：《王国维全集·书信》，388 页。

注后》一文，指斥其非。他还进而对戴震的人格予以尖锐批评，指责"东原学问才力固自横绝一世，然自视过高，骛名亦甚"。"其著他书亦往往述其所得而不肯言其所自出。""凡此等学问上可忌可耻之事，东原胥为之而不顾，则皆由气矜之一念误之。"是文被视为历来斥责戴震剽窃的最严厉的文章之一。

更值得玩味的是，王国维公开声明：

> 平生尚论古人，雅不欲因学问之事伤及其人之品格。然东原此书方法之错误，实与其性格相关，故纵论及之，以为学者戒，当知学问之事，无往而不当用其忠实也。①

这种异常言行不能不引起生性敏感的胡适的注意，他后来指出：王的用意在于表明"似乎很不赞成我们那种称颂戴震及'戴学'的态度"，是以"对于戴震的人格的一个最严厉的控诉"，表示"对于我们提倡'戴东原二百年纪念'的人的一个最严厉的抗议"。②

王国维文章中对戴震思想贡献的非议，显然是针对纪念派而发，认为戴震：

> 一生心力，专注于声音训诂名物象数，而于六经大义，所得颇浅。晚年欲夺朱子之席，乃撰《孟子字义疏证》等书，虽自谓："欲以孔孟之说，还之孔孟，宋儒之说，还之宋儒。"顾其书虽力与程朱异，而亦未尝与孔孟合。③

王肯定戴震在经史学上的贡献，称之为清代乾嘉之学的开创者。④而胡适在1924年1月发表于《读书杂志》第17期的《戴东原在中国哲学史上的地位》一文则认为，戴震不仅是清代考据学的第一大师，

---

① 《聚珍本戴校水经注跋》，《观堂集林》卷十二，《王国维遗书》第一册，596页。

② 《胡适手稿》第六集下册，台北，胡适纪念馆，1969。

③ 《聚珍本戴校水经注跋》，《观堂集林》卷十二，《王国维遗书》第一册，594页。

④ 《沈乙庵先生七十寿序》，《观堂集林》卷二十三，《王国维遗书》第二册，583页。

也是近 800 年来中国思想史上与朱熹、王阳明齐名的极重要人物，是朱子以后的第一个大思想家、大哲学家。胡适听说王国维论戴震《水经注》一文撰成，致函索稿，并且表示：《国学季刊》"此次出东原专号，意在为公平的评判，不在一味诋扬。闻尊文颇讥弹东原，同人决不忌讳"。① 但内心并不以王国维贬抑戴震思想的看法为然。王国维的文章发表不到半年，胡适便在《国学季刊》刊出长文《戴东原哲学》，进一步申述戴震不讲宋明理学之"理"、即几千年因袭下来的成见与习惯的重大意义。关于王国维作为主要抨击依据的戴震窃书案，胡适虽然因为尚未完整读过《水经注》而不敢妄加评议，却心存芥蒂。1944年 1 月他写信给王重民说：

> 故我们从此案所得的教训是：不要动火气，不要急于发表文字；在攻击人之先，先凉凉去。我为此事，凉了十多年。今日天假之缘，始得搜集证据，重审此案。②

这显然不是指 1937 年魏建功来函谈孟森论文事，而是将近 20 年前纪念戴震的一段过节。由此可见，王国维其实是促使胡适留心《水经注》案的关键人物。所以胡适的第一反应不是针对孟森的新作，而是重读王国维的旧文引出疑点。

二、案中有案

时间确定后，应当澄清的是两位当事人的关系。其间隐藏着破解此案的重要线索，甚至是案中有案。

王国维在世之日，可以说是令胡适最为佩服的学者。1922 年 8 月28 日，胡适在日记中写道：

> 现今的中国学术界真凋散零落极了。旧式学者只剩王国维、罗振玉、叶德辉、章炳麟四人；其次则半新半旧的过渡学者，也

① 耿云志、欧阳哲生编：《胡适书信集》上册，329 页。
② 耿云志、欧阳哲生编：《胡适书信集》中册，944 页。

只有梁启超和我们几个人。内中章炳麟是在学术上已半僵了，罗与叶没有条理系统，只有王国维最有希望。①

这时上海的《密勒氏评论报》（*The Week by Review*）正在举办读者选举"中国今日的十二个大人物"的活动，每周公布一次结果。胡适对11月上旬的两次评选十分不满，指责举办者"不很知道中国的情形"，并代拟了一份名单，其中第一组学者3人，为章炳麟、罗振玉、王国维，而将梁启超列入影响近20年全国青年思想的第二组4人之中。《密勒氏评论报》选举，梁、章、罗各得105票、73票、4票，王国维则一票未得。但在胡适看来，"章先生的创造时代似乎已过去了，而罗、王两位先生还在努力的时代，他们两位在历史学上和考古学上的贡献，已渐渐的得世界学者的承认了"②。而且胡适很清楚，这种承认并非徒有虚名，1926年胡适在法兰克福中国学院听国际汉学泰斗伯希和演讲中国戏剧，知其所用材料多出于王国维的著作。③ 胡、王二人在北京时一度居处颇近，过从甚密。坊间传闻当时梁启超来访，胡适只送到房门口，王国维来则送至大门口。④ 其实胡与梁的交往比王密切得多。

胡适推崇王国维，代表了北京大学一班学者的共识。1917年蔡元培执掌北京大学后，屡托马幼渔、马衡等人礼聘王国维任文科教授，均为其婉拒。文科研究所国学门成立后，改聘为函授导师。王勉强应承。⑤ 当时胡适标榜以科学方法整理国故，而王国维"所著书，以新

① 中国社会科学院近代史研究所中华民国史研究室编：《胡适的日记》，440页。

② 《谁是中国今日的十二个大人物》，《努力周报》第29期1922年11月19日。

③ 中国社会科学院近代史研究所中华民国史研究室编：《胡适日记》手稿本1926年10月26日。

④ 胡颂平编：《胡适之先生晚年谈话录》85页。

⑤ 吴泽主编，刘寅生、袁光英编：《王国维全集·书信》，234～235、312～313、323、326页致罗振玉、马衡等函；袁光英、刘寅生编：《王国维年谱长编》，319页致马幼渔函。因王国维拒不应聘，国学门筹建时本来只拟聘请罗振玉为考古学研究室通信导师（《北京大学日刊》第968号，1922年2月27日）。后增聘王国维，有人说是胡适的建议（《王国维年谱长编》，343页）。孙敦恒《王国维年谱新编》（中国文史出版社，1991）称：1924年4月6日王国维致书蒋汝藻告以北京大学研究所欲聘他担任主任，而不愿就（131页。函见《王国维全集·书信》，394页）。实则是函所指为日本所谓东方文化事业计划中的北京文科研究所主任。

法驭古学，凡所论断，悉为创获"①，令人刮目相看。1922 年 8 月 26
日，胡适在与日本学者今关寿麿谈论中国学术界状况时说："南方史学
勤苦而太信古，北方史学能疑古而学问太简陋，将来中国的新史学须
有北方的疑古精神和南方的勤学工夫。"尽管他认为"中国今日无一个
史学家"②，但两天后就指出，王国维是能够兼采南北之长的最有希望
之人。北大派中的后进如古史辨主将顾颉刚和郑奠等人，纷纷登门拜
访，愿执弟子礼。③

　　北京大学创刊《国学季刊》，主持其事的胡适认为"不登王国维的
论文就没有意思了"，结果第 1 期同时刊登王国维的论文《五代监本考》
及其翻译伯希和的《近日东方古言语学及史学上之发明与其结论》，胡
适并亲自为后文加上标点。据说开始王国维不同意将自己的论文刊登在
横排版的杂志上，后来是敬重胡适的为人，称为今日学界最佳，碍于
面子，最后才勉强妥协。④ 1924—1925 年清华研究院筹备之际，胡适
力荐王国维，并作为校方和王国维之间的中介，尽力调解疏通，促成
其事。⑤ 围绕戴震评价的意见分歧，似乎并未影响两人的关系。

　　其实，王国维的《书戴校水经注后》一文并未如期在《国学季刊》
登出。1924 年 7 月，清室载洵在所占北京西山大觉寺南的大宫山拆塔
建园，北大国学门考古学会闻讯，认为该塔为明代建筑，应当保存，
先后派顾颉刚、容庚、徐炳昶、李宗侗等前往调查，并发表宣言，除
呼吁亟起阻止外，鉴于该地为溥仪在民国年间私赠载洵，要求请法学
专家讨论溥仪私占官产古迹的处理问题。⑥ 王国维阅报大为激忿，致

　　① 王熙华：《顾颉刚致王国维的三封信》，《文献》第 15 辑。
　　② 中国社会科学院近代史研究所中华民国史研究室编：《胡适的日记》，438 页。
　　③ 郑良树编著：《顾颉刚学术年谱简编》，37～38 页；刘起釪：《顾颉刚先
生学述》，283～284 页，北京，中华书局，1986。王国维虽然称二人"为学尚有
条理"，"亦能用功"，却认为"风气颇与日本之文学士略同"。吴泽主编，刘寅生、
袁光英编：《王国维全集·书信》，325 页。
　　④ 《学问の思い出——桥川时雄先生を围んで》，《东方学》第 35 辑，1968 年
1 月；中国社会科学院近代史研究所中华民国史研究室编：《胡适的日记》，318 页。
　　⑤ 耿云志、欧阳哲生编：《胡适书信集》上册，353～356 页。
　　⑥ 《研究所国学门考古学会保存大宫山古迹宣言》，《北京大学日刊》第
1514 号，1924 年 8 月 9 日。

函国学门及考古学会负责人沈兼士、马衡，表示抗议之外，要求取消导师名义，并撤回胡适索去的《书戴校水经注后》等文。① 北大方面没有因此而妥协让步，1924 年 9 月，报载清室因经费不足，欲拍卖大批古董宝物给外商，北大国学门委员会函请"将此事提出国务会议，派员彻底清查，务须将盗卖主名者，向法厅提起诉讼，科以应得之罪，并速设法将故宫所藏之器物，悉数由民国收回，公开陈列，以供众览"。② 两个月后，冯玉祥发动北京政变，驱逐溥仪出宫，并将古物收归国有，交民国政府保管，北大的公意不无作用。

对于北大的穷追猛打，王国维不会袖手旁观，无动于衷。他殉死不成，1925 年 6 月，将《书戴校水经注后》标名《聚珍本戴校水经注跋》，连同相关数文冠以《水经注跋尾》总题，刊登于《清华学报》第 2 卷第 1 期。王国维特意署明写于甲子二月，其间是否因上述事件而动了正谊之气，影响及于论文的内容，已不可考。值得注意的是，胡适对于戴震哲学的看法，开始很可能还受到王国维的启发或支持。早在 1904 年，王国维就撰写了《国朝汉学派戴阮二家之哲学说》，认为清代汉学大行，从前谈程朱陆王者屏息敛足，不敢出一语。乾嘉学术与东汉比隆，"然其中之钜子亦悟其说之庞杂破碎无当于学，遂出汉学固有之范围外，而取宋学之途径，于是孟子以来所提出之人性论复为争论之问题。其中之最有价值者如戴东原之《原善》《孟子字义疏证》、阮文达之《性命古训》等，皆由三代秦汉之说以建设其心理学及伦理学。其说之幽元高妙自不及宋人远甚，然一方复活先秦之古学，一方又加以新解释，此我国最近哲学上唯一有兴味之事，亦唯一可纪之事也"。

戴氏哲学本身存在矛盾，阮元不过全祖其说而有所增益。"二氏之意，在申三代秦汉之古义以攻击唐宋以后杂于老佛之新学。戴氏于《孟子字义疏证》外，其攻击新学尤详于《答彭进士书》。"更有趣的是，当时王国维对于戴的弟子段玉裁评论《孟子字义疏证》"以六经孔孟之旨还之六经孔孟，以程朱之旨还之程朱，以陆王佛氏之旨还之陆

---

① 吴泽主编，刘寅生、袁光英编：《王国维全集·书信》，407 页。
② 《北大请禁溥仪拍卖文物》，《晨报》，1924 年 9 月 23 日。

王佛氏"击节赞叹："诚哉此言也。"① 这与后来王国维在《聚珍本戴校水经注跋》中对戴著的评价可以说是截然相反。

王国维早年的思想学术后来大都完全转折，但对戴震哲学的看法却似乎延续了很长时间。纪念戴震诞辰学术活动的筹备期间，1923 年 12 月 16 日，胡适拜访王国维，两人交谈了一个多钟头，王国维首先对胡适说："戴东原之哲学，他的弟子都不懂得，几乎及身而绝。"胡适表示赞同："此言是也。戴氏弟子如段玉裁可谓佼佼者了，然而他在年谱里恭维戴氏的古文和八股，而不及他的哲学，何其陋也！"② 此后胡适注意戴震弟子的著作，12 月 18 日，"读戴东原书后，偶读焦循《雕菰楼集》，始知戴氏的哲学只有焦里堂真能懂得"。③ 次日，胡适立竿见影，写成《戴东原在中国哲学史上的位置》一文，称："论思想的透辟，气魄的伟大，二百年来，戴东原真成独霸了！"但他的哲学"二百年来，只有一个焦循了解得一部分"。④ 可见直到此时，王国维不仅推崇戴震的经史之学，认为由戴震开创的乾嘉之学精，对其哲学也无贬意，而且很可能赞同胡适的发扬之举。

这时胡适、梁启超等人鼓吹戴震的纪念活动早已在报刊上炒得沸沸扬扬，王国维对此似无异词，没有很不赞成"称颂戴震及'戴学'的态度"的意思，更不要说一反常态地攻击戴震的人格。1924 年 1 月的纪念会，朱希祖的讲演虽与王国维意见相左，但属学术见解分歧，不致令后者大动肝火。王国维的不满也似乎并非针对朱希祖。⑤ 他撰《戴校水经注书后》讥弹戴震，应当不到"痛骂"、"最严厉的抗议"和

---

① 《王国维遗书》第三册，482 页。

② 《胡适日记》手稿本。

③ 《胡适日记》手稿本 1923 年 12 月 18、19 日。

④ 《读书杂志》第 17 期。

⑤ 其间王国维与朱希祖还相互交换有关书籍和研究心得。1924 年 3 月 25 日王致函马衡，告以"明抄《水经注跋》又增入抄本胜处一则，（共三纸，附上。）请转致逖先兄，并请其饬人将原书取去"。吴泽主编，刘寅生、袁光英编：《王国维全集·书信》393 页；1925 年 1 月 5 日胡适致函王国维，称："朱逖先〔先〕生甚盼先生校后为作一跋，特为代达此意。"耿云志、欧阳哲生编：《胡适书信集》上册，353 页。

"最严厉的控诉"的程度。但在 7 月王国维因大宫山宣言而辞职撤稿之后，事情便根本变化。王致函沈兼士、马衡，已指责其不明事理，发文痛骂戴震，也隐含言外之意。了解此案全部过程曲折详情的胡适后来一再指责王国维等人"大动了火气"，"痰迷了心窍"①，或为实情。只是令王国维动气的缘由不止一事，而且主因并非如胡适所指的纪念称颂戴震。这样，即使王国维真有借戴校《水经注》案指桑骂槐之意，所影射对象也不是胡适。因为胡适虽然赞成由民国接收清宫古物，却不惜触犯众怒，公开要求保护清帝安全以及将清室财产公平折价。②这应当博得王国维的好感。因此，王国维在受聘清华国学院一事上，对胡适相当信任。1924—1925 年间，胡适为编辑《词选》研究词的起源，与王国维多次通信讨教，似为两人关系最密切的时期。③ 否则，胡适再大气量，也很难若无其事地与之保持良好交谊。

三、意在争胜

胡适对王国维衷心佩服，在于后者的学问并世无双，其实两人在阅历、交游、政见、性格、处世、治学等方面，相去甚远。胡适积极输入西洋文明，王国维则认为西洋人过度提倡欲望，"必至破坏毁灭"。④ 王对北京大学的新潮学风不以为然，始终消极应付北大一厢情愿的积极争取，不欲与之有所接近，"以远近之间处之"。⑤ 而胡适正是北大风气的重要代表。但胡、王之间极少正面冲突，对于戴震哲学的分歧已是例外，责任还不一定由胡来负。因为他已经事先就此与王国维交换过看法。他避开《水经注》案谈戴震，除学术本身的制约外，

① 1944 年 1 月 7 日《致王重民》，耿云志、欧阳哲生编：《胡适书信集》中册，943 页。

② 1924 年 11 月 5 日《致王正廷》，1924 年 11 月 28 日《致李书华、李宗侗》，耿云志、欧阳哲生编：《胡适书信集》上册，345～346、349～350 页。

③ 《词选自序》《词的起源》，《胡适文存三集》，997～1025 页，上海，亚东图书馆，1930；另参《胡适书信集》上册致王国维各函。

④ 《胡适日记》手稿本 1923 年 12 月 16 日。

⑤ 吴泽主编，刘寅生、袁光英编：《王国维全集·书信》，394 页。

不公开牴牾王当是顾忌的因素。

胡适对王国维的敬重一直持续到其身后，尽管他有时也善意地指出王早期关于词曲研究中的某些小错误。但是从 1934 年起，他开始挑剔起王国维的学问来了。他在评议郭沫若《谥法之起源》时，批评"今日学者之过于大胆，敢用未认得的金文来做证据"，顺手将王国维牵出，认为其"用不全认得的古器文字之方法似尚有可议耳"。① 1935 年又对他人比较自己的著述与王国维的《人间词话》表示异议，认为不应太重相同之点，强调自己的看法是历史的，而王是艺术的，王的"境界"说以及"隔与不隔"，不如自己的"意境"说和"深入而浅出"讲得清楚。② 1943 年重审《水经注》案前，胡适欲以王国维著《博士考》一文研究汉代经学变迁，"偶一下手，始知谨严如王静安先生，亦不能完全依赖"！③ 重审该案后，胡适对王国维的批评似有日益增多之势，遣词用字也时有过当甚至逸出情理处。如 1944 年 2 月 1 日他致函王重民，用"一犬吠影，百犬吠声"形容戴案缘起，将王国维打入"吠声"之列，以致引起王重民的不安。虽然胡适本人曾颇费踌躇，搁置数日才寄出，但善于文辞如彼，若心平气和，找到恰当词汇当不是难事。④ 如此一反常态，令人怀疑胡适自己也动了正谊之气。而动气的缘由，显然不是 220 年前的戴震，甚至不是 20 年前的纪念戴震。

近来有学者指出："胡适重审《水经注》学术公案，虽然有几分为乡先贤翻案申冤的动机，但是，他全力介入此案，用意实在比'爱护乡贤'要深得多。""胡适的重审，值得人们注意的，是他在此过程中多次强调的尊重事实，尊重证据，实事求是的治学方法。……胡适正是要借《水经注》这一海内外学界瞩目的学术公案之重审，大力宣扬

---

① 1934 年 8 月 7 日致丁声树，耿云志、欧阳哲生编：《胡适书信集》中册，624～625 页。

② 1935 年 7 月 26 日致任访秋，耿云志、欧阳哲生编：《胡适书信集》中册，651～652 页。

③ 1943 年 4 月 5 日致王重民，耿云志、欧阳哲生编：《胡适书信集》中册，884 页。

④ 耿云志、欧阳哲生编：《胡适书信集》中册，960、963 页。

自己治学方法的。也许这倒是胡适热心《水经注》案的更深用意。"①
此较乡谊说前进一大步,胡适本人就曾声明"我所以要做这个工作,
并不是专替老乡打抱不平,替他做律师,做侦探",而是要解说治学的
方法。②

但此说似还有潜因未曾触及。其一,讲方法是胡适一生治学的主
宰③,《胡适文存》第 1 集出版时,他在自序中就强调:"我这几年做
的讲学的文章,范围好像很杂乱,目的却很简单。我的唯一的目的是
注重学问思想的方法。"《水经注》案充其量只是案例的不同。至于宣
传效果,并不一定优于其他。其二,尽管胡适提倡科学方法,其治学
不外传统的训诂、校勘和考据④,其实正渊源于戴震开创的乾嘉朴学。
而同样推崇戴震经史之学精的王国维,无论从哪方面看,朴学功夫都
比胡适有过之无不及。两人之间根本不存在方法异同之争。除非胡适
的目的并非以自己的治学方法与王国维的方法角逐,而是在同一方法
之中争个彼此的优劣高下,谋取这一方法营垒的盟主位置。这是改换
案例的唯一好处,也正是胡适重审《水经注》公案的根本动机所在。
也许王国维并非胡适矛头所向的唯一对象,但至少是其中的代表性
人物。

提倡整理国故,是胡适生平所抱的三个志愿之一,另外两项为提
倡新文学和提倡思想改革。但直到 1930 年年底,胡适仍自称"此三事
皆可以'提倡有心,实行无力'八个字作我的定论"。⑤此言固然可以
解释为胡适的自谦,治学方面还可说是但开风气不为师。不过,作为
整理国故的倡导者,胡适治学的具体成就一直未得到学术界的公认。
鲁迅和郭沫若都曾直接间接地批评鼓吹者其实不配整理国故,而不约
而同地将真正国学研究的桂冠戴到王国维的头上,称赞其方法的地道

---

① 方利山:《胡适重审"〈水经注〉公案"浅议》,耿云志、闻黎明编:《现
代学术史上的胡适》,128~138 页。

② 《治学方法》,欧阳哲生编:《胡适文集》12,143 页。

③ 唐德刚译注:《胡适口述自传》,94 页,上海,华东师范大学出版社,
1993。

④ 唐德刚译注:《胡适口述自传》第 6 章注 2,132~133 页。

⑤ 《胡适日记》手稿本 1930 年 12 月 6 日。

和优秀。① 所批评的对象不一定包括胡适，但褒奖也没有胡适的份儿。王国维在世时胡适也许还服气，待到他坐上中国学术界领袖的位置，恐怕就不那么自在了。学术领袖不以学术成名，毕竟令人感到尴尬。

引发胡适欲与已故的王国维争胜的契机，应是 1933 年法国汉学家伯希和来华。伯氏是国际汉学祭酒，巴黎学派正统领袖，胡适早就知道"他是西洋治中国学者的泰斗，成绩最大，影响最广"②，并与之有所交往。胡适一直鼓吹学习西洋学者研究古学的科学方法，以"补救我们没有条理系统的习惯"。③ 但伯希和这位真正能够代表国际汉学界的大师，却并不认为胡适是代表中国学术与世界潮流沟通的适当人选。离京前，伯希和在火车站对前来送行的中国学者陈垣、胡适、李圣章等人说：

> 中国近代之世界学者，惟王国维及陈先生两人。不幸国维死矣，鲁殿灵光，长受士人之爱护者，独吾陈君也。

伯氏此番来华，目的之一，是调查中国近年文史学的发展，"在平四月，遍见故国遗老及当代胜流，而少所许可，乃心悦诚服，矢口不移，必以执事（指陈垣）为首屈一指"。④ 这在当面听来的胡适必是别有一番滋味在心头。而且伯希和并非偶尔吐真言，他一再于公众场合声明此意。据梁宗岱回忆，他在一次聚集了旧都名流学者和欧美人士的欢迎伯希和宴会上担任口译，"席上有人问伯希和：'当今中国的历史学界，你以为谁是最高的权威？'伯希和不假思索地回答：'我以为应推陈垣先生。'我照话直译。频频举杯、满面春风的胡适把脸一沉，不言不笑，与刚才判若两人。一个同席的朋友对我说：'胡适生气了，伯希和的话相当肯定，你也译得够直截了当的，胡适如何受得了，说

---

① 1922 年 11 月 6 日鲁迅在《晨报副刊》发表杂文《不懂的音译》（二）中谓："中国有一部《流沙坠简》，印了将有十年了。要谈国学，那才可以算一种研究国学的书。开首有一篇长序，是王国维先生做的，要谈国学，他才可以算一个研究国学的人物。"

② 《胡适日记》手稿本 1926 年 8 月 24 日。

③ 《国学季刊发刊词》，《国学季刊》第 1 卷第 1 号，1923 年 1 月。

④ 陈智超编注：《陈垣来往书信集》，96 页。

不定他会迁怒于你呢.'这位朋友确有见地,他的话应验了。我和胡适从此相互间意见越来越多"。① 梁、胡交恶别有隐情,所记胡适对伯希和评语的反应则较为近真。

胡适选择王国维而不以陈垣为对手,揣度原因,一则陈垣仍然在世,且与胡适新派的关系甚好,胡不愿与之结怨②;二则陈垣严守史学界域,所治中外关系史,为胡适不大熟悉,而且少有动气之作。王国维则横跨文史哲,情感与理智冲突激烈。一旦胡适落花有意,便不时发现可议之处。他曾经指出:

> 静安先生治经学小学则甚谨严;治史学也甚谨严。但他的《曲录》则甚不谨严。……用最严格的校勘考证方法来研究小说戏曲,实始于胡适之、孙子书。③

事实是否如此,人言言殊,胡适争胜之意,则溢于言表。重审《水经注》案前胡适欲针对王国维的《博士考》错漏重写《两汉博士制度考》,他函告王重民:

> 此题旧有绩溪胡秉虔一文,静安先生颇讥评其多错误。现在还得一个绩溪胡某人来讥评王先生的大作,你不要笑我有心替绩溪老辈报复吧?④

两案情节如此相似,令人疑心胡适有意罗织罪名,借题发挥。

伯希和来华前半年的 1932 年 6 月 2 日,德国普鲁士国家学院(Prussian Academy of Science)函聘胡适为该院哲学史学部通讯会员。当时中国报纸称:"德国普鲁士国家学院,与英国皇家学会齐名。该学院会员,能为世界著名之权威学者。柏林大学教授佛郎克近在该学院

---

① 戴镏龄:《梁宗岱与胡适的不和》,赵白生编:《中国文化名人画名家》,413~414 页。

② 陈垣与胡适交谊尚好,一些学者对此颇有异议。1934 年陈垣作《元典章校补释例》,请胡适作序,张尔田对陈垣说:"君新出书极佳,何为冠以某序? 吾一见即撕之矣。"陈智超编注:《陈垣来往书信集》,407 页。

③ 耿云志、欧阳哲生编:《胡适书信集》中册,920 页。

④ 耿云志、欧阳哲生编:《胡适书信集》中册,884 页。

提议，通过选举胡适博士为会员，实为东亚第一人。"一时甚为轰动，教育部长朱家骅代表中国学术界致电申谢。① 胡适复函也说："这是在世界学术界的最大的荣誉之一种。我这个浅学的人很少贡献，这回接受贵会这样奖掖，真使我十分感激又十分惶恐。"并以羊公鹤的典故，表示将努力在学术上多做贡献。②

不过，胡适获此殊荣，来历却颇为曲折。据深知内情的蒋复璁说，1930 年他在柏林见到福兰克（Otto Franke）时，后者称："法兰西学院已经举了罗振玉先生做通讯员，我们——普鲁士学术院本想举王国维先生做通讯员，可惜死了。"问有什么人可举，蒋提出章太炎，但佛兰克毫无所知，"他要这个人的学问是贯通中西的，要外国人知道"，于是蒋举胡适，得到赞成。后蒋向胡适取得全部著作及经过提议审查及通过，足足费了一年多时间。③ 1933 年伯希和在北平屡屡推崇王国维和陈垣，而绝口不提胡适，或是有所为而发。他于 1926 年在法兰克福曾公开批评德国的中国学殊不如人，这次大概是隐指所举非人吧。

---

① 中国革命博物馆整理，荣孟源审校：《吴虞日记》下册，629 页。该院正式成员限德国人，外国人只能做通讯会员。佛兰克 1923—1931 年任柏林大学汉学教授，这时已退休。

② 耿云志：《胡适年谱》，200 页。

③ 《追念逝世五十年的王静安先生》，《幼狮文艺》第 47 卷 6 期，1978 年 6 月。蒋复璁在《追忆胡适之先生》中的描述有所不同，他说是福兰克主动提名胡适，"因为福氏读了他的许多著作，非常敬服。他认为中国人中最了解西洋文化者，现世纪的中国学者应当是认识现世纪的历史文化进步的学者，并不是抱残守缺、泥古不化的学究，也不是妄称沟通中西文化的先生。他事成之后，福氏写信与我，说明此事的经过，其动机则在'九一八'之后，表示'中国虽无武力，而有文化'，胡先生在学者的心目中，是代表着中国文化。"（《文星》第 9 卷第 5 期，1962 年 3 月）虽然时间较早，但为纪念胡适而作，又在哀悼期间，似不及后来的回忆客观。徐中舒《王静安先生传》称："当先生自沉之前，汉堡中国文学教授德人颜复礼（F. Jaeger）奉其政府之命，拟聘先生为东方学术研究会名誉会员，介上虞罗振常氏为之先容；书未发而先生死，惜哉。"（《东方杂志》第 24 卷 13 号，1927 年 7 月）。戴家祥《海宁王国维先生》亦有此说。后戴氏《哭观堂师》附注称，德国汉堡大学中国文学教授颜复礼博士代表政府聘王国维为"东方学术研究会"名誉会员，聘书尚在途中，而讣告至，乃改致函唁（陈鸿祥著：《王国维年谱》，321 页，济南，齐鲁出版社，1991）。此即蒋复璁所说北平图书馆季刊记载之事。

胡适后半生倾全力治《水经注》公案，多少有力图表演长袖善舞之意，以免连补王国维缺的资格都不具备。只是那种过于专门的研究，并非四面出击者力所能及。曾经以考据为拿绣花针做玩意儿的胡适，不得不下磨铁杵的功夫，结果还是事倍功半。史料愈近愈繁，近世与近代史真相之难求，绝不下于古史，与胡适原来以为"初看去似甚难，其实较易整理"① 之说迥异，这倒是胡适此一尝试留下的宝贵经验，足以令一味偏重古史的学术界有所觉悟。

胡适一生都在讲治学方法。唐德刚先生批评胡适"始终没有跳出中国'乾嘉学派'和西洋中古僧侣所搞的'圣经学'的窠臼"，但承认其治学方法集中西"传统"方法之大成。② 胡适本人则十分清楚，这一身份在西方汉学界尚未得到认可。1929 年瑞典的斯文·赫定（Sven Hedin）提议推举胡适为诺贝尔文学奖候选人，20 世纪 50 年代初美国《展望杂志》又以"发明简体话文"为由推举胡适进入 100 位当前世界最具影响力的伟人，所重都不在学术方面。③ 德国汉学界虽然拿他补王国维的缺，但国内外学术界对其推荐人佛兰克的学术水准颇有异词。1930 年中央研究院历史语言研究所聘请的外国通信员德国的米勒（F. W. K. Müller）去世，有人建议补聘佛兰克，陈寅恪反对说："据其研究中国史之成绩言，则疑将以此影响外界误会吾辈学术趋向及标准。"④ 则佛兰克的推重在国内外学术界均不足为凭。

伯希和的熟视无睹，令胡适更加急于总结其独门功夫，以巩固禹域以内的权威地位。因为所谓世界学者，不仅享有社会名声，更须影响治学途辙。如陈寅恪称颂陈垣和王国维，其著作对于学风流弊，"必

---

① 耿云志：《胡适年谱》，193 页。
② 唐德刚译注：《胡适口述自传》，133 页。
③ 《胡适日记》手稿本 1929 年 2 月 26 日；唐德刚："我的朋友"的朋友》，邵元宝编：《胡适印象》，26 页，上海，学林出版社，1997。
④ 史语所档案元字 4 号之 35，引自杜正胜：《无中生有的志业——傅斯年的史学革命与史语所的创立》，《中央研究院历史语言研究所七十周年纪念文集：新学术之路》，29 页。

可示以准绳，匡其趋向"；"足以转移一时之风气，而示来者以轨则"。① 这是连胡适的朋友门生也有口皆碑的。与胡适重审《水经注》案关系密切的王重民，以及胡适本人承认和自己同具以严格校勘考证法治小说戏曲首功的孙楷第，均以陈垣为当世"实浮于名"的"百代之英"，"使后生接之如挹千顷之陂，钻弥坚之宝，得其片言足以受用，聆其一教足以感发"。② 胡适欲与之比肩，精博高厚均可望而不可即，只好想方设法，别开生面，从自己擅长的科学方法下手。

四、治学方法

1954 年 11 月 13 日，胡适在复洪业的信中说："十年来，我重审《水经注》一案，虽然有几分为人辩冤白谤的动机，其实是为了要给自己一点严格的方法上的训练。"③ 但比较十年前他写给王重民的信，开始目标显然不在律己。他说："我的主要目的还是要为考证学方法举一组实例，为东原洗冤还是次要目的也。"④

胡适一生，始终想将自己与科学方法相联系，而与前人有所分别。因为成心立异，前后主张有时便不能一以贯之。他早年承认"清代的'朴学'确有'科学'的精神"，其通则便是在假设的前提下运用归纳的方法，并据此总结出"（1）大胆的假设，（2）小心的求证"的十字名言。此法倍受各方批评，虽为胡门招牌，具体内容和实例却均来自前人，而且不包括科学方法的另一重要部分——实验。⑤ 所以 1923 年胡适代表国学门全体作《〈国学季刊〉发刊宣言》，就主张借鉴欧美日本的科学方法，以改变没有条理系统和缺乏比较参考的清学弊端。写于 1928 年的《治学的方法与材料》，胡适虽然坚持科学方法的应用仍

---

① 《陈垣元西域人华化考序》；《王静安先生遗书序》，均见《陈寅恪史学论文选集》，506、501 页。

② 陈智超编注：《陈垣来往书信集》，410 页。

③ 转引自方利山：《胡适重审"〈水经注〉公案"浅议》。

④ 耿云志、欧阳哲生编：《胡适书信集》中册，960 页。

⑤ 《清代学者的治学方法》，欧阳哲生编：《胡适文集》2，282～304 页。此文写于 1919—1921 年间。

是"大胆的假设，小心的求证"，却认为东西方的材料完全不同，一为文字，一为实物，结果实物的材料导致实验的方法，引起不同的结果。

重审《水经注》案后，胡适更认为在他之前，"根本上还是考证学方法不曾上科学的路子"。① 对此他后来解释道：审案"也是借《水经注》一百多年的糊涂官司，指出考证的方法，如果没有自觉的批评、检讨、修正，那就很危险"。② 许多有名的学者之所以犯大错误，"根本原因在于中国考证学还缺乏自觉的任务与自觉的方法。任务不自觉，所以考证学者不感觉他考订史实是一件最严重的任务，是为千秋百世考定历史是非真伪的大责任。方法不自觉，所以考证学者不能发觉自己的错误，也不能评判自己的错误。"方法的自觉即自我批评，自我检讨，自我修正。实验的方法就是一种自觉的方法。社会人文学科往往无法实验，因此不但要小心地求证，还得要有批评的证据。

胡适针对考证学提出的具体办法是充分参考现代国家法庭的证据法：

> 凡做考证的人必须建立两个驳问自己的标准：第一要问，我提出的证人证物本身可靠吗？这个证人有作证的资格吗？这件证物本身没有问题吗？第二要问，我提出这个证据的目的是要证明本题的那一点？这个证据足够证明那一点吗？第一个驳问是要审查某种证据的真实性。第二个驳问是要扣紧证据对本题的相干性。③

为此，胡适在倡行已久的十字法之上，又借《三朝名臣言行录》中李若谷所说为官之道提出"勤、谨、和、缓"的四字法，并且晚年多讲四字法而少提十字法。④

讲四字法与重审《水经注》案关系紧密，前者的目的在于修补胡

---

① 1944年2月25日《致王重民》，耿云志、欧阳哲生编：《胡适书信集》中册，967页。

② 《治学方法》，欧阳哲生编：《胡适文集》12，141～142页。

③ 《考据学的责任与方法》，欧阳哲生编：《胡适文集》10，195～196页。

④ 郭豫适：《从"十字法"到"四字法"——胡适的治学方法论及其他》，《胡适研究丛刊》第2辑，228～229页。

门家法的弊陋，后者则是找到一个最佳案例来支撑新的主张，并且可以指摘一百多年来的许多大学者。目前所知胡适最早讲四字法的文献资料，是 1943 年 5 月 30 夜致王重民函。不过，函中胡适自称"十年前曾借用此四字来讲治学方法"。尽管此说尚未找到直接证据，也许只是口耳相传，却不无可信。

1933 年胡适写了《评论近人考据老子年代的方法》，即扮演"魔的辩护士"的角色，讨论梁启超、钱穆、顾颉刚等人怀疑老子其人其书的证据的价值，并且评论他们方法的危险性，主张"在证据不充分时肯展缓判断"。① 1935 年演讲《读书的习惯重于方法》，又提出"勤、慎、谦"，与四字法极为近似。② 可见当时胡适已经察觉其方法论的缺陷，试图另辟蹊径，以超越前贤和同辈，赢得国内外学人的公认，保持其在提倡科学方法方面的领先优势。只是时局日益恶化，不容许他从容实现。直到从驻美大使卸任，才重拾旧业。这时胡适离开公务繁忙的政界，仍然坐回学界领袖的位置，不能不有所表现。而以其数年的研究断层，要想在学术界领导群雄，最易行的捷径便是在方法论上提纲挈领，评判成案，以便迅速覆盖广泛领域。所以他很快撰写了《〈易林〉断归崔篆的判决书——考证学方法论举例》，这也是一桩三百年来众说纷纭的公案，接着提出"勤、谨、和、缓"的四字法。

胡适在方法论上别树一帜的愿望因为王重民的热心而变得更加迫切。接到胡适来函，王重民认为其中"把科学方法说成'勤、谨、和、缓'四字诀"，虽然道理与惯讲方法的胡适从前所说一致，"可是取材命意，是他以前未经道过的"，而且胡适愿将金针度与人，"时常用历史和科学来修正来推广"其方法，于是征得胡适的同意，将信中"没有发表过的方法和意见"公诸同好，截选部分刊登于 1944 年 3 月出版的国立北平图书馆编《图书季刊》新 5 卷第 1 期。并在识语中推崇胡适为"最善讲方法的人"，除了各长篇论文均显示方法外，还有专讲方法的文字。此举无疑增强了胡适进一步巩固和扩大新法影响的信念，再度以检讨他人证据的套路来展示自己的方法。

---

① 欧阳哲生编：《胡适文集》5，102 页。
② 欧阳哲生编：《胡适文集》12，486 页。

其实，胡适的走捷径虽然易于标新立异，却并非治学的正轨，高明的方法只有通过正面的建树才能体现。一味批评他人，有规范的必要，无成就的可能，对于大众或许有用，贡献于学术则夐夐乎其难。清华研究院出身的陈守实于"无聊中阅胡适《读书》一篇"，即认为"此君小有才，然绽论甚多，可以教小夫下士，而不可间执通方之士也"。① 这大概反映了当时不少人的内心看法。靠指引"小夫下士"固然可以造势，却无法真正领导学术，况且没有方法的自觉，清学乃至王国维等人的实证史学根本无法具有科学性，而现代国家法庭的证据法能否帮助文史考据达到自觉，尚在未知之数。所能确定的是，按照胡适的逻辑，并不了解现代国家法庭的证据法的王国维等人治学当然走不上科学的路子，只有胡适能够担此重任。

胡适酝酿和提出四字法的时间与关注《水经注》案的时间两度巧合，说是纯属偶然就未免有些不大自然。至少他心目中已经有所考虑，才会很快选定该案来举考证学方法的实例。举实例的对象本是整个学术界，后来却不得不退回己身。原因很简单，选择《水经注》公案来举考证学方法的实例，恐怕是误入歧途。胡适对此尽管极为慎重，其繁杂程度仍然始料不及。最重要的还在胡适的方法本身，所谓大胆假设，小心求证，治学不免是找材料而非读书。前者先入为主，后者水到渠成，这也是胡适与王国维、陈垣等人的主要差别所在。待到胡适发觉再"勤、谨、和、缓"，假设也未必都能求证，已经骑上虎背，欲罢不能了。

不过，胡适选择此案，也有其聪明处。即他欲借此得一正果的目的虽然难以实现，动摇王国维权威的企图却部分得逞。这本是王国维晚年治学的相对薄弱点，却能令胡适进退两宜。作为知情人，如果王国维确实动气，则胡适的指控为实情；如果王并非意气之举，胡的指责也容易取信于人。因为王国维文的理解本有两可，而胡适的推波助澜无疑强化了意气一面的印象。他说，自己审了五年多的案，"才知道这一百多年的许多有名的学者，原来都是糊涂的考证学者。他们太懒，

---

① 陈守实：《学术日录［选载］·记梁启超、陈寅恪诸师事》，《中国文化研究集刊》第1辑。

不肯多花时间，只是关起大门考证；随便找几条不是证据的证据，判决一个死人作贼；因此构成了一百多年来一个大大的冤狱"。而这许多有名的学者中，就包括"作了许多地理学说为现代学者所最佩服的浙江王国维以及江苏的孟森"。①

胡适后来总结重审此案的收获，强调考据者不能动"正谊的火气"，王国维和孟森的治学方法最谨严，一旦动了"正谊的火气"，"都会失掉平时的冷静客观，而陷入心理不正常状态，即是一种很近于发狂的不正常心理状态"。"所以都陷入了很幼稚的错误，——其结果竟至于诬告古人作贼，而自以为主持'正谊'。毫无事实证据，而自以为是做'考据'！"② 至此，实际上胡适孜孜不倦所欲说明的，已不是自己独特的治学方法，而是强调从自己开始，中国文史学界才真正有了科学方法。如此一来，后学的轨则、准绳、趋向都应按照胡适指引的风气转移了。

更有甚者，胡适不仅指责王国维等"成见误了聪明"，甚至不惜将对史实的见仁见智与思想的"叛道"、"护法"强拉在一起。胡适重审此案不久，就发现"张穆、魏源、静庵、心史都未免怀有为朱子报仇之心理"。③ 他从王国维的《戴校水经注跋》中，"颇感觉这公案的背面终不免有戴学与朴学之斗争余波。戴学所以异于朴学，正因为东原不甘仅仅作一个'声音训诂名物象数'的大师，而要进一步作哲学思想的破坏与建设。纯粹朴学的大学者都无此胸襟，亦无此胆力"。针对王国维批评戴震各条，胡适逐一反驳。如王认为戴"于六经大义所得颇浅"，胡便反唇相讥，清代朴学大师于此无人不浅，"静庵先生自己著作等身，其'于六经大义'所得几何耶"？斥责王国维指戴震"欲夺朱子之席"是"陋儒之见"，是"没有历史眼光的陋见"。④ 后来更声

---

① 《治学方法》，欧阳哲生编：《胡适文集》12，141～144 页。

② 1957 年 5 月 2 日《复陈之藩函》，1961 年 8 月 4 日《致吴相湘函》，耿云志、欧阳哲生编：《胡适书信集》下册，1308、1666 页。

③ 1944 年 5 月 9 日《致王重民》，耿云志、欧阳哲生编：《胡适书信集》中册，997 页。

④ 《自述治水经注案缘起及论述片断》，耿云志主编：《胡适遗稿及秘藏书信》第 1 册，33～36 页，合肥，黄山书社，1994。

称："又查明张穆、魏源、孟森、王国维他们为什么骂十八世纪一位了不得的大哲学家、大思想家戴东原是贼呢？因为戴东原是当时思想的一个叛徒，批评宋朝理学、批评程子、朱子。"① 姑不论思想守成而学问先进者大有人在，如胡适从来不很敬重的王先谦，只因其《合校水经注》"居然能完全摒弃'全校'"，胡适就认为"其见识真远出静安、心史诸公上"！②

张、魏、孟、王诸人指戴震窃书，主要不是因为戴的叛道，应是显而易见的事实。况且胡适明知王国维原来对戴震哲学的看法与自己所见略同，而王指责戴，也只是说他想夺取朱熹的位置却力有不逮，这样牵扯倒真有构陷之嫌了。尽管胡适说："我总觉得王孟诸人攻击东原窃书一案的背后不免有几分'卫道'、'护法'的背景。其意若曰：'戴东原欲夺朱子之席，总不是个好东西，什么可忌可耻之事，他都做得出来，这并不足奇怪！'"③ 但细读他罗列的证据，仍然很难苟同其判断，反倒觉得胡适自己有意无意间角色代入，将断狱当成自辩了。

有人说：胡适的"清浅易懂，很可能是因为某种深刻的隐晦难懂"。④ 其文如此，其人也如此。胡适重审《水经注》公案，对《水经注》研究固然无所裨益，对于公案的审理也可以说是事倍功半。但胡适的目的本来不在上述，于案内求解，不免隔靴搔痒。跳出公案的纠葛，了解相关的语境，探寻胡适的本意及其与此案渊源，或者能从伪材料中见真历史，于无意义处显有价值的奇效，对于理解胡适乃至中国近代学术史上的众生相产生积极作用。

---

① 胡适：《水经注考》，欧阳哲生编：《胡适文集》12，173 页。

② 1933 年 12 月 4 日《致王重民》，耿云志、欧阳哲生编：《胡适书信集》中册，932 页。

③ 《自述治水经注案缘起及论述片断》，耿云志编：《胡适遗稿及秘藏书信》第 1 册，33～36 页。

④ 郜元宝：《编选小序》，《胡适印象》，2 页。

第十一章　近代学术转承：从国学到东方学
——以傅斯年《历史语言研究所工作之旨趣》为中心

　　世纪之交，关于近代中国学术如何转承这一问题，引起不少学人的关注，从各自感兴趣的领域和方面提出了新意纷呈的见解。① 而其中重要的线索，是从北京大学研究所国学门到中央研究院历史语言研究所的发展变化。有学者认为："傅斯年创立史语所，不论治学的态度、方法、目标和组织，都为中国二十世纪的学术树立一个新典范，也替中国争取到世界性的学术发言权。"② 清代以来，中国学术由经入子入史，史学不仅成为学术发展的重心，而且起着中心的作用，所谓"史学者，合一切科学而自为一科者也"。③ 用傅斯年的话说："现代的历史学研究，已经成了一个各种科学的方法之汇集。地质、地理、考古、生物、气象、天文等学，无一不供给研究历史问题者之工具。"④

---

　　① 除各种近现代史学史、学术史外，另参陈平原：《中国现代学术之建立——以章太炎、胡适之为中心》，北京，北京大学出版社，1998；杜正胜：《无中生有的志业——傅斯年的史学革命与史语所的创立》；杜正胜：《从疑古到重建——傅斯年的史学革命及其与胡适、顾颉刚的关系》，《当代》第 116 期，1995年 12 月；陈以爱：《中国现代学术研究机构的兴起——以北京大学研究所国学门为中心的探讨（1922—1927）》；王晴佳：《论二十世纪中国史学的方向性转折》，钱伯城、李国章主编：《中华文史论丛》第 62 辑，上海，上海古籍出版社，2000年 5 月。

　　② 杜正胜：《无中生有的志业——傅斯年的史学革命与史语所的创立》，《中央研究院历史语言研究所七十周年纪念文集：新学术之路》，1 页。

　　③ 陈黻宸：《京师大学堂中国史讲义》，陈德溥编：《陈黻宸集》下册，676 页。

　　④ 傅斯年：《历史语言研究所工作之旨趣》，中央研究院《历史语言研究所集刊》第 1 本第 1 分，1928 年 10 月。以下凡不专门注出者，均见此文。

说史学革命带动了近代中国学术的整体变动，并不为过。史语所之所以能够取得骄人的成就，原因甚多，傅斯年手撰的《历史语言研究所工作之旨趣》（简称《旨趣》）既是该所工作的纲领，也是对中外学术界发布的宣言。此文早已受到近现代史学史和学术史研究者们的高度重视，据以评论傅斯年及其所谓"史料学派"的成败得失。不过，仔细品味，其中仍有大量的重要信息尚未完全破解，而这些信息恰恰蕴藏有理解那一时期中国学术继承、转变与发展的关键要素。

一、新史学与史学革命

诚如当代学者所说："相对于清代以前的传统，二十世纪中国史学是一种崭新的新史学，不论观念、方法或写作方式都达到革命性之改变的地步。"① "新史学"的概念，虽然梁启超早在 1902 年已经提出，但梁立论的角度显然主要在于政治而非学术。王国维早在 1905 年就对中国思想界以学术为政治手段的时尚表示异议，批评"庚辛以还各种杂志接踵而起，其执笔者非喜事之学生，则亡命之逋臣也。此等杂志，本不知学问为何物，而但有政治上之目的。虽时有学术上之议论，不但剽窃灭裂而已"。并且点名指责《新民丛报》关于康德哲学的论述（梁启超作）"其纰缪十且八九也"。宣称："欲学术之发达，必视学术为目的而不视为手段而后可。"② 没有 20 世纪 20 年代的史学革命，新史学很难产生学术硕果。

在梁启超之后，"新史学"的口号不断被提起，作为与前人或同辈划界的标志，相同的概念之下，内涵却有极大的分别。所谓"新"，大体是由"西"衍生出来，西学的不同流派，便成为国人推陈出新的依据。所以，近代中国文化学术之新，并不依照欧美本来的时序，结果立异往往是创新的变种。1920 年何炳松在朱希祖等人的鼓励下翻译鲁滨孙（Robinson）的《新史学》，主张的是"历史的观念同目的，应该

① 杜正胜：《从疑古到重建——傅斯年的史学革命及其与胡适、顾颉刚的关系》，《当代》第 116 期，1995 年 12 月。

② 《论近年之学术界》，《静庵文集》，《王国维遗书》第三册，523～524 页。

跟着社会同社会科学同时变更的"，历史家"应该将社会科学的结果综合起来，用过去人类的实在生活去试验他们一下"。① 这的确是欧洲学术发展的崭新趋向，其背景是语言文献学派日益成熟，并长期占据主导位置，在大量既有史料被批判性鉴别和运用，以澄清和重建史实之后，有必要进行新的归纳以及开辟新的视野。而在中国，史学的社会科学化的提出，甚至还在严格的学术研究尚未脱离清学的框架之前。其主要需求之一乃是大学历史课程讲义的编写和教学的实施。从学术研究的角度考察，社会科学化远非当时中国学术界所能承受。因此，当20世纪20年代史学革命发生时，无论是中期顾颉刚的"疑古"，还是后来傅斯年的"重建"，所依据的外来学术思想资源都不属于社会科学的路线。

不仅如此，后来的史学革命在某种程度上还是针对前此的"新史学"而发。1920年8月，留学欧洲的傅斯年曾致函胡适，抱怨在北大六年，"一误于预科一部，再误于文科国文门"。此说看似仅仅批评旧学者，至少学人多持此解，其实更主要的是指责新风气。他告诫胡适，"为社会上计，此时北大正应有讲学之风气，而不宜止于批评之风气"，"希望北京大学里造成一种真研究学问的风气"。傅在北大，受胡适影响最多，"止于批评"的学风的形成，胡适难辞其咎。所以傅斯年犯颜直谏："兴致高与思想深每每为敌"，请胡适勿为盛名所累，"期于白首……终成老师，造一种学术上之大风气，不盼望先生现在就于中国偶像界中备一席"②。傅斯年这封支支节节、不能达意的"私信"的含意，在两个月后致蔡元培的"公函"中讲得更清楚，他说：

> 北大此刻之讲学风气，从严格上说去，仍是议论的风气，而非讲学的风气。就是说，大学供给舆论者颇多，而供给学术者颇少。这并不是我不满之词，是望大学更进一步去。大学之精神虽振作，而科学之成就颇不厚。这样的精[神]大发作之后，若没

① 朱希祖：《新史学序》，刘寅生、房鑫亮编：《何炳松文集》第3卷，4页。

② 1920年8月1日傅斯年致胡适，中国社会科学院近代史研究所民国史组编：《胡适来往书信选》上册，106页。

有一种学术上的供献接着，则其去文化增进上犹远。

傅斯年的觉悟，应是到欧洲后受其学术文化熏陶的结果，因为"近代欧美之第一流的大学，皆植根基于科学上，其专植根基于文艺哲学者乃是中世纪之学院"。进一步讲，"牛津剑桥以守旧著名，其可恨处实在多。但此两校最富于吸收最新学术之结果之能力"。"而且那里是专讲学问的，伦敦是专求致用的。剑桥学生思想彻底者很多，伦敦何尝有此，极旧之下每有极新，独一切弥漫的商务气乃真无办法。伦敦訾两校以游惰，是固然，然伦敦之不游惰者，乃真机械，固社会上之好人，然学术决不能以此而发展。"① 他虽然将北京与上海、北大与清华比附于剑桥与伦敦，实则在剑桥与北大之间，后者只能扮演"伦敦"的角色。而朱希祖在史学系的课程改革，虽然以学术为目的，结果很可能如胡适在哲学门的作用，仍是朝着议论的风气，供给社会舆论者居多。况且这种改革其实是延续 1904 年《奏定学堂章程》以来一脉相承的路线。

就史学革命本身而言，后起的重建派显然也有针对疑古派的意向。如果以顾颉刚和傅斯年为史学革命两大流派的领军人物，其学问的渊源和个人的关联其实相当密切。两人都是胡适的学生，其间胡适还时常将二人加以比较，不能不引发二人的争胜之心。傅斯年一旦决心踏足史学，欲别树一帜，首先就必须与顾颉刚的"古史辩"立异。② 不过，就《旨趣》而论，虽然这时傅斯年已因种种观念和办事风格的分歧与顾颉刚发生公开冲突，所针对的对象并不只是仍然同事的顾颉刚，甚至主要不是顾颉刚。尽管 1924 年至 1926 年间远在欧洲的傅斯年认为顾颉刚已在史学上称王，其他人只能臣服③，但这只是同辈人之间的排列。以在国内学术界的地位论，因《古史辩》而博得大名的顾氏，学术地位骤然飙升，厦门大学的聘书也由教授换成研究教授，可是在全国范围看，中国文史学界的主流仍然是太炎门生的一统天下，连挟

① 《傅斯年君致蔡校长函》，《北京大学日刊》第 715 号，1920 年 10 月 13 日。

② 详参前引杜正胜二文。

③ 傅斯年：《与顾颉刚论古史书》，中山大学《语言历史学研究所周刊》第 2 集第 13 期，1928 年 1 月。

新文化运动余威的胡适也不得不退避三舍。顾颉刚本人即认为自己在厦门大学国学院与鲁迅的矛盾并非要"排挤鲁迅们来成全自己"，其争胜之心"要向将来可以胜过而现在尚难望其项背的人来发施。例如前十年的对于太炎先生，近来的对于静安先生"。① 心高气傲绝不在顾之下的傅斯年，心底当然会有与顾氏争胜之意，但如果悬此为的，立意就不免等而下之了。

以《旨趣》撰写之时的情势论，王国维刚刚故去，章太炎虽然在新文化派的眼中已经落伍（学术上是否如此，另当别论，至少其他派系的人并不这样看），其为数众多的弟子门生却各有所成，依然占据南北学界的主导地位。而且无论观念派属的新与旧，对章太炎均保持恭敬与尊崇。尤其在社会上，胡适等人提倡整理国故，国学运动盛极一时，而享誉大江南北的国学大师，仍以章太炎为泰山北斗。1922 年 10 月，《中华新报》出版纪念增刊称：

> 太炎先生国学泰斗，一代宗匠，吉光片羽，海内争诵。……顷者整理国故之说大倡，而率无门径。兹存先生特为本报纪念增刊撰文一首，示国人以治学之津梁。此文之出，足使全国学界获一贵重教训，固不仅本社之荣幸已也。②

则整理国故虽由胡适等人倡导，治学津梁仍需章太炎来指示。整理国故如果没有章氏门生的响应乃至主持，不易在学术界得到广泛反响。如果说在整个新文化运动中太炎弟子还只是偏师，那么在整理国故这一领域，章门则至少分享领军作用，连胡适对他们也要礼让三分。

傅斯年要在文史学领域竖起革命的大旗，首先必须分清自己与整理国故运动的界限，其中最主要的，还不是向顾颉刚的"古史辨"另立山头，而是划分与太炎学派的界限。所以，傅斯年的史学革命，其对象并非泛泛而谈的旧史学，他关于宗旨负面的三点，即反对"国故"，反对疏通，反对普及，虽然有与顾颉刚的直接冲突为背景，却是

---

① 1927 年 7 月 4 日顾颉刚致叶圣陶信，引自顾潮：《历劫终教志不灰——我的父亲顾颉刚》，114 页。

② 汤志钧编：《章太炎年谱长编》下册，662 页，北京，中华书局，1979。

面向整个国学运动乃至整个中国文史学界而立论。他指责"国故本来即是国粹，不过说来客气一点儿，而所谓国学院也恐怕是一个改良的存古学堂"，打击面相当广泛，不仅包括北京大学国学门以及与之一脉相承的厦门大学国学院，还涉及傅斯年不敢轻视的清华研究院国学科（亦称清华国学院）。而反对疏通，固然有针对顾颉刚将传说过分理性化的条理系统，亦指胡适用索引、结账、专史的系统整理来部勒国学研究的资料，以及用比较的研究来帮助国学的材料的整理与解释，甚至可能指朱希祖等人提倡的用社会学和政治学的观念解释历史的社会科学化主张。

胡适代表北大国学门全体写的《〈国学季刊〉发刊宣言》，就批评清代三百年学术存在研究的范围太窄，太注重功力而忽略理解，以及缺乏参考比较的材料等三层缺点，声称："学问的进步有两个重要方面：一是材料的积聚与剖解；一是材料的组织与贯通。前者须靠精勤的功力，后者全靠综合的理解。"清儒为纠正宋、明学者专靠理解的偏弊，努力做朴实的功力而力避主观的见解，结果矫枉过正，三百年间只有经师而无思想家，只有校史者而无史家，只有校注而无著作，非但完全不能在社会的生活思想上发生影响，而且敌不过空疏的宋学。此外，《〈国学季刊〉发刊宣言》还主张"使大多数的学子容易踏进'《诗经》研究'之门"的普及，然后再去提高，为此，首先要索引式地整理国故，以"人人能用古书"，为"提倡国学的第一步"。[1] 比较《旨趣》，傅斯年几乎就是针对这些话而反对推论设想，反对发挥历史哲学和语言泛想，主张存而不补，证而不疏，以及反对普及的。

整理国故的主流包括太炎门生和"疑古"派。相比之下，如果不论社会声势的大小，前者的势力和影响在学术界显然胜于后者。胡适和顾颉刚等人与太炎门生早有分歧摩擦，只是鉴于双方在新文化的旗号下有不能不合作的时势，才没有公开翻脸。傅斯年尽管与胡适有分歧，与顾颉刚有矛盾，其史学革命还是以两人为同道，他积极争取胡适南下，又坚持推顾颉刚在历史语言研究所任文籍考订组主任之职[2]，

---

① 胡适：《〈国学季刊〉发刊宣言》，《国学季刊》第 1 卷第 1 号，1923 年 1 月。
② 顾潮编著：《顾颉刚年谱》，163 页。

除了过去的渊源，主要还是基于当前的共识。而共识的一个重要方面，便是公开与太炎学派断然决裂。

在北京大学教职员中，素有所谓法日派与英美派的明争暗斗，具体到研究所国学门，便是留日出身、同籍同系的太炎弟子与异籍异系如胡适、顾颉刚等人的矛盾。只是在反对派声音尚高的情势下，冲突还不能公开化。对于章太炎本人，胡、顾二人还保持相当的敬意，不过认为其学术已经过时或者"半僵"。顾颉刚虽然将章太炎与胡适、梁启超同列为国学五派中第四派即学术史的代表①，却以其为十年前争胜的对象。胡适仍以章太炎为中国今日十二个大人物中学者组三人的为首者，但也认为"章先生的创造时代似乎已过去了"，而同组的罗振玉、王国维还在努力的时代，"他们两位在历史学上和考古学上的贡献，已渐渐的得世界学者的承认了"。②

对于章门弟子，与反对新文化派的黄侃当然势不两立，和与时俱进的其他诸人如二沈三马、钱玄同、朱希祖，以及周氏兄弟，在许多方面还是同道，不能因为学术主张的分歧而分道扬镳。太炎师徒对待新文化运动的态度各异，在学术领域则互为应援，弟子离不开先生国学大师的大纛，先生也需要几大天王的拱卫。直到1932年章太炎北游，讲学于北京大学、燕京大学和师范大学，其弟子依然执礼甚恭，随侍左右，为之口译笔书。钱穆见"北平新文化运动盛极风行之际，而此诸大师，犹亦拘守旧礼貌"，知风气转移非朝夕之事。③ 正因为此，与太炎学派关系很深的胡适和顾颉刚，始终不敢与之公然作对。

趋新本来是太炎学派的特色。杨树达记：太炎弟子之一的吴承仕"近日颇泛览译本社会经济学书，闻者群以为怪，交口訾之。一日，一友为余言之。余云：'君与余看新书，人以为怪，犹可说也；若检斋乃太炎弟子，太炎本以参合新旧起家，检斋所为，正传衣钵，何足怪

---

① 1924年7月5日顾颉刚与殷履安信，顾潮编著：《顾颉刚年谱》，97页。

② 胡适：《谁是中国今日的十二个大人物？》，《努力周报》第29期，1922年11月19日。

③ 钱穆：《八十忆双亲·师友杂忆》，182页。

也?'"① 不过章门弟子的趋新之道，一则被所参合的旧学牵制，二则为所取舍的新学引导，与胡适等人并不完全同调。双方为了求同，只好存异，观念分歧便为组织协调做了牺牲。胡适为北京大学研究所国学门起草《〈国学季刊〉发刊宣言》，作为"新国学"的研究纲领，要代表全体说话，不得不暂时搁置"疑古的态度"，并且不再急于"评判是非"。②

傅斯年要树立史学革命的大旗，必须斩断人脉的联系，才能无所顾忌地否定前人，否则观念上难免代表全体的尴尬，人事上也会受到各种牵制，史学革命难以收效。因此，《旨趣》的锋芒所向，其一是指责"修元史修清史的做那样官样形式文章"，指柯劭忞、屠寄和清史馆的那批老辈学者，其二便是痛斥"章炳麟君一流人尸学问上的大权威"。《旨趣》的矛头公然直指《〈国学季刊〉发刊宣言》，执笔的胡适却不以为忤，后来甚至认为与自己同年发表的《治学的方法与材料》异曲同工，则他很可能知道傅斯年的用意实在于反对其中太炎学派的主张。

公开否定章太炎的学术成就，不仅有助于学术上与之划清界限，更重要的是组织上便于将太炎门生打入另册，以免人事纠葛。北大出身的傅斯年与太炎学派关系相当深，"最初亦是崇信章氏的一人"，朱家骅后来聘请既无学位又无任教资历的傅斯年主持中山大学文史科及哲学、中国语言文学、史学等系，还渊源于 1917 年沈尹默向他当面赞许傅的"才气非凡"。③ 毛子水说傅斯年因"资性卓荦，不久就冲出章氏的樊笼；到后来提到章氏，有时不免有轻蔑的语气。与其说是辜负启蒙的恩德，毋宁说是因为对于那种学派用力较深，所以对那种学派的弊病也看得清楚些，遂至憎恶也较深"。这在情理上有些牵强，除非傅氏决心不受这些老师辈学人的束缚干扰，史语所组建时就基本不接

① 杨树达：《积微翁回忆录》，81 页。

② 参见陈以爱：《中国现代学术研究机构的兴起——以北京大学研究所国学门为中心的探讨（1922—1927）》第 3 章第 1 节。

③ 朱家骅：《悼亡友傅孟真先生》，王为松编：《傅斯年印象》，26 页，上海，学林出版社，1997。傅斯年在中山大学的任职，参见黄义祥编著：《中山大学史稿：1924—1949》，140 页，广州，中山大学出版社，1999。

纳直系的章门弟子。

不仅如此，1934 年，蒋梦麟与胡适联手解决北京大学国文系浙人把持的问题，解聘林损而保留马幼渔，并以一年干薪和名誉教授换取后者默认，傅斯年闻讯，"深为忧虑不释"，认为数年来国文系不进步，及为北大进步之障碍者，以马为罪魁，希望一齐扫除，不留祸根，并自告奋勇，"自任与之恶斗之工作"。傅斯年担心"马乃以新旧为号，颠倒是非，若不一齐扫除，后来必为患害"①，则太炎学派在学术界的声势仍然令人生畏。不做根本颠覆，其史学革命如何改朝换代？

二、新旧难辨

太炎学派代桐城派而兴，是民初中国学术界的革命性变化，作为历史的进步，两派之间学术观念的差别显而易见，因此人脉关系上清楚地划分楚河汉界也容易理解。那么，傅斯年的史学革命，学术思想究竟哪些方面超越前人，这是当年傅斯年极力强调，近来也有学者为之发扬，但争议仍然不少，事实并未厘清的关键问题。

学者已经注意到，《旨趣》只是傅斯年关于史语所的工作纲领，而不能视为他的全部史学思想或观念的完整表述。② 而且傅氏为了营造别开生面的效果，遣词造句不无语不惊人誓不休之嫌，从学理上看，偏激过头的话不在少数。他反对的三个方面，即国故、疏通、普及，固然和不少人存在分歧，但他所主张的三点，如直接研究材料和事实，扩张研究材料，扩张研究工具，已经是包括太炎弟子和古史辩派在内的新文化派公认的规则。虽然傅斯年一味着力于划清界限，还是有学者指出其史学革命与以整理国故为标榜的国学运动之间的渊源继替关系。③

---

① 1934 年 5 月 8 日《傅斯年致蒋梦麟》，《胡适来往书信集》下册，531 页，北京，中华书局，1980。编者注此信约写于 1931 年，误，解聘林损事在 1934 年，参见张宪文整理：《林公铎藏札二十九通》，《文献》季刊，1992 年第 3 期所载 1934 年夏林损致蒋梦麟、胡适各函。

② 蒋俊：《中国史学近代化进程》，128～130 页，济南，齐鲁书社，1995。

③ 吴相湘便将《旨趣》和北京大学《国学季刊发刊词》并列为"奠定中国现代历史学之两大柱石"。（《傅斯年学行并茂》，《傅斯年印象》，174 页。）

关于这一问题，近来学术界不无争议。中央研究院历史语言研究所与中山大学语言历史研究所存在直接渊源，顾潮依据其父的《顾刚日程》，指出原来董作宾从内容推测"必是孟真的手笔"的《国立第一中山大学语言历史学研究所周刊》的《发刊词》（该刊第 1 期，1927年 11 月 1 日），其实是顾颉刚的作品。① 对此杜正胜别有见解，他认为，发刊词的著作权归属和执笔人虽然可以断定，"唯该发刊词所体现的学术方向：'要实地搜罗材料，到民众中寻方言，到古文化的遗址去发掘，到各种的人间社会去采风问俗'，不能说顾颉刚不可能有，但把语言历史学提出来当作该研究所的纲领，却非归属傅斯年专利不可。发刊词且认定这两门学问'和其他的自然科学同目的、同手段'；治学态度上宣示'没有功利的成见，知道一切学问不都是致用的'；治学方法则要'承受［了］现代所［研］究所［学］问的最适当［的］方法'。这些绝对是'傅斯年式'的，不是顾颉刚的踪影。……主张普及和致用的顾颉刚这时写下上述的宣示，显然是替傅斯年说话，可能因为傅是所长，秉其意思作文。所以《中山大学语言历史研究周刊》发刊词的著作权不能如实地按《顾刚日程》所记的认定"。②

与杜正胜刻意"见异"有别，研究北京大学国学门及其影响的陈以爱更倾向于"求同"的一面。她认为傅斯年的学术理念，固然可以透过顾颉刚执笔的《发刊词》表达，但其中也包含不少顾颉刚的学术见解在内。发刊词所陈述的工作方针，"无一不是国学门过去几年所提倡和发展的学术事业"，顾总结国学门的研究方向，提纲挈领地写进中大语史所周刊《发刊词》，而董作宾误认为傅斯年所撰，"不但说明傅、顾两人当时在推动学术机构发展的'大方针上是一致的'，也反映出20 世纪 20 年代初期国学门所开创的各项学术事业，与 20 年代末成立的史语所工作之方向非常接近。这无疑显示出史语所与国学门领导者，

---

① 顾潮：《顾颉刚年谱》，144～145 页。另参顾潮：《顾颉刚先生与史语所》，《中央研究院历史语言研究所七十周年纪念文集：新学术之路》，87～88 页。

② 杜正胜：《无中生有的志业——傅斯年的史学革命与史语所的创立》，《中央研究院历史语言研究所七十周年纪念文集：新学术之路》，12～13 页。

在学术理念上有许多相通之处"。①

傅斯年与顾颉刚、北大国学门与史语所之间的联系与区别，的确是认识傅斯年史学革命内涵的关键。就此发表过意见的学人虽然没有正面争论，各自的不同倾向还是表露无遗。然而异同究竟何在，仍然各执一词。

杜正胜指称属于傅斯年专利的，除了将语言历史学提为纲领外，其余几项在顾颉刚以往的学术活动中不仅并非毫无踪影可寻，而且可以说基本意思顾颉刚均已不同程度地表述过，甚至遣词造句也常常类似。如治学态度不求功利，不讲应用，研究史学语言学和自然科学同目的、同手段以及承受现代治学方法等，恰是顾颉刚的一贯主张。早在 1924 年 6 月，顾颉刚就指出"整理国故与保存国粹的大别，乃是一个是求知的态度，一个是实用的态度"。② 1926 年 1 月 1 日，顾颉刚为《北京大学研究所国学门周刊》撰写长文《一九二六年始刊词》，所表达的思想与《中山大学语言历史研究所周刊发刊词》一脉相通，在某种程度上可以说后者就是前者的凝缩。

该文的主要目的，正是要辨明"求知"与"应用"是两条不同的大路，着眼于求知，学术则极深邃，着眼于应用，学术就很浅近。"凡是真实的学问，都是不受制于时代的古今、阶级的尊卑、价格的贵贱、应用的好坏的。研究学问的人只该问这是不是一件事实，他既不该支配事物的用途，也不该为事物的用途所支配。""我们研究的目的，只是要说明一件事实，绝不是要把研究的结果送与社会应用"，"我们得到的结果也许可以致用，但这是我们的意外的收获，而不是我们研究时的目的"。"这种的斟酌取择原是政治家、社会改造家、教育家的事情，而不是我们的事情。"从前的学者不注重事实，单注重书本，其学问在时代、阶级应用等方面受限制，最容易上古人的当，是因为"态度不求真而单注重应用，所以造成了抑没理性的社会，二千余年来没有什么进步。我们现在研究学问，应当一切从事实下手，更把事实作

---

① 陈以爱：《中国现代学术研究机构的兴起——以北京大学研究所国学门为中心的探讨（1922—1927）》，386 页。

② 1924 年 7 月 5 日与履安信，顾潮编著：《顾颉刚年谱》，97 页。

为研究的归结，我们不信有可以做我们的准绳的书本，我们只信有可以从我们的努力研究而明白知道的事实"。这也就是《中山大学语言历史研究所周刊发刊词》所说："我们生当现在，既没有功利的成见，知道一切学问，不都是致用的，又打破了崇拜偶像的陋习，不愿把自己的理性屈伏于前人的权威之下。"

基于"科学的基础是建筑于事实上而不是建筑于应用上的"，顾颉刚反驳有人认为应当研究科学，不应当研究国学的责难，认为"所谓科学，并不在它的本质而在它的方法，它的本质乃是科学的材料，科学的材料是无所不包的，上自星辰，下至河海，变幻如人心，污秽如屎尿，没有不可加以科学的研究"。而国学是历史科学中的中国的一部分，"研究国学，就是研究历史科学中的中国的一部分，也就是用了科学方法去研究中国历史的材料。所以国学是科学中的一部分，而不是可与科学对立的东西"。在故纸堆中找材料和在自然界中找材料没有高下的分别，研究历史与研究人类学、地质学、天文学一样，没有新旧之分，"只要你能在材料中找出真实的事实来，这便是科学上的成绩"。"若说科学家仅仅能研究自然，研究工艺，而不能研究社会，研究历史，那么，科学的领域未免太小了，科学的伎俩未免太低了，这人的眼光也未免太狭隘了。"同时，历史科学的发展，与其他学科相辅相成，当各种科学都发达，中国的各科材料都有人研究，就可放弃模糊不清的"国学"，而纯粹研究中国历史或东方历史。

换一角度，这些话的意思正是《中山大学语言历史研究所周刊发刊词》所说"语言历史学也正和其他的自然科学同目的、同手段，所差只是一个分工"以及"承受了现代研究学问的最适当的方法，来开辟这些方面的新世界"。与傅斯年所宣称"一、把些传统的或自造的'仁义礼智'和其他主观，同历史学和语言学混在一气的人，绝对不是我们的同志！二、要把历史学语言学建设得和生物学地质学等同样，乃是我们的同志！"精神上并无二致。

当时人提倡科学，尤其是自然科学影响史学，主要包括两类，其一，自然科学的各学科辅助史学的发展完善，一方面，自然科学家研究各相关专史，如数学、物理、化学、天文学等，可大幅度提高该领域的科学程度；另一方面，史学的发展有赖于自然科学的进步，如考古学便涉及地质、化学、生物学等学科。其二，按照自然科学的态度、方法研究史学，使之达到相同或相近的科学程度。前者不仅北大国学门早已实行，计划中的东南大学国学院也表示认同。①　至于后者，则虽然多数人同意用科学方法整理国故，但认为文史之学与自然科学乃至社会科学仍然有所分别，主张以相同方法对待并且达到相同科学程度者并不多见。而在这方面，顾颉刚与傅斯年的旨趣至少是相互沟通的。

不仅如此，傅斯年亲撰的《旨趣》，精神与北京大学国学门也大抵相通。国学门的"国学"以文字为范围，是为了打破学科界限②，所以《国立北京大学〈国学季刊〉编辑略例》规定："本季刊虽以'国学'为范围，但与国学相关之各种科学，如东方古言语学、比较言语学、印度宗教及哲学，亦与以相当之地位。"③《国学季刊》很早就发表伯希和、钢和泰、高本汉等人关于语言学与史学关系的著述，国学门也将日语和同在中国境内同属印支语系的西藏、苗夷以及境外的暹罗、安南等语，列入调查研究或提倡的范围。④　为此，王国维、陈垣、沈兼士等人积极推动派遣教授学生到欧美学习语言文史之学。⑤　而顾颉刚求知不求致用的目的之一，便是不为现实的社会所拘束，研究的

---

①　《东南大学国学院整理国学计划书》，《北京大学日刊》第 1420 号，1924年 3 月 15 日。

②　《在北大研究所国学门委员会第一次会议发言》，高平叔编：《蔡元培全集》第 4 卷，156 页。

③　《国学季刊》第 1 卷第 1 号，1923 年 1 月。

④　《北大研究所国学门方言调查会宣言书》，《北京大学日刊》第 1421 号，1924 年 3 月 17 日；沈兼士《整理国故的几个题目》，《北京大学日刊》第 1421 号，1922 年 2 月 18 日。

⑤　王国维 1922 年 12 月 12 日致函马衡，问以"现在人学是否有满蒙藏文讲座？此在我国所不可不设者。其次则东方古国文字学并关紧要。研究生有愿研究者，能资遣法德各国学之甚善，惟须择史学有根柢者乃可耳。此事兄何不建议，亦与古物学大有关系也"。（吴泽主编，刘寅生、袁英光编：《王国维全集·书信》336 页）而 1920 年 10 月制定的《国立北京大学研究所整理国学计画书》已主张选派"深于国学"或"国学优长"的教授学生赴海外留学，归而任整理之职（《北京大学日刊》第 720 号，1920 年 10 月 19 日）。

范围可以愈放愈大，发现的真理也愈积愈多，可以不断扩大运用史料的范围。

顾颉刚后来补记他与傅斯年关于史语所规划的争议之一，是普及与专精的先后次序，然而比较当时的资料，顾颉刚固然不赞成只限于十几个书院的学究的规模，"希望得到许多真实的同志而相互观摩，并间接给研究别的科学的人以工作的观感，使得将来可以实现一个提携并进的境界"，但也"不希望把国学普及给一班民众"。① 与《北京大学国学季刊发刊词》的见解不同，而与傅斯年的主张一致。何况傅斯年也计划将集众的工作及附带的计划随时布白，"希望社会上欣赏这些问题，并同情这样工作的人多多加以助力"！《旨趣》虽由傅斯年执笔，在个别问题上认识不尽相同，仍然代表三位筹备员的共识，学术观念的大端不能不保持一致。正因为这样，傅斯年才会坚持让顾颉刚加盟史语所。

从 1929 年 2 月顾颉刚为《国立中山大学语言历史学研究所年报》第 6 集（实为周刊合订本）所撰《序》文看，他仍然认为"专门的学问是不必普及的"，但要争取"一般人的最小限度的谅解"，其与傅斯年的分歧，应是文章开头详细解释的目前"不是正式的研究工作，而是工作的预备和研究的运动"，要费十年力量"造成若干可以研究语言学和历史学的少壮学者"，"使得若干年之后有若干的专门家向着这方面做正式的研究工作"。因此现在主要是搜集材料，提出问题，成果难免幼稚，不要求全责备。这显然是对傅斯年认为大学出书应是积年研究的结果，及其批评《民俗学会丛书》无聊浅薄的回应。除此之外，两人宗旨的正负两面大同小异甚至基本一致。

诚然，傅斯年"史学革命"的效果仍是客观实在，毋庸置疑的，只是成功的原因不一定是理念的新颖或旗帜的特色。在中国近代史学发展进程中，傅斯年的学术贡献远不及他的事功②，史语所的突出成

---

① 顾潮：《顾颉刚年谱》，152 页。

② 胡适称傅斯年既是"最能做学问的学人"，"又是最能办事、最有组织才干的天生领袖人物"（《〈傅孟真先生遗著〉序》，王为松编：《傅斯年印象》，75页），实则治学的上佳资质不及其事功的显赫。严耕望即认为傅斯年和顾颉刚"对于近代史学倡导之功甚伟；惟精力瘁于领导，本人述作不免相应较弱"（《钱穆宾四先生与我》序言，2页）。

就恰是其史学革命胜利的象征，并且多多少少放大了傅斯年学术理念的作用。其实，《旨趣》的极端和片面，虽然不能割断史语所与北大国学门到中大语史所积极方面的精神联系，却有助于避免近代中国学术界既有代与派的人事纠葛，以及相应存在的旧学惯性牵制的负面作用，从而堂而皇之地组织起"元和新脚"的整齐阵容，迅速而有序地落实以往长期坐而言却不能起而行的学术主张，不必如顾颉刚所说等待十年以后。1934年北京大学文学院欲引进梁实秋，傅斯年"疑其学行皆无所底，未能训练青年"，主张"此时办学校，似应找新才，不应多注意浮华得名之士"，强调注重实学。① 找新才重实学开新路，正是傅斯年成功组织史语所的秘诀之一。

从北京大学国学门到厦门大学国学院再到中山大学语史所，学术主张的精神与史语所一脉相通，但具体落实起来却进展缓慢。如对古史研究至关重要的考古学，明知实地发掘较器物征集重要得多，却迟迟不能付诸实施；语言学亦如此，方言调查没有深入原来区域，主要利用现有人员异地进行方音记录，或让各地会员收集有关资料；民俗研究同样离开田野调查，以征集各种风俗实物和资料的形式进行，距离人类学的研究相当遥远。直到史语所成立前夕，中山大学语史所才开始云南少数民族调查。结果理念上确已逃出传统恶习的范围之外，实际上还在既有学术的框缚之中。不要说与欧美的学者比较，远远没有走上他们心目中现代学术的正轨，"使中国的语言学者和历史学者的造诣达到现代学术界的水平线上"②，甚至不及清华大学国学院的努力程度。在东方学、考古学和语言学方面，陈寅恪、李济、赵元任已经开始进入国际学术的行列。如果说政局动荡和官方压制是北大派面临困境的客观原因，那么主观因素就是缺少真正受过新学科专门训练的学者，不能恰当地运用有关方法处理问题，同时原有的学术训练还会对其投入新领域起到牵制作用，使之难以义无反顾地全力以赴。

傅斯年对史语所的人选坚决贯彻"找新才"和舍弃"浮华得名之

---

① 1934年5月8日《傅斯年致蒋梦麟》，《胡适来往书信集》下册，531页。
② 顾颉刚：《发刊词》，《国立第一中山大学语言历史学研究所周刊》第1期，1927年11月1日。

士"的原则，他虽然吸收了 18 位北大国学门出身的学人加盟，占草创期研究人员的一半以上①，但成名的前辈多为特约或兼任研究人员，专任者主要是毕业研究生，只有个别人如刘复，属于志同道合者。而傅斯年真正倚重的还是清华研究院的陈寅恪、赵元任和李济，再加上陈垣，由他们担任各方面的负责人。长期掌管北大国学门考古学会的马衡，一直有心于实地发掘，主动要求加入史语所考古组，而为傅斯年断然婉拒。② 由于观念一致，又没有人事矛盾的纠葛，加以傅斯年的过人办事精力和善于打通各方关系，争取到必须的支持和条件，准确选择主攻方向，而外部环境也渐趋稳定，使得史语所的计划落到实处，各种前人长期议而未行的新学术领域迅速开辟，并且很快取得明显成效，引起国际学术界的关注，为中国争取世界性的学术发言权的目标开始得到实现。从集团研究已成大势所趋的角度看，傅斯年的事功正是中国学术界以科学方法整理国故的理想得以实现的重要条件，连前此较有成就的李济也承认，若非傅斯年的提倡，其考古工作也许就会中断。③

三、科学的东方学之正统

在《旨趣》的结尾处，傅斯年喊出了当时中国新进学术界的共同心声："我们要科学的东方学之正统在中国！"与国际汉学界争胜的心愿，不仅傅斯年有，胡适、陈垣、李济乃至陈寅恪，都不同程度地蕴藏胸中。胡适提倡"整理国故"，实际上就是"要照着西方'汉学家'与受西方'汉学'影响的日本'支那学家'的研究方法和范围去作研究"。④ 傅斯年的主张，是这一精神的发展或自然延伸。只是依照傅斯

① 陈以爱：《中国现代学术研究机构的兴起——以北京大学研究所国学门为中心的探讨（1922—1927）》，391 页。

② 杜正胜：《无中生有的志业——傅斯年的史学革命与史语所的创立》，《中央研究院历史语言研究所七十周年纪念文集：新学术之路》，33～34 页。

③ 李济：《创办史语所与支持安阳考古工作的贡献》，《传记文学》第 28 卷第 1 期，1976 年 1 月。

④ 牟润孙：《北京大学研究所国学门》，《大公报》（香港）1977 年 2 月 9 日。

年的一贯做法，使之进一步极端或彻底。

傅斯年本来也疑古，因为要超越顾颉刚的史学王国，不肯真的向顾称臣，在归国前后的短短一两年间苦心孤诣，另辟蹊径。他虽然在德国留学，学过一点语言学课程，却无成绩①，又少读兰克（Leopold von Ranke）著作，所得到的思想资源，还不如当时国际汉学之都的法国巴黎学派影响更大。所以顾颉刚后来说："傅在欧久，甚欲步法国汉学之后尘，且与之角胜。"②

傅斯年将语言学与历史学并举，钱穆认为"在中国传统观念中无此根据。即在西方，亦仅德国某一派之主张"。③ 其实傅斯年的想法或许来自德国，其心目中的典范还在法国。此时欧洲汉学及东方学正是语文学派占据主导，中国学者的目光所集也在于此。北京大学《国学季刊》发刊时，就刊登了王国维 1919 年翻译的伯希和 1911 年就任法兰西学院中亚语史学讲座时的讲演词《近日东方古言语学及史学上之发明与其结论》。王国维称此文"实举近年东方语学文学史学研究之成绩，而以一篇括之"。伯氏明确指出由于古物学和古语学的复兴，改变了原来考中亚史事仅据典籍的状况，因而取得长足进展。④ 胡适称赞"此文甚好"，并为之加上标点。前此胡适因为钢和泰的关系，已经建议北京大学注意东方语学，以便与国际东方学界加强联系。⑤ 傅斯年反对"国学"、"汉学"的概念而主张"东方学"，自然会将语言学与历史学相并举。此后傅斯年很少提到兰克的名字，对伯希和以及另一位巴黎学派大家、瑞典的高本汉（Karlgren）则推崇备至。⑥

---

① 刘桂生：《陈寅恪、傅斯年留德学籍材料之劫余残件》，北京大学历史学系编：《北大史学》第 4 期，311 页，北京，北京大学出版社，1997。

② 顾潮：《顾颉刚年谱》，152 页。

③ 钱穆·《八十忆双亲·师友杂忆》，168 页。

④ 《国学季刊》第 1 卷第 1 号，1923 年 1 月。

⑤ 中国社会科学院近代史研究所中华民国史研究室编：《胡适的日记》，228～229、318～319 页。

⑥ 参见王汎森：《什么可以成为历史证据——近代中国新旧史料观念的冲突》，《新史学》第 8 卷第 2 号，1997 年；傅斯年：《论伯希和教授》，《傅斯年全集》第 7 册；罗家伦：《元气淋漓的傅孟真》，王为松编：《傅斯年印象》，11 页。

要使中国成为"科学的东方学之正统",傅斯年不仅反对"中国学"和"国学"的概念,更重要的是希望改变中国固有的治学之道。他认为:"西洋人作学问不是去读书,是动手动脚到处寻找新材料,随时扩大旧范围,所以这学问才有四方的发展,向上的增高。"因此,要"改了'读书就是学问'的风气",并且宣称:"总而言之,我们不是读书的人,我们只是上穷碧落下黄泉,动手动脚找东西!"沿着找寻新材料、发掘新问题、援引新工具的路线,史语所很快取得了举世瞩目的成就。1932年,伯希和因史语所各种出版品之报告书,尤其是李济所著安阳发掘古物的报告,特提议将该年度法国考古与文学研究院的儒莲奖授予史语所①,并且认为"李济、顾颉刚等皆为中国第一流学者"。② 20世纪的史语所,的确可以称得上是"名满天下"。

"成也萧何,败也萧何",成就显著的史语所之所以"谤亦随之",要因之一,也就在于不读书而专找材料的宗旨,有使中国学术脱离精通的大道,走向窄而偏的狭径歧途的危险。此一倾向,晚清光宣以后的学术复兴已经呈现,由于"普通经学史学的考证,多已被前人做尽,因此他们要走偏锋,为局部的研究。其时最流行的有几种学问:一金石学;二元史及西北地理学;三诸子学。这都是从汉学家门庭孳衍出来"。③ 20世纪20年代整理国故运动兴起后,在科学方法条理系统固有材料的引导下,偏窄的倾向愈演愈烈。④ 悬问题以觅材料,本来是欧美汉学家易犯的毛病,他们很难看完浩如烟海的典籍以发现问题,欲成一家之言,先是从类书中寻找题目,继而由新材料带动新问题,再借鉴其他学科或文化的问题意识,套用现成的解释框架,结果难免走上偏锋险道。王国维曾经批评胡适提倡用科学方法整理国故:"'想把国学开出一帐来,好像是索引,一索即得。但是细帐开好后,大家

① 1932年3月《复伯希和函》,高平叔编:《蔡元培全集》第6卷,179页。
② 吴宓著,吴学昭整理注释:《吴宓日记》第5册,196页。
③ 梁启超:《中国近三百年学术史》,34页,北京,东方出版社,1996。
④ 参见桑兵:《国学与汉学——近代中外学界交往录》第1章第4节《发现与发明》;罗志田:《史料的尽量扩充与不看二十四史——民国新史学的一个诡论现象》,《历史研究》,2000(4)。

便利了，也就不读书了。'因此他最所注意的是读书，教学生仔仔细细地把书读好，读了书再做文章。"① 他主张"宜由细心苦读以发现问题，不宜悬问题以觅材料"。②

萧公权针对胡适"大胆假设，小心求证"的"科学方法"，提出：

> 在假设和求证之前还有一个"放眼看书"的阶段。经过这一段工作之后，作者对于研究的对象才有所认识，从而提出合理的假设。有了假设，回过来向"放眼"看过，以至尚未看过的"书"中去"小心求证"。看书而不作假设，会犯"学而不思则罔"的错误。不多看书而大胆假设，更有"思而不学则殆"的危险。……不曾经由放眼看书，认清全面事实而建立的"假设"，只是没有客观基础的偏见或错觉。从这样的假设去求证，愈小心，愈彻底，便愈危险③。

附和新文化者也有所觉悟，1921 年梁启超讲中国历史研究法，顺着科学主义的路线，鼓吹史料的收集与别择，"以致有许多人跟着往捷径走"。他觉得一味补残钩沉，则史学永无发展，后来作补编时，即突出"广"，强调"大规模的做史"，"想挽救已弊的风气"。④ 整理国故还以包括典籍在内的所有文献为主，而不读书专找材料，等于鼓励学人放弃基本书籍一味追求罕见材料，并以此为治学的唯一正途。这无疑导致学风进一步偏离正轨。到 20 世纪 30 年代初，北平的学术界充满着"非考据不足以言学术"的空气，"以考订破坏为学，而讥博约者

---

① 蒋复璁：《追念逝世五十年的王静安先生》，《幼狮文艺》第 47 卷第 6 期，1978 年 6 月。

② 周光午：《我所知之王国维先生——敬答郭沫若先生》，陈平原、王枫编：《追忆王国维》，165 页。

③ 萧公权：《问学谏往录——萧公权治学漫忆》，70 页，上海，学林出版社，1997。

④ 梁启超：《中国历史研究法（补编）》，《饮冰室专集》第 1 册，167～168 页。

为粗疏"。①

风气的偏蔽引起愈来愈多学人的强烈不满。所批评的主要是两个相互联系的问题，其一，忽略基本书籍的阅读，专找新奇材料；其二，忽略大节的沟通把握，专注于琐碎问题的考据。前辈学者的意见最多，学术虽已"半僵"仍被视为"海内宗匠"的章太炎指责当时学人根柢太浅，治诸子不先明群经史传，研究小说不先遍治群书及明于近代掌故，言经学不明家法，究习吉金甲骨不根于载籍，而又掎扯正史，论史则不求诸史乘，而乞灵于古器，因而"学说之奇衺，至今日而极"②，希望向坊表后进者示以正轨。被排挤在主流以外的学人也议论纷纷，批评"近人治史，群趋杂碎，以考核相尚，而忽其大节；否则空言史观，游谈无根"。③

关于此节，太炎首徒黄侃有高度概括。1930 年，留学北京大学的吉川幸次郎专程到金陵拜访黄侃，后者"诰以治学之法曰：'所贵乎学者，在乎发明，不在乎发见。今发见之学行，而发明之学替矣'。"④发见与发明的区别，从治学的方向言，大体如王国维所说找材料与读书，从治学的办法言，则是如何运用新旧材料。对此陈寅恪有过系统的阐述，他于 1935 年讲授"晋至唐史"时，一开始就针对学风的时弊阐明新旧材料的关系：

> 历史的新材料，上古史部分如甲骨、铜器等，中古史部分如石刻、敦煌文书、日本藏器之类。所谓新材料，并非从天空中掉下来的，乃指新发现，或原藏于他处，或本为旧材料而加以新注意、新解释。（旧材料而予以新解释，很危险。如作史论的专门翻案，往往牵强附会，要戒惕。）必须对旧材料很熟悉，才能利用新材料。因为新材料是零星发现的，是片断的。旧材料熟，才能把新材料安置于适宜的地位。正像一幅已残破的古画，必须知道这

---

① 萧一山：《为〈清代通史〉批评事再致吴宓君书——并答陈恭禄君》，《国风》第 4 卷第 11 期，1934 年 6 月。

② 孙至诚：《谒余杭章先生纪语》，《制言半月刊》第 25 期，1936 年 9 月。

③ 《至李埏书》，钱穆：《钱宾四先生全集》第 53 册，379 页。

④ 《吉川君来书》，《制言半月刊》第 5 期，1935 年 11 月 16 日。

幅画的大概轮廓，才能将其一山一树置于适当地位，以复旧观。在今日能利用新材料的上古史部分必对经（经史子集的经，也即上古史的旧材料）书很熟，中古以下必须史熟。①

在1942年为杨树达《积微居小学金石论丛续稿》所作序中，陈寅恪再度表述了这一意思：

> 自昔长于金石之学者，必为深研经史之人。非通经无以释金文，非治史无以证石刻。群经诸史乃古史资料多数之所汇集，金文石刻则其少数脱离之片断，未有不了解多数汇集之资料，而能考释少数脱离之片断不误者。②

陈寅恪的思想，确有很强的辩证倾向，所指出新旧材料的相互关系，便不能机械看待。治学应重视发现和运用新材料，一味用旧材料加以新解释，难免牵强附会之弊。因为就古史而言，旧材料已经前人检阅，未解的部分往往证据不足，没有新的史料则最好阙疑，不要强作解人。但新史料固然重要，毕竟只是"少数脱离之片断"，不掌握"多数汇集"的旧史料，便不能恰当运用新材料，无法考释"少数脱离之片断"。

陈寅恪的这段话仅就新史料的运用立论，其实旧史料的重要绝不限于有助于理解新史料，而在于奠定学术的基础，掌握历史的大节要项，以及准确把握新史料带来的新问题在历史进程中所处的位置，不至于一味追求新材料以发现新问题，走入新奇偏窄的歧途。因此陈在讲新材料之前，首先以旧材料为必读书，又分为三层：一、最低限度必读书，如《资治通鉴》《通典》。二、进一步学习参考书，如《晋书》《南北史》《新唐书》。三、广泛的研究参考书，除上述外，再加宋、南齐、梁、陈、魏、北齐、周、隋书，《旧唐书》《册府元龟》《太平广记》，以及诗文集、笔记，如《全唐诗》《全唐文》等。他还针对时人运用西洋科学方法的误解，指出《通鉴纪事本末》和《文献通考》远

---

① 蒋天枢：《陈寅恪先生编年事辑》（增订本），96～97页。
② 《金明馆丛稿二编》，332页。

不及《通鉴》和《通典》，直接读《通鉴》，可不受《纪事本末》的作者个人心中问题意识的限制，并能够了解和把握史事本来相互的复杂联系。此一思想，实为重视基本材料价值的极为重要的观念。以后来的问题意识和外在的解释框架支配研究，正是近代中国学术流弊滋生的症结所在。

仔细检查史实，发表的言论倾向迥异的学人，其实际运用的方法乃至态度却大体相通。严厉批评当时学人滥用甲骨和出土器物，乃至于全面抨击新学术，被傅斯年斥为"不特自己不能用新材料，即是别人已经开头用了的新材料，他还抹杀着"的章太炎，自称：

> 余解经与高邮同其旨趣，间或过之。并非古人读书不多，智慧不够，盖当时坊间所能供应之材料只有此数。余藉地下出土之力始考证如许。若能继续出土，继续研究，或有全部讲通之一日。①

这与傅斯年的主张差不多一致。章太炎晚年虽然弃精奥而讲大体，仍然承认学问的"大体"要在琐碎的考据渐渐精密之后才能显现。②而傅斯年的找材料，开始确有寻宝之意，但不久就同意材料的价值全在本身的可靠性③，认为"每每旧的材料本是死的，而一加直接所得可信材料之若干点，则登时变成活的"。胡适称"此意最重要"，浅学者尚不能承受。傅斯年所以善于此技，除了"绝顶聪明"以外，主要是"记诵古书很熟，故能触类旁通，能从纷乱中理出头绪来"。④ 本来

———————

① 任启圣：《章太炎先生晚年在苏州讲学始末》，陈平原、杜玲玲编：《追忆章太炎》，447 页。

② 汤志钧编：《章太炎年谱长编》下册，617 页。

③ 傅斯年曾以午门档案的整理"没有什么重要的发现"而颇感失望，李济问以什么叫作重要发现？是否希望从中找出满清没有入关的证据？傅一笑了之，从此不再提及（李济：《傅孟真先生领导的历史语言研究所——几个基本观念及几件重要工作的回顾》，王为松编：《傅斯年印象》，107 页）。

④ 《胡适日记》手稿本 1931 年 2 月 18 日、1935 年 6 月 6 日。王国维言及考古也说："于古代材料，细大均不可放过。忽其细处，则大处每不得通。此同一材料，而有所发明，有所食古不化者。"（周光午：《我所知之王国维先生——敬答郭沫若先生》，陈平原、王枫编：《追忆王国维》，165 页）

"国学家第一本领即是书塾，此皆幼年刻苦用功死读强记，至老不忘一字，故能左右逢源，一隅三反，非今之一知半解者所能望其项背也"①，如今却成了傅斯年的长技。他总结道：

> 必于旧史料有工夫，然后可以运用新史料；必于新史料能了解，然后可以纠正旧史料。新史料之发见与应用，实是史学进步的最要条件；然而但持新材料，而与遗传者接不上气，亦每每是枉然。从此可知抱残守缺，深固闭拒，不知扩充史料者，固是不可救药之妄人；而一味平地造起，不知积薪之势，相因然后可以居上者，亦难免于狂狷者之徒劳也。②

如果说章太炎反对使用出土文字器物以证史是对滥用的反动，傅斯年的不读书只找史料恰是对一味死读书成为两脚书橱的国学家的矫枉过正，动手动脚的前提还是熟读古书。

在追求"科学的东方学之正统在中国"方面，傅斯年的实际做法与公开宣言之间也存在明显反差。《旨趣》中傅斯年讲到研究四裔问题的西洋汉学其实是"虏学"，而扩充材料，扩充工具，势必打破国界，至于不国不故，脱离纯中国材料的范围。并且强调以"东方学"代替"国学"，"并不是名词的争执，实在是精神的差异的表显"。这番意思在胡适访欧时显然与其交换过意见，所以胡适因时局动荡滞留日本期间，到京都"支那学会"讲演，就以"虏学"为题。也许是听众范围的作用，他并不主张只研究"虏学"，而强调研究中国本部。③

不过，胡适的讲法之由来的另一可能性或许正是傅斯年的本意，1934年傅斯年在承认西洋人治中外关系史等"半汉"的问题有"大重要性"的同时，觉得"全汉"的问题更大更多，"更是建造中国史学知识之骨架"，批评"西洋人作中国考古学，犹之乎他们作中国史学之一

①　任启圣：《章太炎先生晚年在苏州讲学始末》，陈平原、杜玲玲编：《追忆章太炎》，446页。

②　《史学方法导论·史料论略》，岳玉玺、李泉、马亮宽编选：《傅斯年选集》，216～217页，天津，天津人民出版社，1996。

③　《胡适》，《吉川幸次郎全集》第16卷，431～433页。

般，总是多注重在外缘的关系，每忽略于内层的纲领"①。而在此之前，1929 年他甚至提议陈寅恪领军研究"比较纯粹中国学问"的"新宋史"，以免"非与洋人拖泥带水不可"。② 陈寅恪是当时中国学人中最有条件和能力依照欧洲东方学之正统治"虏学"之人，照此看来，傅斯年在以宣言的形式断绝那些并不了解"东方学正统"的国学家趋时的念头并将他们统统打入另册后，其与欧洲东方学角胜的路径，并非"步法国汉学之后尘"，一旦成功地对国学家"标新"，他对欧洲东方学也要"立异"了。而立异的本钱，仍然是"比较纯粹"的"中国学问"。所以，"要科学的东方学之正统在中国"的所谓"正统"，还是有华洋之别，而不仅是将中心从欧洲夺回中国而已。

四、专精与博通

太炎学派失势后，跃居主流的胡适、傅斯年一派与非主流派的矛盾仍然延续，而与钱穆的分歧颇具代表性。钱穆于 20 世纪 30 年代即不满于专尚考据的学风，有意调和汉宋，主张"非碎无以立通"和"义理自故实出"。③ 抗战期间，钱穆等人试图扭转"考据风尚的畸形发展"，1941 年 4 月，钱穆应邀在江苏同乡会演讲"我所提倡的一种读书方法"，批评"现在人太注意专门学问，要做专家。事实上，通人之学尤其重要。做通人的读书方法，要读全书，不可割裂破碎，只注意某一方面；要能欣赏领会，与作者精神互起共鸣；要读各方面高标准的书，不要随便乱读。……读一书，不要预存功利心，久了自然有益"。④ 他邀请蒙思明到齐鲁大学国学研究所讲演"史学方法在史学上的地位"，并要其将讲稿写出，改题"考据在史学上的地位"，交由

---

① 傅斯年：《〈城子崖〉序》，岳玉玺、李泉、马亮宽编选：《傅斯年选集》，293～294 页。

② 1929 年 9 月 9 日傅斯年致陈寅恪，引自罗志田：《史料的尽量扩充与不看二十四史——民国新史学的一个诡论现象》，《历史研究》，2000 (4)。

③ 钱穆：《古史辨》第 4 册序言。

④ 严耕望：《钱穆宾四先生与我》，48 页。

《责善》半月刊发表。蒙文批评近数十年来学术界以考据为"史学的正宗"和"唯一的内容"，分析了考据风尚压倒一切的原因，指出清代朴学和近代欧洲考据之盛的背景得失，强调考据不能独当史学重任，而且考据必须历史哲学的领导、有博大鸿阔的学识以及有实用价值。总之，"需要有目的的考据，更精密的考据学，具特识的考据家。否则整理国故，再造文明的鸿愿，永远是一个鸿愿而已"。①

与钱穆志同道合者还有张荫麟、张其昀、陈梦家等人。尤其是张荫麟，早在20世纪30年代即与钱穆相识于北平，"共有志为通史之学"。张荫麟逝世后，钱穆等人借悼念之机，再度提出"中国今日所需要之新史学与新史学家"的问题，他们显然认为史语所式的道路并不能成就新史学，能够完成新史学的新史学家，必须具备：一、于世事现实有极恳切之关怀；二、明于察往，勇于迎来，不拘拘于世事现实；三、于天界物界人界诸凡世间诸事相各科学智识有相当晓了；具哲学头脑，能融会贯通时空诸事态相互间之经纬条理。张荫麟"博通中西文哲诸科，学既博洽，而复关怀时事，不甘仅仅为记注考订而止。然则中国新史学之大业，殆将于张君之身完成之"。② 推崇张荫麟决非仅仅为故人说好话，用意在于标明自己的为学之道，破主流派对新史学的主导，并且另立新史学的范畴。

30年代初，傅斯年对钱穆著《刘向歆父子年谱》破当时经学界之今文学派及史学界之疑古派表示赞同，继此以往，则与钱穆意见多不合。③ 这与陈寅恪推崇《先秦诸子系年》、赞扬《国史大纲》的态度明显有别。所以陈寅恪虽然加入史语所，其与傅斯年的志同道合实有一定限度，相异的一面，要从他与各种非主流派的关系及相互品评中才能看得清楚。1933年11月，陈寅恪曾致函傅斯年，郑重推荐获得斯坦福大学哲学博士、即将归国的张荫麟进入史语所或北京大学史学系，

---

① 蒙思明：《考据在史学上的地位》，《责善半月刊》第2卷第18期，1941年12月1日。

② 钱穆：《中国今日所需要之新史学与新史学家》，《思想与时代》月刊第18期，1943年1月1日。

③ 钱穆：《八十忆双亲·师友杂忆》，168页。

函谓：

> 张君为清华近年学生品学具佳者中之第一人，弟尝谓庚子赔款之成绩，或即在此一人之身也。张君颇年少，所著之学术论文多为考证中国史性质……其人记诵博洽而思想有条理，以之担任中国通史课，恐现今无更较渠适宜之人。若史语所能罗致之，则必为将来最有希望之人材，弟敢书具保证者，盖不同寻常介绍友人之类。

陈寅恪写过不少推荐信，但如此推重者则绝无仅有，相信张荫麟确系其心目中的学术传人。而傅斯年在用人方面一般相当注重陈的意见，这一次却意外地不予采纳，借口"此事现以史语所之经费问题似谈不到"①，推给北大的胡适和陈受颐。后来张荫麟连北大也没有进，还是回到母校清华大学任教。依照当时情形，除非张本人不情愿或傅斯年不赞同，否则无论是北大还是史语所，均非难事。傅斯年的态度反映出他对张荫麟的治学路线有所保留，而这也是他与陈寅恪分歧的关键。

傅斯年极希望拢入所内的陈垣，也主张专门学问，早期著作多为寻空蹈隙，提出重要问题，与傅斯年的旨趣相当接近。他始终不肯为史语所专职，人事关系的因素外，对傅斯年的极端主张有所保留恐怕也是顾虑的要因。傅氏的专精断代，有不顾前后之嫌，陈垣的"专精一二类或一二朝代"②，则并不反对"博"，他本人的著述，也不限于某朝某类。其后来著作，仍以"竭泽而渔"之法搜集大量罕见史料，但与陈寅恪一样，极其重视正史和《资治通鉴》，精于考证而不以考证为目的，认为治史以明义为终极目的，而且作考证时也不可不明义。③二陈的态度，在某种程度上是对钱穆等人的支持，而与史语所的离异。

尽管钱穆对主流派的不满以及别树一帜的意图相当明显，置身学

---

① 程巢父：《仁者之怀》，张杰、杨燕丽选编：《追忆陈寅恪》，381 页。
② 1933 年 6 月 24 日致蔡尚思，陈智超编注：《陈垣来往书信集》，355 页。
③ 牟润孙：《从〈通鉴胡注表微〉论援庵师的史学》，陈智超编：《励耘书屋问学记——史学家陈垣的治学》，70 页。

术圈内，顾及人事纠葛，仍然有所隐讳。直到50年代在香港创办新亚研究所，相对独立于派系纷争之外，其言论才由曲笔而直白。在《新亚学报·发刊词》中，钱穆公开对民国以来中国学术界的派分直截了当地做了系统的分析和批评，锋芒所向，直指史语所的宗旨方针。此文为"昭示来学者之方向与准绳"，"差免门户之见，或有塗辙可遵"，可谓其早年调和汉宋之远大抱负的集大成。他开章明义地指出：中国学术界几十年来不断发生由汉宋之争变相而来的争议，"一方面高抬考据，轻视义理。其最先口号，厥为以科学方法整理国故，继之有窄而深的研究之提倡。此派重视专门，并主张为学术而学术。反之者，提倡通学，遂有通才与专家之争。又主明体达用，谓学术将以济世。因此菲薄考据，谓学术最高标帜，乃当属于义理之探究"。

对于两派的分歧，钱穆一方面批评当时学术界的大病，"在于虚而不实"，"一般新进，多鄙薄学问知识，而高谈思想理论。不悟其思想理论之仅为一人一时之意见，乃不由博深之知识来。其所讲知识，皆浅尝速化，道听途说，左右采获，不由诚笃之学问来。若真求学问，则必遵轨道，重师法，求系统，务专门，而后始可谓之真学问。有真学问，始有真知识，有真知识，始得有真思想与真理论"。反对将思想与理论视为脱缰之马，任意驰骋，不受控制。而主要矛头，则指向重考据专门的主流派。

钱穆承认成学立说须重明据确证，而考据"乃证定知识之法门，为评判是非之准的"，否则，空言义理，争是非，势必成为意见与意气。然而，如果只将书籍当作一堆材料，而不视为学问之对象，就会一味找前人之罅缝与破绽与间隙，"最好是书有不可信，否则觅人间未见书，此所谓未经发现之新材料。因谓必有新材料，始有新学问。此乃以考据代学问"。从以科学方法整理国故，到窄而深的研究，其初衷虽然广大，但不识学问大体，"道术已裂，细碎相逐，乃至互不相通，仅曰上穷碧落下黄泉，动手动脚找材料。其考据所得，纵谓尽科学方法之能事，纵谓达客观精神之极诣，然无奈其内无邃深之旨义，外乏旁通之途辙"。欲为中国学术开新风气，辟新路向，必须将两种趋势，会通博综，冶于一炉，考据义理并重，中学西学兼容，通学在前，专精继后，先识大体，对治学问的知识有宽博成系统之认识，然后进而为窄而深的研讨。①

调和汉宋，为晚清学术的普遍趋向，此事包括两个层面：其一，以一人之力会通博综；其二，同一时代两派兼容。前者可遇不可求，阮元、陈澧等人的努力并不为各派所认可，以为有牵强附会之嫌。钱穆后来治学也偏于义理，所提论点，虽实有理据，仍往往如天马行空，与被称为史学一大中心的史语所不相合拍，因此长期被排斥于主流之外，直到1968年才当选为中研院院士。此事严耕望称为"象征中国文史学界同异学派之结合，尤具重大意义"②，也只是默认而已，并未达到兼容沟通的境界。

其实，钱穆虽然认为学问的提高"并不重在材料搜辑，及方面之推广，更重者，乃在其根源处加高加深，俟此方面培养深厚，则材料方面，自可迎刃而解。须知同一材料，须视运用者之学力识力而判决其成绩。今之学者，所患正在不于本源处登高入深，而只忙于方面之开扩，材料之累积，则尽日穷年，终无成就而已"，明显针对主流派的"途辙"，但他本人自认有"考据癖"，要人治学于天分以外，必须济以功力，40岁以后当力求专精，治理学须从年谱、诗文集入手，再及其语录，对自己的等身著作也以《先秦诸子系年》为贡献最大，可与古人相拟，与主流派的见解并无根本分歧。③

钱穆的弟子而被傅斯年选入史语所的严耕望也主张既要专精，又要相当博通；断代研究，但不要把时间限制得太短促；要看书，不要只抱个题目去翻材料，而且明确所谓基本材料书，最主要的是指专题研究所属时代的正史。这些如果不是异端，至少是在修正傅斯年所提倡的史语所旨趣以及受此影响而形成的时代学术风尚了。只是以个人之力而会通博综，极难达到，更不易把握，近代学术史上，惟陈寅恪的"讲宋学，做汉学"庶几近之。

---

① 《新亚学报》第1期，1955年8月。感谢陈以爱女士寄赠此文。

② 严耕望：《钱穆宾四先生与我》，31页。

③ 《致缪子雒书》《致徐复观书》《致余英时书》，《钱宾四先生全集》第53册，201～202、331、413页。

晚清以来，学术的代际兴替好走极端，民国尤甚。太炎门生取代桐城文派，史学革命又推翻浙学一统，都是否认继承（对再上一代倒可以认同），而夸大差异。待到升上主流地位，立论才能不断修正，渐趋公允，但就难免被后浪赶超。而且发迹时的故意偏激在平和以后仍有巨大惯性，始作俑者或许心知肚明，顺其势者则不免每下愈况。所以，由偏激以至众从的主流派虽然人多势盛，学术路径却往往不循正轨，把握近代中国学术转承的脉络，反而不能以此为线。学术本来要在沟通，强分彼此，其实是等而下之。而分的依据，近代以来主要来自西学一面，除了学术背景确有差异外，分歧的原因在于对笼统的西学各取所需。钱穆批评胡适"一生不讲西方精微处，专意呵斥本国粗浅处"①，实则胡适所讲正是他所知西学的精微。

早在 1911 年王国维就指出："学无新旧也，无中西也，无有用无用也，凡立此名者，均不学之徒，即学焉而未尝知学者也。"② 近代学术史上真正建树大见识高而又大体得到新旧各方公认者，如王国维、陈垣、陈寅恪等，都不必因缘主流的兴替，而达到超越主流的学术高峰。循着太炎学派到科学主义的主流脉络，虽能求得近代中国学术量的扩张情形，却难以把握质的提高因由，近时势而远轨则。钱穆曾告诫弟子：

> 学绝道丧，青黄不接，今之来者势须自学自导自寻蹊径，此虽艰巨，然将来果有成就，必与依墙附壁者不同。就以往学术史言，一时代之大师均于学绝道丧之环境中奋然崛起，若风气已成，转少杰出。即如晚明诸老之与乾嘉盛世，岂不如是。是乃天启大缘，然亦待奇才大志乃克应运而起耳。③

这对于理解近代学术转承的脉络得失，不无启迪。

---

① 《致徐复观书》，《钱宾四先生全集》第 53 册，322 页。
② 《〈国学丛刊〉序》，《观堂别集》卷 4，《王国维遗书》第三册，202 页。
③ 《致余英时书》，《钱宾四先生全集》第 53 册，407 页。

人名索引

征引书目

一、著述文献

アンリ・マスペロ著，内藤耕次郎、内藤戊申共译：《最近五十年支那学界の回顾》，《东洋史研究》第 1 卷第 1 号，1935 年 1 月；第 6 号，1936 年 8 月。

白吉庵：《胡适传》，北京，人民出版社，1993。

北京大学中国中古史研究中心编：《纪念陈寅恪先生诞辰百年学术论文集》，北京，北京大学出版社，1989。

Berthold Laufer：1874—1913，Monvmenta Serica Journal of Oriental Studies（《华裔学志》），Vol. Ⅰ．ffsc Ⅱ，1935。

［日］滨田青陵：《东方考古学协会と东亚考古学会》，《民族》第 2 卷第 4 号，1927 年 5 月。

柴德赓：《我的老师陈垣先生》，《文献》1980 年第 2 辑。

蔡元培：《蔡元培自述》，台北，传记文学出版社，1978。

［日］长濑诚：《日本之现代中国学界展望》，华文《大阪每日》第 2 卷第 8 期，1939 年 4 月。

陈德溥编：《陈黻宸集》上下，北京，中华书局，1995。

陈鸿祥：《王国维年谱》，济南，齐鲁出版社，1991。

陈乐素、陈智超编校：《陈垣史学论著选》，上海：上海人民出版社，1981。

陈平原、杜玲玲编：《追忆章太炎》，北京，中国广播电视出版社，1997。

陈平原、王枫编：《追忆王国维》，北京，中国广播电视出版社，1997。

陈平原：《中国现代学术之建立——以章太炎、胡适之为中心》，北京，北京大学出版社，1998。

陈平原、郑勇编：《追忆蔡元培》，北京，中国广播电视出版社，1997。

陈桥驿：《〈水经注〉研究二集》，太原，山西人民出版社，1987。

陈清泉等编：《中国史学家评传》下，郑州，中州古籍出版社，1985。

陈三立著，钱文忠标点：《散原精舍文集》，沈阳，辽宁教育出版社，1998。

陈守实：《学术日录［选载］·记梁启超、陈寅恪诸师事》，《中国文化研究集刊》第 1 辑，上海，复旦大学出版社，1984。

陈星灿：《中国史前考古学史研究：1895—1949》，北京，生活·读书·新知三联书店，1997。

陈以爱：《中国现代学术研究机构的兴起——以北京大学研究所国学门为中心的探讨（1922—1927)》，台北，政治大学历史学系，1999。

陈寅恪：《寒柳堂集》，上海，上海古籍出版社，1980。

陈寅恪：《金明馆丛稿二编》，上海，上海古籍出版社，1980。

《陈寅恪史学论文选集》，上海，上海古籍出版社，1992。

陈源著，吴福辉编：《西滢闲话》，深圳，海天出版社，1992。

陈哲三：《陈寅恪先生轶事及其著作》，《传记文学》第 16 卷第 3 期，1970 年 3 月。

陈智超编注：《陈垣来往书信集》，上海，上海古籍出版社，1990。

陈智超编：《励耘书屋问学记——史学家陈垣的治学》，北京，生活·读书·新知三联书店，1982。

程光裕：《常溪集》，台北，中国文化大学出版部，1996。

程美宝：《陈寅恪与牛津大学》，《历史研究》，2000（3）。

丁文江、赵丰田编：《梁启超年谱长编》，上海，上海人民出版社，1983。

杜正胜：《从疑古到重建——傅斯年的史学革命及其与胡适、顾颉刚的关系》，《当代》第 116 期，1995 年 12 月。

方豪：《方豪六十自定稿》，台北，学生书局，1969。

方利山：《胡适重审"〈水经注〉公案"浅议》，耿云志、闻黎明编：《现代学术史上的胡适》，北京，生活·读书·新知三联书店，1993。

傅乐成：《我怎样学起历史来》，《传记文学》第 44 卷第 5 期，1984 年 5 月。

傅斯年：《傅斯年全集》，台北，联经出版事业有限公司，1980。

傅振伦：《傅振伦文录类选》，北京，学苑出版社，1994。

傅振伦：《蒲梢沧桑·九十忆往》，上海，华东师范大学出版社，1997。

高平叔编：《蔡元培全集》1—7 卷，北京，中华书局，1984—1988。

郜元宝编：《胡适印象》，上海，学林出版社，1997。

耿升整理：《戴密微》，《中国史研究动态》，1979（6）。

耿云志、欧阳哲生编：《胡适书信集》上中下册，北京，北京大学出版社，1996。

耿云志主编：《胡适遗稿及秘藏书信》，合肥，黄山书社，1994。

耿云志：《胡适年谱》，成都，四川人民出版社，1989。

耿云志、闻黎明编：《现代学术史上的胡适》，北京，生活·读书·新知三联书店，1993。

Gilbert Rozman：*Soviet Studies of Premodern China*，Center for Chinese Studies The University of Michigan，1984。

顾潮编著：《顾颉刚年谱》，北京，中国社会科学出版社，1993。

顾潮：《历劫终教志不灰——我的父亲顾颉刚》，上海，华东师范大学出版社，1997。

顾颉刚编著：《古史辩》一，上海，上海古籍出版社，1982。

顾颉刚编著：《古史辨》二，北京，朴社，1933。

《顾颉刚遗札》，王元化主编：《学术集林》卷一，上海，远东出版社，1994。

顾廷龙校阅：《艺风堂友朋书札》上下，上海，上海古籍出版社，1980。

顾学颉校注：《白居易集》，北京，中华书局，1988。

广东省文史馆、佛山大学佛山文史研究室编：《冼玉清文集》，广州，中山大学出版社，1995。

贺昌群著：《贺昌群史学论著选》，北京，中国社会科学出版社，1985。

后藤孝夫：《辛亥革命から满洲事变へ：大阪朝日新闻と近代中国》，东京，株式会社みすず书房，1987。

《胡适留学日记》，台北，商务印书馆，1959。

《胡适日记》手稿本，台北，远流出版事业有限股份公司，1990。

《胡适文存三集》，上海，亚东图书馆，1930。

《胡适文存》，台北，远东图书公司，1953。

《胡适研究丛刊》第 2 辑，北京，中国青年出版社，1996。

胡颂平编：《胡适之先生晚年谈话录》，北京，中国友谊出版公司，1993。

胡守为主编：《〈柳如是别传〉与国学研究——纪念陈寅恪教授学术讨论会论文集》，杭州，浙江人民出版社，1995。

黄伯易：《忆东南大学讲学时期的梁启超》，《文史资料选辑》第 94 辑，北京，文史资料出版社，1984。

黄福庆：《近代日本在华文化及社会事业之研究》，台北，"中央研究院"近代史研究所专刊（45），1982。

《吉川幸次郎全集》第 16—22 卷，东京，筑摩书房，1974—1976。

季羡林：《怀旧集》，北京，北京大学出版社，1996。

暨南大学编：《陈垣教授诞生百一十周年纪念文集》，广州，暨南大学出版社，1994。

《纪念陈垣校长诞生 110 周年学术论文集》，北京，北京师范大学出版社，1990。

纪念陈寅恪教授国际学术讨论会秘书组编：《纪念陈寅恪教授国际学术讨论会文集》，广州，中山大学出版社，1989。

姜亮夫：《忆清华国学研究院》，王元化主编：《学术集林》卷一，上海，远东出版社，1994。

姜义华主编，沈寂编：《胡适学术文集·新文学运动》，北京，中华书局，1993。

蒋复璁：《追念逝世五十年的王静安先生》，《幼狮文艺》第 47 卷第 6 期，1978 年 6 月。

蒋复璁：《追忆胡适之先生》，《文星》第 9 卷第 5 期，1962 年 3 月。

蒋俊：《中国史学近代化进程》，济南，齐鲁书社，1995。

蒋梦麟：《西潮》，沈阳，辽宁教育出版社，1997。

蒋天枢：《陈寅恪先生编年事辑》（增订本），上海，上海古籍出版社，1997。

《蒋廷黻回忆录》，台北，传记文学出版社，1984。

今关寿麿：《近代支那の学艺》，东京，民友社，1931。

李钟湘：《国立西南联合大学始末记》，《传记文学》第 39 卷第 2 期，1981 年 8 月。

劳干：《忆陈寅恪先生》，《传记文学》第 17 卷第 3 期。

李福清（B. Riftin）：《中国现代文学在俄国（翻译及研究)》，阎德纯主编：《汉学研究》第 1 集，北京，中国和平出版社，1996。

李荣安、方骏、罗天佑编：《中国自由教育：五四的启示》，朗文（朗曼）出版有限公司，2000。

李庆：《胡适和诸桥辙次的笔谈》，《学术集林》卷十，上海，远东出版社，1997。

梁启超：《饮冰室文集》，上海，广智书局，1908。

梁启超：《饮冰室专集》，台北，中华书局，1972。

梁启超：《清代学术概论》，北京，东方出版社，1996。

梁启超：《中国近三百年学术史》，北京，东方出版社，1996。

梁绳祎：《外国汉学研究概观》，《国学丛刊》第 2 期，1942 年 1 月。

廖幼平编：《廖季平年谱》，成都，巴蜀书社，1985。

林语堂：《无所不谈合集》，台北，开明书店，1985。

《林语堂自传》，南京，江苏文艺出版社，1995。

刘北汜：《忆朱自清先生》，《新文学史料》，1982（4）。

刘桂生：《陈寅恪、傅斯年留德学籍材料之劫余残件》，北京大学历史学系编：《北大史学》第 4 期，北京，北京大学出版社，1997。

刘起釪：《顾颉刚先生学述》，北京，中华书局，1986。

刘炎生：《林语堂评传》，南昌，百花洲文艺出版社，1994。

刘寅生、房鑫亮编：《何炳松文集》第 3 卷，北京，商务印书馆，1996。

罗尔纲：《师门五年记·胡适琐记》，北京，生活·读书·新知三联书店，1995。

罗根泽编著：《古史辨》四，上海，上海古籍出版社，1982。

罗森等：《早期日本游记五种》，长沙，湖南人民出版社，1983。

罗志田：《史料的尽量扩充与不看二十四史——民国新史学的一个诡论现象》，《历史研究》，2000（4）。

罗志田：《“新宋学”与民初考据史学》，《近代史研究》，1998（1）。

鲁迅博物馆藏：《周作人日记》影印本，郑州，大象出版社，1996。

《鲁迅全集》，北京，人民文学出版社，1989。

《鲁迅全集》第 3 卷，北京，人民文学出版社，1956。

〔法〕玛丽昂娜·巴斯蒂著，张富强、赵军译：《清末赴欧的留学生们——福州船政局引进近代技术的前前后后》，中南地区辛亥革命史研究会、武昌辛亥革命研究中心编：《辛亥革命史丛刊》第 8 辑，北京，中华书局，1991。

毛子水：《记陈寅恪先生》，《传记文学》第 17 卷第 2 期。

〔日〕梅原末治：《考古学六十年》，东京，平凡社，1973。

牟润孙：《海遗杂著》，香港，中文大学出版社，1990。

〔日〕内藤虎次郎：《新支那论》，东京，博文堂，1924。

牛润珍著：《陈垣学术思想评传》，北京，北京图书馆出版社，1999。

欧阳哲生编：《胡适文集》1—12，北京，北京大学出版社，1998。

潘懋元、刘海峰编：《中国近代教育史资料汇编·高等教育》，上海教育出版社，1993。

浦江清：《清华园日记·西行日记》，北京，生活·读书·新知三联书店，1987。

齐家莹编撰，孙敦恒审校：《清华人文学科年谱》，北京，清华大学出版社，1999。

钱基博：《现代中国文学史》，上海，世界书局，1935。

钱穆：《八十忆双亲·师友杂忆》，北京，生活·读书·新知三联书店，1998。

钱穆：《钱宾四先生全集》第53册，台北，联经出版事业公司，1998。

钱文忠编：《陈寅恪印象》，上海，学林出版社，1997。

［日］桥川时雄：《中国文化界人物总鉴》，长春，满洲行政学会株式会社1940年版，株式会社名著普及会1982年再版。

［日］青木正儿：《江南春》，东京，平凡社，1972。

［日］青木正儿：《支那文艺论薮》，东京，弘文堂，1927。

璩鑫圭、唐良炎编：《中国近代教育史资料汇编·学制演变》，上海，上海教育出版社，1991。

山根幸夫：《东方文化学院の设立とその展开》，《近代中国研究论集》，东京，山川出版社，1981。

桑兵：《国学与汉学——近代中外学界交往录》，杭州，浙江人民出版社，1999。

桑兵：《胡适与国际汉学界》，《近代史研究》，1999（1）。

桑兵：《甲午台湾内渡官绅与庚子勤王运动》，《历史研究》，1995（6）。

桑兵：《论庚子中国议会》，《近代史研究》，1997（2）。

桑兵：《伯希和与中国学术界》，《历史研究》，1997（5）。

桑兵：《新加坡华侨与庚子勤王运动》，中山大学孙中山研究所编：《孙中山与华侨——"孙中山与华侨"学术研讨会论文集》（《孙中山研究论丛》第 13 集），广州，中山大学出版社，1996。

上海图书馆编：《汪康年师友书札》1—4，上海，上海古籍出版社，1986—1988。

沈尹默：《我和北大》，政协全国委员会：《文史资料选集》第 61 辑，北京，中华书局，1979。

施培毅、徐寿凯校点：《吴汝纶全集》，合肥，黄山书社，2002。

石泉：《甲午战争前后之晚清政局》，北京，生活·读书·新知三联书店，1997。

孙常炜编著：《蔡元培先生年谱传记》，台北，"国史馆"，1986。

孙敦恒：《王国维年谱新编》，北京，中国文史出版社，1991。

孙敦恒：《清华国学研究院纪事》，葛兆光主编：《清华汉学研究》第 1 辑，北京，清华大学出版社，1994。

汤志钧：《章太炎在台湾》，《社会科学战线》，1982（4）。

唐德刚译注：《胡适口述自传》，上海，华东师范大学出版社，1993。

唐振常：《吴虞与青木正儿》，《中华文史论丛》1981 年第 3 辑，上海，上海古籍出版社，1981。

陶存煦遗稿：《天放楼文存》上下册，影印稿本。

陶飞亚、吴梓明著：《基督教大学与国学研究》，福州，福建教育出版社，1998。

陶希圣：《潮流与点滴》，台北，传记文学出版社，1979。

［日］藤枝晃：《アレクセーエフ教授の业绩》，《东方学报》第 10 册第 1 分，1939 年 5 月。

万平近：《林语堂评传》，重庆，重庆出版社，1996。

汪荣祖：《陈寅恪评传》，南昌，百花洲文艺出版社，1992。

汪毅夫：《鲁迅在厦门若干史实考》，《福建师大学报》，1978（3）。

王汎森：《什么可以成为历史证据——近代中国新旧史料观念的冲突》，《新史学》第 8 卷第 2 号，1997。

王汎森、杜正胜：《傅斯年文物资料选辑》，台北，傅斯年先生百龄纪念筹备会，1995 年印行。

王德昭：《清代科举制度研究》，香港，中文大学出版社，1982。

《王国维遗书》，上海，上海书店出版社，1996。

王晴佳：《论二十世纪中国史学的方向性转折》，钱伯诚、李国章主编：《中华文史论丛》第 62 辑，上海，上海古籍出版社，2000。

王世儒、闻笛编：《我与北大——"老北大"话北大》，北京，北京大学出版社，1998。

王晓秋：《近代中日关系史研究》，北京，中国社会科学出版社，1997。

王熙华：《顾颉刚致王国维的三封信》，《文献》第 15 辑。

王永兴编：《纪念陈寅恪先生百年诞辰学术论文集》，南昌，江西教育出版社，1994。

吴鲁芹：《记珞珈三杰》，《传记文学》第 35 卷第 4 期，1979 年 10 月。

吴宓著，吴学昭整理注释：《吴宓日记》1—10 册，北京，生活·读书·新知三联书店，1998—1999。

吴宓著，吴学昭整理：《吴宓自编年谱》，北京，生活·读书·新知三联书店，1995。

吴其昌：《子馨文在》上、下，沈云龙编：《中国近代史料丛刊》续编第 81 辑之 807、808，台北，文海出版社印行。

吴汝伦：《桐城吴先生（汝纶）日记》，沈云龙主编：《近代中国史料丛刊》第 37 辑之 367，台北，文海出版社印行。

吴学昭：《吴宓与陈寅恪》，北京，清华大学出版社，1992。

吴泽主编，刘寅生、袁光英编：《王国维全集·书信》，北京，中华书局，1984。

《颉刚日程》，顾潮女士提供的抄件。

《论学谈诗二十年——胡适杨联陞往来书札》，台北，联经出版事业公司，1998。

武内义雄：《南北学术の异同に就きて》，《支那学》第 1 卷第 10 号，1921 年 6 月。

《先学を语る：内藤湖南博士》，《东方学》第 47 辑，1974 年 1 月。

遐庵汇稿年谱编印会：《叶遐庵先生年谱》，遐庵汇稿年谱编印会，1946。

夏晓红编：《追忆梁启超》，北京，中国广播电视出版社，1997。

萧公权：《问学谏往录——萧公权治学漫忆》，上海，学林出版社，1997。

忻平：《治史须重考据，科学人文并重——南加利福尼亚州何炳棣教授访问记》，《史学理论研究》，1997（1）。

徐雪筠等译编：《上海近代社会经济发展概况（1882—1931）——〈海关十年报告〉译编》，上海，上海社会科学出版社，1985。

《学问の思い出——桥川时雄先生を围んで》，《东方学》第 35 辑，1968 年 1 月。

《学问の思い出——青木正儿博士を围んで》，《东方学》第 31 辑，1965 年 11 月。

《学问の思い出——仓石武四郎博士を围んで》，《东方学》第 40 辑，1970 年 9 月。

《学问の思い出——竹田复博士を围んで》，《东方学》第 37 辑，1969 年 3 月。

《学问の思い出——今关天彭先生を围んで》，《东方学》第 33 辑，1967 年 1 月。

《学问の思い出——梅原末治博士を围んで》，《东方学》第 38 辑，1969 年 8 月。

《学问の思い出——原田淑人博士を围んで》，《东方学》第 25 辑，1963 年 3 月。

《学问の思い出：江上波夫先生を围んで》，《东方学》第 82 辑，1991 年 7 月。

［法］雅克·布洛斯（Jacque Brosse）著，李东日译：《从西方发现中国到国际汉学的缘起》，《国际汉学》编委会编：《国际汉学》第 1 期，北京，商务印书馆，1995。

严耕望：《钱穆宾四先生与我》，台北，商务印书馆，1994。

严耕望：《治史答问》，台北，商务印书馆，1995。

严耕望：《治史经验谈》，台北，商务印书馆，1997。

［日］岩松五良：《欧米に於ける支那学の近状》，《史学杂志》第 33 编第 3 号，1922 年 3 月。

杨步伟：《杂记赵家》，沈阳，辽宁教育出版社，1998。

杨犁编：《胡适文萃》，北京，作家出版社，1991。

杨联陞：《陈寅恪先生隋唐史第一讲笔记》，《清华校友通讯》，1970 年 4 月 29 日。

杨树达：《积微翁回忆录》，上海，上海古籍出版社，1986。

叶昌炽：《藏书纪事诗》，中国目录学名著第 1 集第 6 册，台北，世界书局，1965。

余英时：《中国近代思想史上的胡适》，《传记文学》第 44 卷第 6 期，1984 年 6 月。

《羽田博士史学论文集》，京都大学东洋史研究会，1958。

袁光英、刘寅生：《王国维年谱长编》，天津，天津人民出版社，1996。

袁祥辅：《漫谈谭家菜》，中国人民政治协商会议北京市委员会文史资料研究委员会编：《文史资料选编》第 24 辑，北京，北京出版社，1985。

岳玉玺、李泉、马亮宽编选：《傅斯年选集》，天津，天津人民出版社，1996。

曾慕韩先生遗著编辑委员会编：《曾慕韩先生遗著》，台北，中国青年党中央执行委员会，1954。

张国刚：《德国的汉学研究》，北京，中华书局，1994。

张杰、杨燕丽选编：《解析陈寅恪》，北京，社会科学文献出版社，1999。

张杰、杨燕丽选编：《追忆陈寅恪》，北京，社会科学文献出版社，1999。

张静庐辑注：《中国近代出版史料初编》，北京，中华书局，1957。

张若英编：《中国新文学运动史资料》，1934 年版，香港中文大学近代史料出版组，1973 年影印。

张宪文整理：《林公铎藏札二十九通》，《文献》季刊，1992（3）。

赵白生编：《中国文化名人画名家》，北京，中央编译出版社，1995。

赵炳麟：《赵柏岩集》，沈云龙编：《中国近代史料丛刊》第 31 辑之 303，台北，文海出版社印行。

赵清、郑诚编：《吴虞集》，成都，四川人民出版社，1985。

郑良树编著：《顾颉刚学术年谱简编》，北京，中国友谊出版公司，1987。

郑师渠：《晚清国粹派——文化思想研究》，北京，北京师范大学出版社，1993。

郑天挺：《五十自述》，《天津文史资料选辑》第 28 辑，天津，天津人民出版社，1984。

中国革命博物馆整理，荣孟源审校：《吴虞日记》上下册，成都，四川人民出版社，1984、1986。

中国人民政治协商会议江苏省无锡县委员会编：《钱穆纪念文集》，上海，上海人民出版社，1992。

中国社会科学院近代史研究所民国史组编：《胡适来往书信选》上中下册，北京，中华书局，1979—1980。

中国社会科学院近代史研究所中华民国史研究室编：《胡适的日记》，中华书局香港分局，1985。

中华民国大学院编：《全国教育会议报告》，沈云龙编：《近代中国史料丛刊续编》第 43 辑之 429，台北，文海出版社印行。

"中央研究院"历史语言研究所编印：《中央研究院历史语言研究所七十周年纪念文集：新学术之路》，台北，1998。

周启付：《鲁迅与胡适》，宋庆龄基金会、西北大学主办：《鲁迅研究年刊》1990 年号，北京，中国和平出版社，1990。

周作人：《苦茶——周作人回想录》，兰州，敦煌文艺出版社，1995。

朱传誉主编：《陈寅恪传记资料》1—2，台北，天一出版社，1979—1980。

朱联保编撰：《近现代上海出版业印象记》，上海，学林出版社，

1993。

朱乔森编：《朱自清全集》第 4 卷，南京，江苏教育出版社，1990。

朱乔森编：《朱自清全集》第 9 卷日记编，南京，江苏教育出版社，1997。

朱维铮编：《章太炎全集》第 3 卷，上海，上海人民出版社，1984。

朱维铮编：《周予同经学史论著选集》，上海，上海人民出版社，1983。

朱维铮：《清学史：汉学与反汉学一页》上，《复旦学报》社科版，1993（5）。

朱维铮校注：《梁启超论清学史二种》，上海，复旦大学出版社，1985。

朱维铮：《求索真文明——晚清学术史论》，上海，上海古籍出版社，1997。

朱有瓛主编：《中国近代学制史料》第 2 辑，上海，华东师范大学出版社，1987。

诸桥辙次：《支那の文化と现代》，东京，皇国青年教育会，1942。

庄吉发：《清末京师大学堂的沿革》，《大陆》第 41 卷第 2 期。

宗志文、朱信泉主编：《民国人物传》第 3 卷，北京，中华书局，1981。

二、报刊

中文：

《新民丛报》	《政艺通报》
《国粹学报》	《民报》
《教育杂志》	《国学萃编》
《国学杂志》	《新青年》
《少年中国》	《北京大学日刊》
《清华周刊》	《新潮》
《学衡》	《国学季刊》

《国学论丛》   《北京大学研究所国学门周刊》

《北京大学研究所国学门月刊》 《厦大周刊》

《燕京学报》   《国学丛刊》

《国专月刊》   《齐大月刊》

《申报》   《大公报》（天津）

《公言报》   《民国日报》（上海）

《辅仁学志》   《晨报副刊》

《北平晨报》   《努力周报》

《语丝》   《北平图书馆月刊》

《学衡》   《燕京学报》

《史地学报》   《东方杂志》

《晨报》   《国风》

《制言半月刊》   《小说月报》

《读书月刊》   《历史语言研究所集刊》

《文字同盟》   《明报月刊》

《大公报》（香港）   《读书杂志》

《史学年报》

《中山大学语言历史学研究所年报》

《中山大学语言历史学研究所周刊》

《国立中山大学文史学研究所月刊》

日文：

《史学杂志》   《斯文》

《日华学报》   《支那学》

《朝鲜》   《京城帝国大学学报》

《东方学报》（京都）   《东洋史研究》

韩文：

《每日申报》   《开辟》

《新民》   《东明》

《东亚日报》   《学灯》

《废墟》

再版后记

　　本书首版，已逾十年。相关认识，间有变化之处。初版后，随时有所校订，原拟再版时略作修改。但一则友人告以最好尽量保持原状，以便利用；二则调整的认识陆续写入新的论著之中，可以比较参看。因此，本版只做若干技术性改动：一、校正个别字句的错误。二、调整、增加自然分段。三、依照现行规定统一规范注释。四、重新编排征引文献。五、增附主要人名索引。

图书在版编目（CIP）数据

晚清民国的国学研究／桑兵著 . —北京：北京师范大学
出版社，2014.10（2020.7 重印）
（中华学人丛书）
ISBN 978−7−303−17419−5

Ⅰ. ①晚⋯　Ⅱ. ①桑⋯　Ⅲ. ①国学－研究－中国－
清后期～民国　Ⅳ. ① Z126.27

中国版本图书馆 CIP 数据核字 (2014) 第 003545 号

营 销 中 心 电 话　010−58802181　58805532
北师大出版社高等教育分社网　http://gaojiao.bnup.com
电 子 信 箱　gaojiao@bnupg.com

出版发行：北京师范大学出版社 www.bnup.com
　　　　　北京市西城区新街口外大街 12−3 号
　　　　　邮政编码：100088
印　　刷：北京京师印务有限公司
经　　销：全国新华书店
开　　本：160 mm×230 mm
印　　张：19.25
字　　数：279 千字
版　　次：2014 年 10 月第 1 版
印　　次：2020 年 7 月第 2 次印刷
定　　价：48.00 元

策划编辑：谭徐锋　　　　　　责任编辑：谭徐锋　周劲含
美术编辑：王齐云　　　　　　装帧设计：王齐云
责任校对：李　菡　　　　　　责任印制：马　洁